MANUAL PRÁTICO PARA (A) VIDA

HERNANDES DIAS LOPES

MANUAL PRÁTICO PARA A VIDA

Aplicando a Palavra de Deus para viver de forma plena e abençoada

© 2022 POR HERNANDES DIAS LOPES

1ª EDIÇÃO: SETEMBRO DE 2022
1ª REIMPRESSÃO: SETEMBRO DE 2022

REVISÃO
Daila Fanny
Francine Torres

CAPA
Julio Carvalho

DIAGRAMAÇÃO
Letras Reformadas

EDITOR
Aldo Menezes

COORDENADOR DE PRODUÇÃO
Mauro Terrengui

IMPRESSÃO E ACABAMENTO
Imprensa da Fé

As opiniões, as interpretações e os conceitos emitidos nesta obra são de responsabilidade do autor e não refletem necessariamente o ponto de vista da Hagnos.

Todos os direitos desta edição reservados à
EDITORA HAGNOS LTDA.
Av. Jacinto Júlio, 27
04815-160 – São Paulo, SP
Tel.: (11) 5668-5668

E-mail: hagnos@hagnos.com.br
Home page: www.hagnos.com.br

Editora associada à:

Dados Internacionais de Catalogação na Publicação (CIP)
Angélica Ilacqua CRB-8/7057

Lopes, Hernandes Dias
   Manual prático para a vida: aplicando a Palavra de Deus para viver de forma plena e abençoada / Hernandes Dias Lopes. – São Paulo: Hagnos, 2022.

   ISBN 978-85-7742-366-8

   1. Vida cristã 2. Fé 3. Espiritualidade I. Título.

22-4177   CDD 248.8

Índices para catálogo sistemático:
1. Vida cristã   248.8

DEDICATÓRIA

Dedico este livro à minha querida família.
São meus amigos mais chegados,
minha alegria mais doce,
meu porto seguro nas lutas da vida.

SUMÁRIO

Prefácio 9

PARTE 1: ESCOLHAS E ALIANÇAS

1. Escolhas perigosas 15
2. Aliança perigosa 31

PARTE 2: TENTAÇÃO E CULPA

3. Você pode vencer a tentação 47
4. Sentimento de culpa 63

PARTE 3: RESTAURAÇÃO, RECONCILIAÇÃO E RESTITUIÇÃO

5. Tempo de restauração 83
6. Restauração, sim; explicação, nem sempre 99
7. O romance da reconciliação 113
8. Deus não desiste de você 127
9. O clamor emocionado de Deus 141
10. Restituição: tomando de volta o que o Inimigo levou 155

PARTE 4: SOFRIMENTOS E CRISES

11. Como passar pelo vale das provas 187
12. Como transformar o sofrimento em triunfo 203
13. Se Deus nos ama, por que sofremos? 219
14. Por que os maus prosperam? 235
15. Encare a crise e louve a Deus 247

PARTE 5: ORAÇÃO E MILAGRES

16. A oração: a chave para uma vida de poder 261
17. A oração do Deus Filho ao Deus Pai 279
18. A pedagogia do milagre de Jesus 297

PARTE 6: FINANÇAS E COMUNICAÇÃO

19. Dois grandes mitos sobre o dinheiro 315
20. Comunicação na família 331

PREFÁCIO

FAZ TEMPO QUE EU gostaria de reunir num mesmo livro vários textos que já produzi e que haviam sido publicados avulsos pela Editora Hagnos. Esse momento tão aguardado chegou, e você, leitor e leitora da Palavra de Deus, tem em mãos um material valioso para seu crescimento pessoal e espiritual.

Este projeto surgiu da necessidade de manter vivos a chama e o impacto positivo de mensagens que já abençoaram milhares de vidas pelo Brasil durantes muitos anos e que, tenho em Deus a mais absoluta certeza, continuarão a propagar essa sublime missão.

Não se intimide com a quantidade de capítulos. Os textos foram divididos em seis partes, cada qual abordando uma área específica da vida, para facilitar a sua leitura e para conduzi-lo a uma jornada pelas Escrituras de tal modo que, a cada texto, você vá aumentando não apenas seu conhecimento, mas sua fé e sua determinação de servir ao Senhor com alegria.

Muitas pessoas sofrem consequências ruins na vida devido a escolhas e a alianças perigosas que fizeram. Quando isso normalmente acontece, é porque Deus não foi consultado — nem em oração, nem por meio de sua Palavra. A Parte 1 aborda a questão das escolhas e das alianças perigosas, orientando-nos quanto ao rumo certo a seguir.

A Parte 2 trata de duas coisas inter-relacionadas: tentação e culpa. Muitos crentes vivem uma vida derrotada porque não acreditam que sejam capazes de vencer a tentação. Isso, por si só, já é um entrave para a vitória. É preciso saber que há meios, sim, de ser vitorioso, e Jesus nos ensina o caminho para sair vencedor dessa batalha. Na sequência, há outro tema relacionado diretamente a isso: quem sucumbe à tentação carrega dentro de si sentimentos de culpa, que podem esmagar a alma e fazê-la enterrar-se ainda mais no lamaçal da comiseração. Felizmente, há cura em Cristo para o sentimento de culpa que porventura carreguemos. Essa parte é um bálsamo para a alma que se sente derrotada e esmagada em sua existência finita.

Mantendo uma íntima associação com a parte anterior, a Parte 3 — "Restauração, reconciliação e restituição" — destaca o fato de temos um Deus resoluto em seu amor e que jamais desiste de nós. Mesmo quando rompemos nossa relação com Ele devido às nossas escolhas insensatas, Ele sempre está perto para nos estender a mão da reconciliação, visando à nossa restauração. A obra de Deus é completa. Ele não faz nada pela metade. A completude lhe é inerente. E isso apenas nos beneficia. Se o inimigo de nossa alma faz de tudo para que amaldiçoemos ao Senhor e morramos (a velha tática empregada no caso de Jó e reverberada pela mulher dele), o Senhor, por outro lado, lança as bases da restituição. Ele nos dá de volta aquilo que o Inimigo levou. Esse é o nosso Grande Deus!

Por isso, não se deixe desanimar. Não há sofrimentos nem crises que possam nos separar do amor dele. Confie plenamente no Senhor em todo o tempo. Os cinco capítulos da Parte 4 tratarão dessa temática. Em "Sofrimentos e crises", veremos que o crente não precisa temer passar pelo vale das provas. Isso é inevitável. Mas jamais estaremos sozinhos. Essa certeza facilita a jornada. Apesar dos sofrimentos e das crises, jamais desacredite no amor de Deus por você. Sim, Ele nos ama e, ainda assim, podemos passar por momentos difíceis que tornam essa crença um desafio a ser vencido. Abordaremos à luz das Escrituras essa aparente discrepância em nossa vida: o amor de Deus e a presença pungente do sofrimento. E ainda nos juntaremos a Asafe em sua dúvida inquietante: por que os maus prosperam, enquanto o crente parece viver num eterno crisol existencial? A resposta a essa indagação apresentada em Salmos poderá mudar o rumo de sua vida. Você aprenderá a transformar o sofrimento em triunfo, a encarar as crises e, em todo o momento, a louvar a Deus.

Todas essas temáticas nos conduzem inevitavelmente a uma prática bastante negligenciada por muitos cristãos: a oração, assunto da Parte 5. Uma vida de oração nos ajuda a fazer escolhas certas, a vencer a tentação, a lidar com a culpa, a ser restaurados e reconciliados e restituídos, a passar pelo cadinho dos sofrimentos e das crises. Em suma, a oração é a chave para uma vida de poder. E Jesus é o nosso exemplo supremo nessa área. Na

PREFÁCIO

verdade, em todas as dimensões. Sim, aquele que é verdadeiro Deus e verdadeiro Homem também tinha necessidades espirituais, e a mais premente de todas é um relacionamento íntimo com o Pai, e uma vida de oração é reflexo desse relacionamento vital. Quem ora sabe que pode ver grandes coisas da parte de Deus, isto é, pode ver o milagre acontecer em sua vida, e aqui também temos grande lições a aprender com Jesus ao analisar a pedagogia de um de seus milagres: a ressurreição de Lázaro. Tudo está devidamente associado. Conecte sua mente e seu coração à medida que as Escrituras o conduzem a essa esfera de vida sublime.

Para finalizar, na Parte 6, abordaremos duas questões que tocam a vida das famílias de forma sensível: finanças e comunicação. Para muitos cristãos, finanças é um assunto mundano, quando, na verdade, é espiritual. Jesus falava de dinheiro. Muitas de suas parábolas usam o dinheiro como pano de fundo. Não precisamos temer tratar desse tema abertamente, e aqui abordaremos dois grandes mitos sobre o dinheiro. Em dias em que o fantasma da inflação elevada nos ronda, o desemprego crassa, a fome se alastra e a miséria aumenta, lidar honestamente à luz da Bíblia sobre essa temática é fundamental para uma saúde financeira equilibrada. Igualmente importante é abordar a questão da comunicação na família. O assunto ficou por último não por ser o menos importante, mas porque estes dias dominados pelas redes sociais, que acabam impulsionando o isolamento, num contrassenso absurdo, são desafiadores para as famílias. Igrejas fortes e saudáveis dependem de famílias igualmente nessas condições, e a comunicação na família é vital para que a agência de Deus na Terra, a Igreja, cumpra sua missão de levar Deus ao mundo perdido.

Minha oração é para que Deus use este *Manual prático para a vida* a fim de ajudar você a crescer na graça e no conhecimento, a louvar a Deus sob toda e qualquer circunstância e a ser sal da terra e luz do mundo, seguindo o exemplo supremo daquele que se entregou por nós e ressuscitou para coroar a nossa redenção.

Boa leitura!

PARTE I

ESCOLHAS E ALIANÇAS

I

ESCOLHAS PERIGOSAS

Dalila disse a Sansão: ¹⁵ Como diz que me ama, se não está comigo seu coração? Já três vezes zombaste de mim e ainda não declaraste do que consiste a tua grande força. ¹⁶ Importunando-o ela todos os dias com as suas palavras e molestando-o, apoderou-se da alma dele uma impaciência de matar. ¹⁷ Descobriu-lhe todo o seu coração e lhe disse: Nunca subiu navalha à minha cabeça porque sou nazireu de Deus desde o ventre da minha mãe; se vier a ser rapado, ir-se-á de mim a minha força, e me enfraquecerei e serei como qualquer outro homem.

¹⁸ Vendo pois Dalila que já ele lhe descobrira todo o coração, mandou chamar os príncipes dos filisteus, dizendo: Subi mais esta vez, porque, agora, me descobriu ele todo o seu coração. Então os príncipes dos filisteus subiram a ter com ela e trouxeram com eles o dinheiro. ¹⁹ Então Dalila fez dormir Sansão nos joelhos dela, e, tendo chamado um homem, mandou rapar-lhe as sete tranças da cabeça; passou ela a subjugá-lo; e retirou-se dele a sua força. ²⁰ E disse ela: Os filisteus vêm sobre ti, Sansão! Tendo ele despertado do seu sono, disse consigo mesmo: Sairei ainda esta vez como dantes e me livrarei; porque ele não sabia ainda que já o Senhor se tinha retirado dele.

²¹ Então, os filisteus pegaram nele, e lhe vazaram os olhos, e o fizeram descer a Gaza; amarraram-no com duas cadeias de bronze, e virava um moinho no cárcere. ²² E o cabelo de sua cabeça logo após ser rapado começou a crescer de novo. ²³ Então os príncipes dos filisteus se ajuntaram para oferecer grande sacrifício a seu deus Dagom e para se alegrarem; e diziam: Nosso deus nos entregou nas mãos a Sansão, nosso inimigo.

²⁴ Vendo-o o povo, louvaram ao seu deus, porque diziam: Nosso deus nos entregou nas mãos nosso inimigo, e o que destruía a nossa

terra, e o que multiplicava os nossos mortos. ²⁵ Alegrando-se-lhes o coração, disseram: Mandai vir Sansão, para que nos divirta.

Trouxeram Sansão do cárcere, o qual os divertia. Quando o fizeram estar em pé entre as colunas, ²⁶ disse Sansão ao moço que tinha pela mão: Deixa-me, para que apalpe as colunas em que se sustém a casa, para que me encoste a elas.

²⁷ Ora, a casa estava cheia de homens e mulheres, e também ali estavam todos os príncipes dos filisteus; e sobre o teto havia uns três mil homens e mulheres, que olhavam enquanto Sansão os divertia.

²⁸ Sansão clamou ao Senhor e disse: Senhor Deus, peço-te que te lembres de mim, e dá-me força só esta vez, ó Deus, para que me vingue dos filisteus ao menos por um dos meus olhos.

²⁹ Abraçou-se, pois, Sansão com as duas colunas do meio, em que se sustinha a casa, e fez uma força sobre elas, com a mão direita em uma e com a mão esquerda na outra. ³⁰ E disse: Morra eu com os filisteus. E inclinou-se com força, e a casa caiu sobre os príncipes e sobre todo o povo que nela estava; e foram mais os que matou na sua morte, do que os matara na sua vida.

³¹ Então, seus irmãos desceram, e toda a casa de seu pai, tomaram-no, subiram com ele e o sepultaram entre Zorá e Estaol, no sepulcro de Manoá, seu pai. Julgou ele a Israel vinte anos.

Juízes 16:15-31

SUCESSO OU FRACASSO?

A história de Sansão ilustra a crucial importância das escolhas em nossa vida. Dependendo da qualidade de sua escolha, você terá sucesso ou fracasso, consequências bem-aventuradas ou dramáticas. Há muito tempo, pregando em uma cruzada evangelística, passei por uma experiência amarga. Estava hospedado em uma casa de um presbítero, e, na sexta-feira, ele convidou toda a família, os empregados e um sobrinho (que vivia uma crise na família) para o culto de abertura daquela cruzada, que aconteceria no ginásio de esportes. Em vez de ir ao culto, o sobrinho resolveu fazer outro programa; foi a um baile, no qual bebeu até de madrugada e voltou para casa.

De manhã, ao retornar da feira, sua esposa o encontrou ainda de ressaca da bebida. Aconteceu uma briga entre o casal, com os filhos assistindo a tudo. De repente, num ímpeto descontrolado de violência, o sobrinho sacou uma arma e deu um tiro na mulher. Aquele único tiro atingiu o coração dela e provocou morte instantânea, diante do olhar horrorizado dos filhos.

Estive nessa casa, mais tarde, e confesso que chorei de tristeza, pois a cena era muito dolorosa: de um lado do caixão estava a mãe da mulher assassinada, soluçando de maneira inconsolável; do outro lado, estava a sogra, a mãe do assassino, que amava muito a nora, em pranto desesperado – uma atmosfera carregada de tensão. Eu meditava sobre o destino de uma pessoa que se entrega a Jesus e de outra que assassina a própria esposa: um resolveu ir ao culto para ouvir a Deus, e se converteu; o outro preferiu ir a um baile, no qual bebeu, para finalmente se entregar nas mãos de Satanás, destruindo sua família.

Contudo, Deus me deu uma alegria enorme anos depois, quando recebi o telefonema de um pastor me convidando para pregar em sua igreja, em Ecoporanga: "Pastor, preciso lhe dizer que, quando o senhor pregou naquela cruzada, Deus transformou a minha vida. Encontrei Jesus e hoje sou pastor. Queria muito que o senhor viesse pregar aqui em nossa igreja".

Escolher o bem e rejeitar o mal pode ser decisivo. O pecado é sutil. Alguém certa vez comparou o pecado ao rio Amazonas: ao nascer nas cordilheiras andinas, ele é tão pequeno, tão tênue, que uma criança pode brincar no seu leito; depois, as águas vão se avolumando cada vez mais pelos afluentes, tornando-o um gigante que nenhum homem ousaria atravessar a nado.

Vamos à história de Sansão. Ele era um homem nascido com diversos privilégios, dos quais o maior era o comprometimento de seus pais com Deus. A Bíblia afirma que o nascimento de Sansão foi um milagre, pois sua mãe era estéril. Tal como ocorreu com Maria, um anjo de Deus anunciou que o menino havia de nascer. Pressurosos, os pais logo oraram para tentar compreender como educá-lo de acordo com a vontade divina.

Estavam conscientes de que aquela geração estava apostatando da fé, afastando-se de Deus, e não queriam educar o pequeno Sansão sob aquela cultura decadente. Eram zelosos e ansiavam por fazer tudo do jeito correto. No entanto, há algo fundamental a ser percebido aqui: para Sansão, ter nascido em uma família crente, comprometida com Deus, não foi garantia alguma. De fato, a Bíblia traz vários exemplos de filhos que não seguiram a trilha de fidelidade e santificação de seus pais.

Samuel foi um homem de Deus, intercessor de Israel e grande juiz, mas seus filhos cresceram e não honraram Deus. Ezequias foi um homem reto, piedoso e temente ao Senhor, um homem de oração, mas gerou Manassés, o pior rei de Judá, um feiticeiro assassino e desonesto que desviou toda a nação da presença de Deus.

Isso pode parecer chocante à primeira vista, principalmente quando observamos a história de Sansão, a qual começa de um modo maravilhoso: um menino que nasce como um milagre em um lar estruturado, com pais piedosos, para cumprir uma grande missão. Sansão tem voto de nazireu, ou seja, foi consagrado para a obra de Deus desde o ventre de sua mãe, tendo crescido com essa consciência. Certamente passou a infância e a adolescência ouvindo de seus pais: "Meu filho, você é um menino especial. Você foi separado por Deus para servir e libertar uma nação". O sentido do seu nome já sinaliza a vocação divina de um homem destinado a se tornar líder de seu povo, arrancando uma nação inteira do cativeiro opressor dos filisteus: "pequeno sol, luz num tempo de trevas e escuridão".

Não nos enganemos, pois Sansão foi um jovem ungido por Deus e cheio do Espírito Santo. As Escrituras chegam a afirmar que, enquanto todos os juízes de Israel lançavam mão de exércitos para libertar o povo, Sansão era o único juiz que lutava sozinho. Ele era um gigante imbatível, um verdadeiro herói. Desenvolveu-se sob a influência dessa verdade gloriosa. Contudo, nada disso o manteve a salvo de suas escolhas perigosas.

Para começar, Sansão se apaixonou pela mulher errada. Esse é o maior perigo da juventude hoje: os sentimentos sem freios que nos deixam vulneráveis a pessoas destrutivas. O descontrole emocional pode ser a causa de muitas armadilhas. De fato, a Bíblia mostra que a sensualidade exacerbada de Sansão era seu ponto fraco. Passeando com seu pai em Timna, avistou uma mulher pela qual ficou perdidamente apaixonado. O pai logo o admoestou: "Meu filho, essa mulher é filisteia. Ela pertence ao povo que você precisa combater para libertar a nossa nação do cativeiro. Você não pode se envolver com essa moça de modo algum". Sansão, porém, já estava tomado de paixão e não quis ouvi-lo.

Não havia nenhuma virtude naquela jovem. Sansão sentiu-se atraído por sua beleza, por seu corpo, pela sedução que lhe alcançava os olhos. Surdo aos conselhos de seu pai, foi dominado por seus sentimentos. Decidiu casar-se com ela, mas foi um dos casamentos mais curtos da história; a Bíblia conta que eles se separaram durante as comemorações, por causa de uma grande confusão. Durante os sete dias de festa, Sansão fez uma aposta com os filisteus, propondo-lhes um enigma a ser desvendado. Era baseado em uma história verdadeira sobre um leão. Um dia, quando Sansão estava indo visitar a noiva, um leão lhe saltou em cima; ele praticamente rasgou o leão ao meio e o lançou fora do caminho. Em outra viagem, passando pelo mesmo local, lembrou-se do leão morto e encontrou um enxame de abelhas na caveira do animal. Colheu e bebeu o mel que havia ali. Assim, o enigma era: "Do comedor saiu comida, do forte saiu doçura. O que é isso? Se vocês derem a resposta, ganham trinta vestes festivais", havia garantido aos filisteus. "Se não acertarem, eu ganho as trinta vestes. Fechado?"

Desonestos, os filisteus não aceitaram a possibilidade de derrota e decidiram ameaçar a noiva: "Ou você conta o segredo, ou matamos você e seu pai e ainda incendiamos sua família". Quando, no sétimo dia da festa, Sansão revela a resposta à jovem esposa, logo os filisteus também ficam sabendo da resposta. Sansão compreende que haviam pressionado sua mulher e, irado, sai da festa e mata trinta homens, arrancando-lhes as vestes e entregando-as aos convidados que haviam acertado a resposta. Ao retornar dessa missão, sua mulher havia sido dada para outro homem.

Sansão ficou tão aborrecido com isso que disparou do local, revoltado, caçando trezentas raposas e ateando fogo em suas caudas para incendiar a campina dos filisteus. Em seguida, teve de fugir, e os próprios hebreus, agora pressionados pelos filisteus, tiveram de prender Sansão para que a vingança não caísse sobre eles. Prenderam e amarraram aquele gigante de força. Todavia, já nas mãos dos filisteus, Sansão rompeu as cadeias e, com uma queixada de jumento, conseguiu matar mais mil deles. Sua vida virou um transtorno, um tormento sem fim. Tudo por ter se envolvido com a pessoa errada. Não era para ser desse modo.

Sansão desobedeceu aos pais – saiba que dificilmente um jovem é bem-sucedido ao desobedecer a pai e mãe nesses assuntos – e sofreu muito em consequência disso. No entanto, o amor é algo belo, doce e envolvente, que eleva a alma e torna a vida mais suave e mais gostosa. É claro que nenhuma relação a dois está isenta de lutas. Mas um sinal claro de que determinada relação está fora da vontade de Deus é a presença de mais dores que alegrias. Um namoro cheio de brigas, ciúmes, confusão, possessividade, amargura e lamentações é evidência de que Jesus não está presente nele. É preciso estar atento aos fatos, reavaliar um namoro assim, pois casamento não é varinha de condão, não muda ninguém – na verdade, só intensifica o que existia. Se você não está conseguindo ser feliz nem mesmo no namoro, o casamento será ainda pior. Antes, portanto, de selar esse compromisso, não só esteja de olhos bem abertos para as circunstâncias, mas ouça seus pais e aceite seus conselhos. Uma história de amor cheia de sofrimentos pode ser linda no cinema e nas novelas, como a de Romeu e Julieta, mas não precisa ser desse jeito na vida real.

Outro ponto importante é que Sansão não conseguiu administrar seu tempo de lazer. Era um juiz em uma geração em crise, um jovem vocacionado por Deus para ser o libertador de seu povo. Deveria ocupar suas horas com oração, reflexão e planos para realizar a obra de Deus e ser uma bênção para sua nação. Em vez disso, o que ele faz em seus momentos de folga?

Propõe jogos e envolve-se em confusões. A Bíblia diz que, ao descer para Gaza, ele encontra uma prostituta e se deita com ela. Logo em seguida, entrincheira a cidade, arrebenta seus portões e sai carregando-os nas costas. Todavia ele não aprende a lição. Instantes depois, apaixona-se por outra mulher filisteia, que o trairia e arrebentaria sua vida.

Como muitos jovens hoje, Sansão não sabe viver com prudência. À mercê dos hormônios e de seus muitos desejos, esses jovens desobedecem aos pais, metem-se em jogos e apostas, envolvem-se com pessoas e meios perigosos. É preciso aprender a fugir do mal e guardar o coração. Muitos jovens buscam o oposto disso e se perdem em aventuras destrutivas. No entanto, se você é cristão, não pode viver de acordo com os padrões do mundo.

VIVENDO PERIGOSAMENTE

Sansão gostava de viver perigosamente e tinha um ponto fraco: o sexo. Presume-se que, se ele era um homem de Deus, devia buscar todos os meios para escapar de situações que evidenciassem sua fraqueza. Se ele sabia que era vulnerável nessa área, o que estava fazendo?

Sansão procura a prostituta e não pondera em nenhum momento sobre seus compromissos como nazireu, juiz de Israel e homem de Deus. Os hormônios clamam, e ele prefere obedecer a esse clamor, não a Deus. Depois, afeiçoa-se a Dalila, outra mulher que haveria de traí-lo. Em Juízes 16:6, instigada pelos filisteus, Dalila dirige a Sansão a pergunta fatídica: "Declara-me, peço-te, do que consiste a tua grande força, e com que poderia ser amarrado para poderem te subjugar". Era o mesmo que declarar: "Sansão querido, se você me contar seu segredinho sobre a sua força, eu vou trair e destruir você. Conte-me direitinho como é que eu posso enfraquecer e subjugar você, roubando sua força e sua dignidade". No colo de Dalila, Sansão pensa que pode brincar com o pecado e sair ileso. Pensa que pode viver no fio da navalha e não sofrer as consequências.

Sansão resolve mentir para Dalila, dando-lhe, a cada vez, razões falsas para sua força. Primeiro, ele responde a ela que tendões frescos o tornarão fraco; depois, substitui os tendões por cordas novas. A mulher tenta as duas artimanhas, provocando-o: "Os filisteus estão contra ti, Sansão". E ele sempre se levanta das amarras como um leão, livrando-se facilmente. Dalila, porém, persevera, choramingando-lhe ao ouvido: "Sansão, se você me ama, tem que se entregar para mim sem reservas! Conte-me seu segredo".

A perseverança de Dalila é recompensada! É quando a terceira mentira de Sansão já está perto da verdade: o cabelo. Ele lhe responde, então, que "ser amarrado a um tear com sete tranças em sua cabeça" tirará sua força. Assim é o processo de envolvimento com o pecado: sutilmente, ele vai invadindo e ganhando terreno, uma gota hoje, outra amanhã, um apelo hoje, uma sedução amanhã, até que toda resistência se esgote. Quando o novo artifício não dá certo, Dalila dá a última cartada: um apelo dramático. "Você não me ama!" A Bíblia afirma que uma impaciência de matar tomou conta do coração de Sansão. Você sabe o que é isso? É o resultado da pressão diária e incansável de Dalila. Quando finalmente ele cede, revelando que cairá se seu cabelo for raspado; é o começo do fim para Sansão.

Há muitos relacionamentos em que uma terrível pressão está presente. É preciso ter muita atenção nisso. Por exemplo, como pode ser verdadeiro o amor do rapaz que pede à namorada: "Prove que você me ama; vamos fazer sexo"? Pressão e chantagem emocional não combinam com amor e respeito. Se você está em um relacionamento assim, fuja! O resultado final sempre será destrutivo.

Contudo, de todas as consequências funestas do envolvimento de Sansão com o pecado, a pior delas é não ter levado a sério seu compromisso de consagração de nazireado com Deus. Em Números 6:1-4, o nazireu não podia fazer três coisas: tocar em cadáver, beber vinho e cortar o cabelo. Sansão rompe cada um desses votos. O que acontece quando rompemos nossos votos? Nossa vida se torna sem sentido. Um dos votos mais abandonados atualmente é o compromisso de criar filhos na disciplina e na admoestação do Senhor. Pais cristãos se abstêm de admoestar os filhos, de orar com eles e por eles. Quais são os votos que você tem negligenciado?

Vejamos como se deu a quebra dos votos na história de Sansão. Primeiro, a proibição de tocar em cadáver. Lembre-se da história do leão morto. Ele encontra um favo na caveira do animal e come gostosamente o mel enquanto caminha pela estrada. Isso equivale a procurar prazer na podridão. Hoje, muitos buscam alegrias no pecado.

A Bíblia declara que quem é de Deus tem sede de Deus, de água viva. Há, porém, muitos nazireus de Deus com sede de pecar, chupando mel na caveira do leão, buscando prazer no mundo que está morto e quebrando os seus votos de consagração a Deus. Cuidado! Não procure satisfação para sua alma no pecado, pois este, apesar de delicioso ao paladar, é amargo ao estômago. O fim da linha é a morte, e o destino é o inferno.

O segundo voto diz respeito a beber vinho. Na festa de casamento de sete dias, Sansão oferece um banquete regado a muito vinho. O texto bíblico revela (Juízes 14:10) que esse era o costume entre os jovens da época. Sansão quebra seu segundo voto porque, apesar de tão forte, não tem coragem para resistir à pressão do meio.

É quando pergunto: até que ponto temos essa coragem? Será que somos livres para nos posicionarmos em público de modo claro, como crentes? Você é ousado para se levantar nas Babilônias da vida, como Daniel, recusando-se a se deixar contaminar? A Bíblia conta que Sansão não quis ser diferente. Teve medo de ser considerado antissocial, deselegante, antiquado. Ele não queria contrariar a galera. Os crentes, no entanto, não devem ser assim. Ao contrário, devemos tomar posição, fazer diferença, ser santos. Não importa o que nos digam, temos um compromisso com Deus: a santidade. Isso inclui nos manter incontaminados do mundo.

Finalmente, Sansão quebra seu terceiro voto ao ser tomado por essa impaciência de matar. Dorme no colo de uma mulher que está prestes a traí-lo. Escolhe fragilizar-se justamente para quem será responsável por sua derrota. É o que acontece com as relações travadas fora da vontade de Deus. Nunca é demais frisar: a escolha dos relacionamentos amorosos é tão crucial que, se não for feita sob a orientação divina, pode levar à destruição.

Em Juízes 16, a Bíblia relata progressivamente o trágico desfecho das escolhas erradas de Sansão. Tudo acontece a partir da quebra do último voto: "retirou-se dele sua força". É por escolhas erradas que você se torna fraco, acaba cedendo e caindo. Quando não mais está na dependência do poder de Deus, você perde a capacidade de se manter em pé. O Diabo joga lama no seu rosto, abala sua credibilidade e tira sua autoridade. Quando isso acontece, você abaixa a cabeça para quem o desafia, pois perdeu a coragem de confrontar. Está quebrado, nocauteado, humilhado por causa do Inimigo. Sua força acabou.

No versículo 20, mais uma vez Dalila exclama: "Os filisteus vêm sobre ti, Sansão!" Quando ele desperta do sono, tranquiliza-se, acreditando que se livrará como nas outras vezes. Pobre Sansão! Com o pecado não se brinca: você pode até se desembaraçar de algumas situações difíceis, mas em algum momento acabará caindo. A Bíblia confirma isso, ao dizer que o homem é apanhado pelas próprias cordas do seu pecado, além de advertir: "De Deus não se zomba" (Gálatas 6:7). O mesmo versículo apresenta um fato dramático. Enquanto Sansão descansa na certeza ilusória de seu livramento, o Senhor já tinha se retirado dele. Deus não estava mais com ele.

Certa vez, ouvi uma frase do pastor Gualberto que me marcou profundamente: "Jovem, Deus não tem compromisso com a sua loucura". E "jovem" pode designar qualquer um de nós que queira viver perigosamente. Se você quer pecar, peque; mas Deus não tem compromisso em abençoá-lo se você está em pecado. Deus não pode jamais ser parceiro de sua desobediência. O que semear, você colherá, declara a Bíblia. Assim, antes que Deus se afastasse de Sansão, este já tinha se afastado de Deus.

Ao apanhá-lo, os inimigos fazem o que querem de Sansão. Primeiro, vazam-lhe os olhos. Que tristeza: agora está cego aquele que era o "pequeno sol", que era luz e esperança para seu povo. Está cego, em trevas. Eis como é maligno o Inimigo: a concupiscência dos olhos constituía a maior fraqueza de Sansão. Foi por essa fraqueza que tudo começou, quando ele vislumbrou a mulher filisteia. O primeiro golpe do inimigo, portanto, foi em seus olhos. Depois, Sansão é levado à força até Gaza, a cidade onde ele havia se prostituído. Sem liberdade, amarrado a duas cadeias de bronze, é obrigado a reviver sua experiência de sujeira e de pecado. Em seguida, perde a direção e, como um moinho, começa a girar em círculos. Não avança, não progride, não se santifica, nada acontece. Enfim, o ápice da vingança dos filisteus se dá quando Sansão é arrastado a um culto idolátrico. No versículo 25, ele é chamado para divertir os participantes, trazendo alegria para os inimigos de Deus – oferecendo, na verdade, alegrias ao próprio inferno.

É quando precisamos nos perguntar: Em que arraial estamos produzindo alegria: no céu ou no inferno? Certa vez, li a descrição de uma caçada aos ursos. Os esquimós afiam uma faca bem grande e a firmam na neve, cobrindo todo o local de sangue e deixando um longo rastro. O urso é atraído pelo cheiro dos respingos, lambendo o sangue ao passar. Ao chegar perto da poça de sangue em torno da faca, ele se joga com tanta avidez que nem percebe a lâmina afiada, que lhe corta a língua e o pescoço. Quando vê, o urso está bebendo o próprio sangue, até morrer. Tal como o urso, há muitos que se mutilam voluntariamente por uma gana desenfreada, enfiando o pescoço na lâmina do pecado e arruinando-se. Há, porém, ocasiões em que ainda há tempo de arrepender-se e voltar para Deus.

Naquela festa demoníaca, em Juízes 16:25-26, Sansão é trazido do cárcere para divertir os filisteus. Quando se vê em pé entre as duas colunas que sustentavam a casa, ocorre-lhe uma ideia: pedir ao moço que o acompanhava que pudesse encostar nelas. Sob a desculpa de que estava cego, Sansão conseguiu encontrar alguma saída para aquele impasse. Ou seja, ele manteve a esperança. Foi Deus que lançou essas palavras em seu coração: "Sansão, você me desobedeceu e acabou com sua vida, mas meus planos para você continuam. Eu não desisti de você, Sansão. Israel será liberto com sua morte". Deus não desiste de nós. Você tem caído? Está em pecado? Sente-se um fracasso? Deus não abre mão de sua vida.

Tendo encontrado esse estratagema, Sansão clama ao Senhor: "Meu Deus, peço-te que lembres de mim, dá-me força só esta vez, ó Deus". É a oração de um homem quebrado, cego, forçado a participar de um culto satânico, alguém que se volta para Deus e pede ajuda, como quem reconhece seus erros: "Só esta vez, ó Deus!" Em meio àquela situação terrível, Sansão busca a Deus com humildade. Jamais é tarde para buscar a Deus. Mesmo quando você é derrotado e está sem perspectiva alguma, busque a Deus, clame ao Senhor. Os céus responderão às suas súplicas.

No versículo 30, Sansão decide: "Morra eu com os filisteus". A estratégia consistia em derrubar as duas colunas com a força do braço, demolindo aquela edificação e matando a todos os filisteus que estavam ali. Há momentos na vida em que, se queremos um milagre de Deus, precisamos fazer força. Empurrar as colunas, arrebentar as opressões da vida e destruir o que está nos matando. Se você fizer força, Deus fará o milagre.

AS CONSEQUÊNCIAS DAS NOSSAS ESCOLHAS

O preço que Sansão pagou por escolhas erradas foi muito alto e teve consequências em diversas áreas, como vemos a seguir.

1. **A ILUSÃO (JUÍZES 16:20).** O pecado é uma armadilha para os pés, um engano para o coração, uma tragédia para a alma. O Diabo é um estelionatário: promete vida e mata; promete liberdade e escraviza; promete prazer e atormenta. O pecado é uma fraude: fascina os olhos, mas produz cegueira; é doce ao paladar, mas amargo ao estômago. Sansão, que arrebentara as amarras como fiapos podres de estopa, agora está impotente e sem força. O pecado enfraquece e torna o indivíduo vulnerável.

2. **A FRAQUEZA (JUÍZES 16:19).** A força de Sansão não estava em seus cabelos, mas em Deus. Quando Deus se retirou de Sansão, sua força se foi. Seus cabelos eram apenas um símbolo de sua consagração a Deus. Sempre que nos afastamos de Deus, nós nos tornamos impotentes, vulneráveis e fracos. A nossa derrota não é resultado da presença do inimigo, mas da ausência de Deus. O pecado nos afasta de Deus. O pecado é o pior de todos os males. É maligno. É pior que a pobreza, que a solidão, que a doença e que a própria morte. Todos esses males não podem nos afastar de Deus, mas o pecado nos afasta de Deus agora e por toda a eternidade.

3. **A AUSÊNCIA DE DEUS (JUÍZES 16:20).** Se Deus estiver do nosso lado, ainda que o inferno inteiro se levante contra nós, sairemos vitoriosos; mas, se Deus se ausentar de nós, seremos fragorosamente derrotados. Não

podemos nos manter de pé estribados em nossa própria força. Sem Deus, tropeçamos em nossas próprias pernas. Sem Deus, nossa força é fraqueza consumada. Sem Deus, tornamo-nos presa do inimigo. Quando Deus se afastou de Sansão, ele caiu imediatamente nas mãos dos filisteus.

4. A PERDA DA VISÃO (JUÍZES 16:21). Aquele cujo nome significa luz ficou em densas trevas. Aquele que deveria ser um farol para iluminar o caminho da libertação do seu povo ficou cego. O pequeno sol teve sua luz apagada. Sansão teve seus olhos vazados. O fascínio pelo pecado o deixou cego. A concupiscência dos olhos cegou os olhos da sua alma, antes que os olhos do seu corpo fossem vazados pelos filisteus. Há muitas pessoas que ainda hoje seguem por caminhos de trevas e com o tempo perdem a visão espiritual.

5. A PERDA DA DIGNIDADE (JUÍZES 16:21). Sansão não apenas ficou cego e cativo nas mãos dos filisteus, mas eles o fizeram descer ao lugar das suas antigas quedas. Descer a Gaza era reavivar na memória dele o lugar do seu fracasso mais vergonhoso. Ali Sansão, um homem de Deus, iniciou-se nos sinuosos caminhos da promiscuidade. Ali ele se deitou com uma prostituta. Ali ele entregou seu corpo à lascívia. Ali ele perdeu a dignidade. Sua honra foi enlameada. Seu nome foi maculado. Sua criação como um jovem consagrado a Deus desde o ventre foi esquecida. Sansão rompeu todos os padrões da decência. Entregou-se ao espírito da sua época. E foi tristemente envergonhado. Em Gaza, embora conseguisse fugir dos filisteus, carregando heroicamente os portões da cidade em seus ombros, Sansão sofreu uma derrota esmagadora ao carregar os pecados da cidade no coração.

6. A PERDA DA LIBERDADE (JUÍZES 16:21). Sansão, o homem prodígio, o homem de força descomunal, o homem que enfrentava sozinho um exército inteiro, agora impotente e indefeso, é amarrado e acorrentado. Ele torna-se escravo do inimigo e passa a trabalhar como um servo de seus inimigos. Sansão era livre e libertador do seu povo, mas pôs ele mesmo o pescoço na coleira do inimigo. Quem pratica o pecado é escravo do

pecado. Há muitas pessoas que, embora livres, são escravas e, embora tenham o direito de ir e vir, estão presas pelas grossas correntes dos vícios mais degradantes. Nossa juventude vive o drama da escravidão das drogas. O narcotráfico desafia o estado de direito, conspira contra as leis constituídas e espalha um clima de medo em nossa sociedade fragilizada. O consumo de drogas cresce espantosamente. Mais e mais famílias se tornam prisioneiras dessa maldição que captura jovens cheios de sonhos e faz deles escravos. Vivemos a geração que zomba dos preceitos de Deus e escarnece da virtude. O sexo desenfreado está se tornando uma norma para uma sociedade entorpecida pelo pecado. Em nome de uma liberdade sem fronteiras, nossa geração capitula à libertinagem.

7. A PERDA DA DIREÇÃO (JUÍZES 16:21). Sansão começa a girar um moinho, dando voltas sem sair do lugar. Sua vida perde a direção. Em vez de fazer voos altaneiros e retos como uma águia, ele começa a voar em círculos como um abutre. Quem voa em círculos amiúde voa sobre podridão, sobre aquilo que cheira mal. Num mundo que está em movimento, a estagnação é retrocesso. O pecado não apenas nos faz girar em círculos, mas também a andar de marcha a ré.

8. A PERDA DA ADORAÇÃO (JUÍZES 16:23,24). Sansão, em vez de adorar a Deus, está agora, mesmo que a contragosto, em um templo pagão, participando de um culto satânico. Um abismo chama outro abismo. De queda em queda, Sansão foi ao fundo do poço e agora está no território do inimigo, testemunhando seus inimigos exaltarem deuses pagãos. O nome de Deus foi blasfemado entre esses gentios por causa do mau exemplo de Sansão. Por não ter caminhado na direção de Deus, Sansão foi obrigado a entrar num templo pagão.

9. A PERDA DO RESPEITO (JUÍZES 16:25). Os filisteus não apenas levaram Sansão para o templo pagão, mas escarneceram dele. Fizeram chacota dele. Sansão tornou-se motivo de zombaria, e fizeram grande algazarra, escarnecendo dele e de seu Deus. Sansão perdeu completamente o respeito diante dos seus adversários. Eles não mais o temiam. Tinham

prevalecido sobre ele. O pecado derrotou Sansão e fortaleceu os braços do inimigo.

10. **A PERDA DA VIDA (JUÍZES 16:30).** Sansão morreu ao matar os filisteus. Ele perdeu a vida junto com seus inimigos. Foi perdoado por Deus, mas não se livrou das consequências do seu pecado. Morreu cego, cercado de escuridão. Warren Wiersbe diz que Sansão é um dos três homens das Escrituras identificados especificamente com a escuridão. Os outros dois são o rei Saul, que saiu na escuridão para buscar o socorro emergencial de uma feiticeira (1Samuel 28), e Judas Iscariotes, que "saiu logo. E era noite" (João 13:30). Saul viveu para o mundo, Sansão sucumbiu à carne, e Judas entregou-se ao Diabo (João 13:2,27), e os três acabaram tirando a própria vida.

E por que Sansão caiu nas mãos dos filisteus? Aquele homem dominou um leão, mas não soube dominar a si mesmo. Pecou pela concupiscência dos olhos, e ficou cego. Quis viver em liberdade, e acabou escravo. Incendiou com trezentas raposas os campos dos filisteus, mas foi incendiado pela raposa da lascívia. Carregou os portões de Gaza nas costas, mas foi esmagado pelos pecados de Gaza. Brincou de ficar amarrado, e amarrado ficou. Apesar disso tudo, Deus não deixou de cumprir seus propósitos na vida de Sansão. A Bíblia registra que Sansão matou mais filisteus em sua morte do que em sua vida. Isso diz muito sobre o poder e a misericórdia de Deus diante dos descaminhos humanos.

Não sejamos, porém, imprudentes como Sansão. Sendo homens e mulheres de Deus, devemos em primeiro lugar aprender a identificar nossas vulnerabilidades e inclinações pecaminosas.

Pergunte-se, portanto: qual é a sua maior área de fraqueza? Qual é seu calcanhar de aquiles? Se é o sexo, preste atenção no que pode tentar você; se é o dinheiro, evite situações de cobiça; se é sede de poder, vigie seu coração. Nisso tudo, que seus olhos não sejam tropeço para sua alma.

Você deve seguir o exemplo de Jó: *Fiz aliança com meus olhos; como, pois, os fixaria eu numa donzela?* (Jó 31:1). Ajuda muito se você cuidar de seu tempo de lazer e escolher muito bem suas companhias. O que o rodeia poderá determinar se você será bem-sucedido ou não. E, principalmente, cumpra todas as promessas que fizer para o Deus da sua alma. O compromisso com Deus deve estar acima de tudo mais.

2

ALIANÇA PERIGOSA

¹ Sucedeu que, ouvindo isto todos os reis, que estavam daquém do Jordão, nas montanhas, e nas campinas, em toda a costa do Grande Mar, defronte do Líbano, os heteus, os amorreus, os cananeus, os ferezeus, os heveus e os jebuzeus, ² se ajuntaram eles de comum acordo para pelejar contra Josué e contra Israel.

³ Os moradores de Gibeão, porém, ouvindo o que Josué fizera com Jericó e com Ai, ⁴ usaram de estratagema, e foram e se fingiram embaixadores, e levaram sacos velhos sobre os seus jumentos, e odres de vinho, velhos, rotos e consertados; ⁵ e, nos pés sandálias velhas e remendadas, e roupas velhas sobre si; e todo o pão que traziam para o caminho era seco e bolorento.

⁶ Foram ter com Josué, ao arraial, a Gilgal e lhe disseram a ele e aos homens de Israel: Chegamos duma terra distante; fazei, pois, agora aliança conosco. ⁷ E os homens de Israel responderam aos heveus: Porventura habitais no meio de nós; como, pois, faremos aliança convosco? ⁸ Então disseram a Josué: Somos teus servos. Então lhes perguntou Josué: Quem sois vós? Donde vindes? ⁹ Responderam-lhe: Teus servos vieram duma terra mui distante, por causa do nome do Senhor, teu Deus; porquanto ouvimos a sua fama, e tudo quanto fez no Egito; ¹⁰ e tudo quanto fez aos dois reis dos amorreus, que estavam dalém do Jordão, a Seon, rei de Hesbom, e a Ogue, rei de Basã, que estava em Astarote.

¹¹ Pelo que nossos anciãos e todos os moradores da nossa terra nos disseram: Tomai convosco provisão alimentar para o caminho, e ide ao encontro deles e dizei-lhes: Somos vossos servos; fazei, pois, agora aliança conosco. ¹² Este nosso pão tomamos quente das nossas casas no dia em que saímos para vir ter convosco; e ei-lo aqui agora já seco e

bolorento; ¹³ e estes odres eram novos quando os enchemos de vinho, e ei-los aqui já rotos; e estas nossas vestes e estas sandálias já envelheceram, por causa do mui longo caminho.

¹⁴ Então, os israelitas tomaram da provisão e não pediram conselho ao Senhor. ¹⁵ Josué concedeu-lhes paz, e fez com eles a aliança de lhes conservar a vida: e os príncipes da congregação lhes prestaram juramento. ¹⁶ Ao cabo de três dias, depois de terem feito aliança com eles, ouviram que eram seus vizinhos e que moravam no meio deles. ¹⁷ Pois, partindo os filhos de Israel, chegaram às cidades deles ao terceiro dia; suas cidades eram Gibeão, Cefira, Beerote e Quiriate-Jearim.

¹⁸ Os filhos de Israel não os feriram; porquanto os príncipes da congregação lhes juraram pelo Senhor Deus de Israel; pelo que toda a congregação murmurou contra os príncipes. ¹⁹ Então todos os príncipes disseram a toda a congregação: Nós lhes juramos pelo Senhor Deus de Israel; por isso não podemos tocar-lhes. ²⁰ Isto, porém, lhes faremos: Conservar-lhes-emos a vida; para que não haja grande ira sobre nós, por causa do juramento que já lhes fizemos.

²¹ Disseram-lhes, pois, os príncipes: Vivam. E se tornaram rachadores de lenhas e tiradores de água para toda a congregação, como os príncipes lhes haviam dito. ²² Chamou-os Josué e disse-lhes: Por que nos enganastes dizendo: Habitamos mui longe de vós, sendo que viveis em nosso meio? ²³ Agora, pois, sois malditos; e dentre vós nunca deixará de haver escravos, rachadores de lenha e tiradores de águas, para a casa do meu Deus. ²⁴ Então, responderam a Josué: É que se anunciou aos teus servos, como certo, que o Senhor, teu Deus, ordenará a seu servo Moisés que vos desse toda esta terra e destruísse todos os moradores dela diante de vós. Por isso, tememos muito por nossas vidas por causa de vós, e fizemos assim. ²⁵ Eis que estamos na tua mão; trata-nos segundo te parecer bom e reto.

²⁶ Assim lhes fez e livrou-os das mãos dos filhos de Israel; e não os mataram. ²⁷ Naquele dia Josué os fez rachadores de lenha e tiradores de água para a congregação e para o altar do Senhor, até o dia de hoje, no lugar que Deus escolhesse.

Josué 9

O ESTRATAGEMA

É sabido que o Diabo é mais perigoso em astúcia do que em fúria, mais perigoso em suas ciladas sutis do que em seus ataques abertos, mais perigoso quando trabalha em surdina do que quando nos enfrenta cara a cara.

Quando Josué marchava para a conquista da terra prometida, toda nação que ele enfrentou cara a cara foi derrotada. À frente do exército de Deus, Josué era imbatível. No entanto, diz o texto bíblico que os gibeonitas, um dos povos que deveriam ser desalojados da terra prometida, elaboraram um plano para fugir do ataque de Josué. Estavam próximos, devendo portanto ser removidos da terra, derrotados inapelavelmente. Contudo, decidiram ir ao encontro dos israelitas trajando roupas velhas e rasgadas, alforjes e odres rotos, sandálias gastas, carregando pães bolorentos. Compondo assim um quadro digno de piedade, dirigiram-se a Josué propondo aliança. E dizem as Escrituras que, sem consultar a Deus, Josué e os príncipes de Israel aceitaram a aliança com os gibeonitas e, mediante juramento, viram-se obrigados a protegê-los e não lhes causar dano algum.

Trata-se de uma típica aliança proibida. Vejamos Josué 9:6, em que o povo de Gibeão pede que seja feita aliança com Israel. Quem eram os gibeonitas? Aliados ou inimigos? Parceiros ou adversários a serem enfrentados, derrotados e afastados do caminho? De fato, eles faziam parte daquelas nações que deveriam ser removidas da terra. Deus já havia dito, por intermédio de Moisés, que Israel não deveria fazer aliança alguma com os povos daquela terra, uma proibição que está em Êxodo 34:12: "Abstende de fazer aliança com os moradores da terra para onde vais, para que não te sejam por cilada". A grande pergunta é: por que Israel não deveria fazer aliança com aqueles povos? O que estava por trás de uma aliança assim? Qual era o risco?

JUGO DESIGUAL

Deus não apenas deu a ordem para que os israelitas se abstivessem de fazer aliança com os gibeonitas, mas revelou seus motivos. Em Deuteronômio 7,

Moisés trata dos perigos dessas alianças. Eis o que ele diz no versículo 3: "Nem contrairás matrimônio com os filhos dessas nações; não darás tuas filhas a seus filhos, nem tomarás as suas filhas para teus filhos".

Um dos maiores perigos das alianças proibidas são os casamentos mistos. Uma leitura atenta da Bíblia revela que um dos grandes estratagemas ao longo dos séculos para enfraquecer o povo de Deus era misturá-lo com outros povos por intermédio de casamentos, para que a fé no Deus vivo e verdadeiro fosse enfraquecida e seus absolutos fossem minimizados. Tornada relativa, a verdade não mais exigiria compromisso, e logo todos os filhos de Israel passariam a adorar os deuses pagãos. O resultado seria a transformação do culto verdadeiro em apostasia.

É o que de fato começa a acontecer. Israel firma uma aliança proibida, e seus filhos e filhas se casam com os filhos e as filhas daqueles povos, cujos deuses logo começaram a ser reverenciados pelo povo de Israel. Em 1Reis 11:1-6, Salomão, o homem mais sábio de todos, o rei que grandemente alargou as fronteiras do seu império, deixou que seu coração fosse corrompido por seus muitos casamentos, chegando a ponto de adorar deuses estranhos e a levantar-lhes templos de adoração.

Indago, portanto, com Amós: "Andarão dois juntos se não houver entre eles acordo?" (Amós 3:3). Trata-se de um questionamento fundamental para os membros de nossas igrejas que estão sozinhos. Lidar com sentimentos não é algo simples. Sem uma resposta prévia a essa pergunta, acompanhada de uma firme decisão, não há como evitar envolvimentos com pessoas que não professam a fé no Deus vivo. Uma grande dor decorrerá desse tipo de compromisso. E é vão imaginar que, no futuro, Deus poderá mudar a situação: as estatísticas informam que o cônjuge incrédulo não se converte em 75% dos casamentos mistos. Assim, se você não reconhece que o casamento com cristãos é uma questão absoluta para a fé, pode estar sujeito a uma aliança perigosa.

Além da expectativa frustrada sobre a conversão do cônjuge incrédulo, advirá sofrimento certo dessa união pelo grande desamparo que sobrevém ao cônjuge crente. Ainda que seja um cristão sincero, tenderá ao esfriamento, pois se ressentirá da falta de unidade espiritual em seu casamento. Diante de tanto desacordo, é praticamente inevitável que o cônjuge crente esfrie e deseje retroceder.

Além disso, ele experimentará uma solidão quase impossível de superar, pois caminhará sozinho em suas decisões. Na educação dos filhos, por exemplo, a visão do casal dificilmente será a mesma. Em um casamento misto, o cônjuge cristão se verá sempre desprovido de apoio, presença, participação e conforto espiritual em sua caminhada com Deus.

Escrevendo aos coríntios, o apóstolo Paulo afirma com vigor: "Não vos ponhais em jugo desigual com os incrédulos; porquanto que sociedade pode haver entre a justiça e a iniquidade? Ou que comunhão, da luz com as trevas? Ou que harmonia, entre Cristo e o maligno? Ou que união, do crente com o incrédulo? Que ligação há entre o santuário de Deus e os ídolos?" (2Coríntios 6:14-16). De fato, da ausência de harmonia nessas uniões decorrerá sempre a idolatria, como Deus adverte em Deuteronômio 7:4: "Pois elas fariam desviar teus filhos de mim, para que servissem a outros deuses". O maior problema da interação profunda entre crentes e incrédulos é que os primeiros serão induzidos à apostasia – em uma linguagem mais moderna, o tão decantado, propalado e aplaudido ecumenismo.

Em visita ao Brasil, o líder budista Dalai Lama reuniu-se em uma igreja com um padre, um rabino e um pastor. Alvoroçados, os jornais descreveram o acontecimento como um grande avanço na maturidade religiosa de nosso país. Finalmente representantes de diversas religiões poderiam se assentar a uma mesma mesa, demonstrando que toda religião é boa e que todo caminho conduz a Deus. Sabemos, no entanto, que nada disso é verdade. O único caminho para Deus é Jesus. Se uma religião não prega Jesus crucificado, não devemos fazer aliança nem parceria alguma com seus representantes, que estarão em desacordo com o ensino bíblico. Assim, esse tipo de união jamais poderá agradar a Deus; trata-se de uma aliança perigosa.

Deus também adverte sobre as consequências desse tipo de aliança. Números 33:55 diz: [...] os que deixardes ficar ser-vos-ão como espinho nos vossos olhos e como aguilhões nas vossas ilhargas, e vos perturbarão na terra em que habitardes". Seja conjugal, comercial, empresarial ou espiritual, toda aliança fora da vontade de Deus trará dores, desconforto, noites mal dormidas, angústias e lágrimas. Quem firma alianças sem examinar as Escrituras, sem observar os parâmetros de Deus, logo descobre os males que tal decisão precipitada pode trazer. Precisamos tomar muito cuidado para não entrar em uma aliança perigosa.

Por isso, antes de dizer sim a alguém, conte com a certeza de que Deus aprova essa união. Antes de assumir um namoro, firmar um noivado ou marcar a data do casamento, questione-se sobre a vontade de Deus. Da mesma forma, antes de estabelecer uma aliança de trabalho, pense e esgote todas as possibilidades para não realizar uma aliança precipitada, portadora de muitas dores.

A MENTIRA

Voltemos agora à nossa história, chamando a atenção para o plano utilizado pelos gibeonitas com a finalidade de vencer o povo de Israel. As estratégias utilizadas não são novidade, pois lembram o diálogo entre o Diabo e o primeiro casal no jardim do Éden. De que modo Satanás vence Eva nesse diálogo? Em Gênesis 3:1-3, ele se disfarça, provocando a mulher ao distorcer as palavras de Deus: "Não comereis de toda árvore do jardim?". Eva responde que não é bem assim, mas, sem perceber, também reproduz as ordens de Deus de modo errôneo, acrescentando algo que não existia: "Do fruto das árvores do jardim podemos comer, mas do fruto da árvore que está no meio do jardim, disse Deus: Dele não comereis, nem tocareis nele, para que não morrais".

A serpente continua, em um tom melífluo, insinuando que Deus não seria tão rígido em seus juízos: "É certo que não morrereis". Os argumentos que se seguem poderiam ser parafraseados da seguinte forma: "O que Deus está fazendo é privar vocês de um bem ao qual vocês têm direito. Vocês podem ser iguais a Deus, conhecedores do bem e do mal. Deus está escravizando vocês neste pequeno e limitado jardim, quando vocês têm vocação para voar muito mais alto. Se comerem deste fruto, experimentarão uma vida muito mais ampla, muito mais plena, muito mais feliz!".

O Diabo é um embusteiro: promete prazer e vida, pagando com sofrimento. Sabemos que o pecado é uma fraude e leva à morte, mas o Diabo diz que, se você pecar, receberá delícias em troca. Na verdade, sempre que peca, você sofre amargamente as consequências dessa decisão. Eis o disfarce e a mentira do Diabo.

Da mesma forma, o povo de Gibeão também usa de disfarces e de mentiras. Como vimos em Josué 9, durante a marcha de vitórias e de conquistas da terra prometida, nações se levantam e se unem para atacar Israel, sendo todas derrotadas. Todavia, os gibeonitas preferiram a astúcia à força. Fantasiados, montam toda uma pantomima para fingir pobreza e humildade diante de Josué, e ainda mentem, afirmando terem vindo de uma terra distante (para que não fossem considerados parte das nações a serem enfrentadas e desalojadas por Israel).

A mentira é um sinal bem claro de que Deus não aprova a aliança. Portanto, diante de uma decisão a tomar sobre qualquer acordo, negócio, transação, enfim, diante de qualquer aliança, se houver mentiras, fuja! Afinal, o Diabo é o pai da mentira, mas Deus é luz e verdade. Alianças que se valem de mentiras são alianças de morte e escravidão. Quem se envolve com a mentira põe o pé numa estrada de vergonha, opróbrio e derrota.

A PRESSÃO PSICOLÓGICA

Além do disfarce e da mentira, há ainda mais uma estratégia: a pressão psicológica. Em Josué 9:6, os gibeonitas dizem que chegaram de uma terra distante e pedem aliança imediata. Chamo a atenção do leitor para a linguagem: a frase indica não só sedução, mas sobretudo urgência.

É preciso tomar muito cuidado com decisões tomadas às pressas, que podem jogar você em uma estrada escorregadia. Um dos grandes problemas na sociedade é que primeiro tomamos uma decisão e só depois paramos para refletir. Há um ditado popular que diz: "Quem tem pressa come cru".

Deve haver cautela, discernimento e prudência naquilo que é importante, como no namoro. Hoje, primeiro se começa o relacionamento, e depois é que o rapaz e a moça procuram saber quem é o outro, o que pensa, em que crê, o que faz. O ideal seria ir com calma, buscando respostas para perguntas essenciais: "Quem é o rapaz ou a moça que eu quero namorar? Como vive e se comporta em casa? Como trata os pais? Como é na escola, na faculdade? Gosta de trabalhar? É uma pessoa de caráter? É confiável?" Isso tudo é fundamental para que a aliança seja feita. O mundo de hoje, no entanto, insiste na precipitação: "Agora, faça aliança", como quem diz: "Não dá para pensar muito, é pegar ou largar; não pode deixar para amanhã". Cuidado com esse tipo de pressão! A impaciência oferece grandes riscos para nossa alma: foi tomado por uma impaciência de matar que Sansão teve seu cabelo tosado. Não faça alianças precipitadamente.

A história se desenvolve, e, nos versículos 7 e 8, os israelitas começam a perceber a esperteza e indagam algo como: "Vocês são nossos vizinhos, como é que nós vamos fazer aliança com vocês?". A resposta, porém, foi astuta, dirigida diretamente a Josué: "Somos teus servos". Quando o povo começa a tirar a máscara dos gibeonitas, eles recorrem ao líder, com o propósito da lisonja. Afinal, não queriam que os homens de Israel continuassem naquele raciocínio para chegar à verdade. Essa é mais uma lição que o texto nos oferece: é preciso cuidado com os elogios. Se alguém começa a insuflar seu ego, analise se a intenção é propor-lhe uma aliança que pode ser um desastre em sua vida.

Ao longo da conversa entre os dois grupos, os gibeonitas usam de táticas diversionistas para escapar aos questionamentos do povo de Israel. "Quem sois vós?", Donde vindes?" — perguntas claras de Josué — são respondidas com "teus servos vieram de uma terra muito distante por causa do nome do Senhor, teu Deus".

Ou seja, não houve resposta objetiva alguma; ao contrário, houve mentira. Eis o cenário perfeito para uma aliança perigosa, respostas mentirosas ou incompletas que são ainda enfeitadas com uma linguagem piedosa: "por causa do nome do Senhor, teu Deus [...] ouvimos a sua fama e tudo aquilo que fez no Egito".

O uso do nome de Deus para fins escusos é algo a que devemos sempre ficar atentos – por exemplo, quando um descrente se apaixona por alguém da igreja e parece se transformar em crente de uma hora para a outra. Parece muito entusiasmado, dá testemunho, começa a falar em se batizar... uma maravilha. No entanto, cuidado: toda essa demonstração pode vir de um interesse genuíno, como também pode não passar de um estratagema gibeonita. Ao manifestar tanto deslumbramento, os gibeonitas estavam simplesmente usando o nome de Deus para alcançar outro projeto: fazer uma aliança com aqueles que, de outro modo, os desalojariam daquela terra.

Precisamos compreender que nem sempre é sincero aquele que fala em nome de Deus. Quantas heresias, hoje, são pregadas e recebidas como palavra do Espírito Santo? Sobre isso, deixe-me contar uma história.

Certo dia, na igreja, eu estava pregando de manhã, quando vi entrar uma senhora simpática e muito bem vestida. Ela se sentou logo na primeira fileira e, durante o culto mesmo, não sei como, ela conseguiu fazer chegar até o púlpito um bilhetinho que dizia mais ou menos o seguinte: "Pastor, Deus me mandou aqui, nesta manhã, porque o Espírito Santo tem uma palavra para a igreja. Queria pedir que o senhor me permitisse falar". Dobrei o bilhetinho, guardei no bolso e continuei pregando. Terminado o sermão daquela manhã, impetrei a bênção e me encaminhei para a porta. Aquela senhora veio em minha direção cheia de fúria e, com o dedo em riste, quase me bateu:

— O senhor impediu que o Espírito Santo falasse aqui nesta igreja hoje de manhã.

Respondi: — O Espírito Santo falou; só a senhora não ouviu.

Ela argumentou: — Mas eu vim aqui para falar em nome de Deus!

Tive de explicar: — Eu não sei quem é a senhora, não sei de onde vem, não sei em que a senhora crê e, pelo seu comportamento, não lhe daria mesmo a palavra.

O que me impressionou é que naquela semana essa mulher fez um tremendo estrago na cidade de Vitória, "pregando" em muitas igrejas.

Não é impressionante? Alguém totalmente desconhecido chega e diz: "O Espírito Santo me mandou aqui porque tenho uma palavra para a igreja" e ela receber toda a nossa confiança de imediato para subir ao púlpito? É claro que não pode ser assim. Cuidado com esse tipo de permissão, que não deixa de ser uma aliança feita às pressas, debaixo de pressão psicológica. Cuidado com tais seduções, pois podem se revelar de fato armadilhas do Inimigo.

Outra artimanha é demonstrada enquanto os gibeonitas imprimem uma falsa religiosidade a seu discurso. Nos versículos 10 e 11, eles fazem a Josué um longo relato sobre o que ouviram falar do Deus de Israel. A narração abarca apenas o tempo de Moisés, tratando de como aqueles dois reis foram atacados, derrotados e destruídos, mas não inclui a vitória recente que Josué tivera nas cidades de Jericó e Ai. O versículo 3, no entanto, mostra que eles estavam cientes desses fatos. Na verdade, sua motivação maior para ter uma aliança com o povo de Israel não eram os feitos de Moisés, mas sim as realizações de Josué nessas duas cidades. Todavia, se eles a revelassem, a máscara deles cairia. Trata-se de um estratagema de sedução: esconder algo importante enquanto se revela o que é de menor importância. Com isso, os gibeonitas conseguiram a atenção e o interesse de Josué para que a aliança proibida fosse firmada.

Decisões que não se valem de consultas a Deus são sempre um grande perigo, mesmo quando parecem óbvias. Nos versículos 14 e 15, tomados de surpresa, os israelitas deixaram de pedir conselho ao Senhor. Estava selada a aliança proibida: Josué lhes concedeu a paz e prometeu preservar-lhes a vida, instando os príncipes da congregação a prestarem juramento àquele povo. Chamo a atenção do leitor para este ponto: determinadas resoluções parecem tão claras e imediatas que cremos não haver necessidade de pensar ou de orar a respeito. É como se déssemos de ombros, pensando: "Para que pedir direção a Deus nesse namoro se meu coração está tão alegre?

Para que pedir direção a Deus nesse acordo se tudo parece se encaixar perfeitamente?".

Como líder espiritual, Josué cometeu um grande erro: dispensar a orientação de Deus. No entanto, confiar na sabedoria humana, na lógica, em suma, em seu próprio coração, é o que o insensato faz, segundo Provérbios 28:26.

Vamos ilustrar isso. Quando houve uma briga entre os pastores de Abraão e os de Ló, uma rixa para a qual não havia solução, Abraão procurou Ló para propor um afastamento. "Não podemos mais caminhar juntos. Se você for para a direita, eu vou para a esquerda; se você for para a esquerda, eu vou para a direita." Era uma proposta que deixava a escolha nas mãos de Ló. E o que ele faz? Diz a Bíblia que Ló ergueu os olhos e se encantou com as campinas verdejantes do Jordão, respondendo de imediato que queria ir para lá. Ele deveria ter sido mais educado, recusando a primazia da escolha. Poderia ter respondido: "Meu tio, o senhor tem a preferência, pois é o chefe da caravana". Contudo, ganancioso, Ló não quis perder a oportunidade. E foi armar suas tendas justamente na direção de Sodoma e Gomorra, onde acabou perdendo a mulher, as filhas, os genros, a reputação e todos os bens. Foi o maior desastre de sua vida.

A vida de Abraão demonstra esse cuidado com a orientação divina. As Escrituras nos contam que, em Gênesis 17, Deus diz claramente que Abraão deveria deixar a terra e os parentes para ir a outra terra, onde seria abençoado e teria numerosa descendência.

Abraão esperou a realização dessa promessa por anos a fio. Quando já se contavam onze anos de espera, sua paciência começou a se esgotar. (Nesta era afobada atual, você já esperou onze anos por algo?) Diz a Bíblia que sua esposa Sara, cansada de esperar, propôs ao marido uma "barriga de aluguel": Abraão coabitaria com a serva Agar para que eles tivessem um filho. Para Sara e Abraão, Deus havia se esquecido da promessa. E assim, quando Abraão completou 86 anos de idade, nasceu Ismael, seu filho com Agar.

O feito passou em branco. Nenhum altar levantado, nenhuma oração, nenhum registro das Escrituras, nada. E Deus permaneceu em total silêncio. Decorridos mais treze anos, certamente Abraão já não devia alimentar esperança alguma quando, em seus 99 anos, Deus apareceu para ele, garantindo que a aliança ainda estava de pé: "Eu sou o Deus Todo-Poderoso, anda em minha presença e sê perfeito". E, como sabemos, a promessa foi cumprida.

Deus não muda. Mesmo quando parece silencioso, inerte, esquecido da promessa feita a você, Deus é fiel. Mantenha-se firme, não se desespere nem seja impaciente. Desista dos atalhos e espere em Deus, pois Ele é fiel para cumprir o que prometeu.

É interessante perceber o significado do nome Gibeão: "pequeno monte". Afirmam os chineses que os maiores obstáculos à caminhada não são as grandes pedras do caminho, as que são vistas de longe e logo são contornadas, mas sim as pequenas pedras. Aquilo que é pequeno pode derrubar você. Sansão, um gigante, o homem mais forte da Bíblia, foi derrotado por Dalila, que significa "fraqueza". Assim, cuidado com os detalhes. Se você não vigiar nas pequenas coisas, pode acabar forjando uma aliança com o inimigo.

FALSA RELIGIOSIDADE

Por fim, a história aponta as consequências de uma aliança precipitada. Nos versículos 19 e 20, os príncipes dos israelitas juram, perante toda a congregação, proteger os gibeonitas "pelo Senhor Deus de Israel", enfatizando que honrariam o juramento para que não houvesse "grande ira" sobre o povo. É preciso atenção especial nesse ponto. Deus havia dito por meio de Moisés que Israel não deveria fazer alianças com aqueles povos (Deuteronômio 7). No entanto, sob a liderança de Josué, essa ordenança é quebrada, e Deus ratifica a aliança proibida por meio de juramento. Logo, não mais poderia ser desfeita. Imagine entrar em um pacto proibido sem poder desfazê-lo?

A ilustração perfeita para a aliança que não se pode romper é justamente o casamento. Grande parte das alianças são desfeitas quando ambas as partes estão insatisfeitas – por exemplo, um contrato entre sócios. Mas a aliança do casamento é profunda e irremovível.

Uma das desculpas mais comuns que ouço durante aconselhamentos na área conjugal toma a seguinte forma: "Pastor, estou pensando em abandonar meu casamento, pois agora tenho a clara compreensão de que não foi Deus que nos uniu. Eu era ainda muito jovem, não tinha noção das coisas, não recebi instrução de meus pais, não havia conselho na igreja para me orientar, ninguém me chamou para uma conversa, para um curso de noivado, nada disso... Eu me casei sem pensar direito, com a cara e a coragem, e só depois parei para refletir. Cheguei à conclusão de que no fundo não era aquilo que eu queria. Eu não estava pronto, não era amor, só uma empolgação momentânea. Então, pastor, preciso sair dessa relação porque Deus não estava nisso desde o início".

Costumo sempre observar que, se a pessoa se casa sem orar pedindo direção a Deus, e sem buscar orientação nem conselhos de outros, não há mais jeito. Quando Deus ratifica essa aliança, você se vê obrigado a cumpri-la por juramento. É o que está escrito em Malaquias 2:14: "[...] o Senhor foi testemunha da aliança entre ti e a mulher da tua mocidade, com a qual tu foste desleal, sendo ela a tua companheira e a mulher da tua aliança". Deus é o Deus da aliança, portanto acautelemo-nos.

Outro aspecto importante como consequência das más alianças é o descontentamento do povo de Deus, como percebemos no versículo 18. Toda a congregação murmurou contra os príncipes. Se você está em posição de liderança, deve ser bastante cauteloso antes de firmar qualquer acordo, pacto ou aliança com alguém, seja qual for a natureza. Se você envolver outras pessoas em uma decisão precipitada, terá de enfrentar amargura, ressentimento, infelicidade e confusão no meio da igreja. E não apenas terá de lidar com esses sentimentos negativos, mas com um desnecessário dispêndio de energia.

Em Josué 10:6,7, os gibeonitas são atacados e, com base na aliança, mandam chamar Josué, pedindo exércitos para sua defesa. Então, em vez de ter lutado contra os gibeonitas, que era o que ele deveria ter feito, Josué precisou sair em defesa deles porque estavam ligados ao povo de Israel por uma aliança firmada com juramento.

Se você fizer uma aliança precipitada, usará sua força, sua energia, enfim, sua vida, para lutar em favor daqueles que você deveria desalojar e afastar do caminho. Você terá de defender inimigos.

Essa história também sugere que o tempo não anula nossas alianças, mesmo quando não consultamos a Deus. Passados 330 anos do período dos juízes, quase 400 anos depois de Josué, Saul entra em batalha contra os gibeonitas e os derrota. Nessa época, conta-nos a Bíblia (em 2Samuel 21:1,2) que, durante o governo de Davi, houve três anos de fome. Animais e pessoas morreram, pois faltava água, pastagem, alimento. Davi consultou a Deus sobre o que estava acontecendo, e Deus respondeu: "É por causa de Saul e da sua casa sanguinária, porque matou os gibeonitas". Uma aliança feita por Josué quatrocentos anos antes (muitas gerações depois) havia sido ferida. Essa era a causa da maldição de Deus sobre a nação de Israel.

Assim, foram dois os trágicos resultados de uma aliança perigosa, como juízo de Deus: primeiro, três anos de fome sobre Israel; em seguida, as Escrituras nos dizem em 2Samuel 21:5-9 que sete filhos de Saul precisaram ser enforcados por causa do sangue derramado. Só assim o juízo foi retirado da terra de Israel.

Como povo de Deus, portanto, precisamos não só ter o máximo cuidado com as alianças e as promessas que fazemos, mas devemos cumpri-las, sendo fiéis a elas. Assim, seja cauteloso e paciente, tomando decisões sem pressa, refletindo, orando, pedindo a Deus direção e convicção para que os desejos do seu coração se submetam à vontade divina. Analise a situação detidamente, indagando se aquela aliança seria de fato vontade de Deus para você. Ao fazer isso, você poupará a si mesmo e aos outros muitas dores e incalculáveis prejuízos. Mas, se você chegar à conclusão de que a aliança a ser feita é boa, cumpra o que você prometeu. Nossas decisões hoje afetarão as futuras gerações, para o bem ou para o mal. A Bíblia diz que Deus não se agrada dos votos de tolos. Quando você prometer algo, cumpra-o.

Que Deus nos ajude a observar atentamente essas exortações que emanam de sua Palavra.

PARTE 2

TENTAÇÃO E CULPA

3

VOCÊ PODE VENCER A TENTAÇÃO

¹ A seguir, foi Jesus levado pelo Espírito ao deserto, para ser tentado pelo diabo. ² E, depois de jejuar quarenta dias e quarenta noites, teve fome. ³ Então, o tentador, aproximando-se, lhe disse: Se és Filho de Deus, manda que estas pedras se transformem em pães. ⁴ Jesus, porém, respondeu: Está escrito: Não só de pão viverá o homem, mas de toda palavra que procede da boca de Deus. ⁵ Então, o diabo o levou à Cidade Santa, colocou-o sobre o pináculo do templo e lhe disse: Se és Filho de Deus, atira-te abaixo, porque está escrito: Aos seus anjos ordenará a teu respeito que te guardem; ⁶ e: Eles te susterão nas suas mãos, para não tropeçares nalguma pedra. ⁷ Respondeu-lhe Jesus: Também está escrito: Não tentarás o Senhor, teu Deus. ⁸ Levou-o ainda o diabo a um monte muito alto, mostrou-lhe todos os reinos do mundo e a glória deles ⁹ e lhe disse: Tudo isto te darei se, prostrado, me adorares. ¹⁰ Então, Jesus lhe ordenou: Retira-te, Satanás, porque está escrito: Ao Senhor, teu Deus, adorarás, e só a ele darás culto. ¹¹ Com isto, o deixou o diabo, e eis que vieram anjos e o serviram.

MATEUS 4:1-11

ALGUÉM JÁ DISSE QUE DEUS só tem dois tipos de filho. O seu Filho unigênito, que não pecou, e aqueles que foram feitos filhos por adoção, que são os pecadores. Deus, porém, não tem nenhum filho que não seja tentado, que não passe pela prova. Eu sei que você conhece o assunto que estou tratando hoje, que é a tentação. Porque, em um grau maior ou menor, em uma dimensão ou em outra, em um contexto ou em outro, todos nós já fomos, estamos sendo ou seremos tentados.

Evidentemente, somos diferentes uns dos outros. Seu ponto vulnerável pode ser o ponto forte de seu irmão. É claro que a tentação que pode ser um risco para o seu irmão você pode "tirar de letra". Obviamente, Satanás, que, depois de Deus, é quem mais conhece sua vida, aquele que investiga e analisa você, também é um ser que tem vários estratagemas.

Ele vai buscar, certamente, a maneira mais sutil, a hora mais oportuna para tentar você, seja por pressão, seja por sedução. Ora rugindo como um leão, ora entrando sorrateiramente como uma serpente enganadora.

ALGUNS ASPECTOS DA TENTAÇÃO

Estudaremos esse texto prestando atenção às tentações de Jesus, tiraremos algumas lições oportunas para nós. Como introdução, preciso dizer a você, primeiro, que o Diabo não é um ser mítico e lendário. Talvez o engano mais perigoso, que o próprio Satanás espalhou, é que ele não é verdadeiro. Ou seja, que ele não é real, é um mito, apenas uma ideia negativa, apenas uma energia negativa. Porém a Bíblia diz que esse inimigo é um anjo caído, um ser perverso, um ser maligno. Além disso, é um ser assassino, ladrão, mentiroso, a antiga serpente. Ele é o leão que ruge, o dragão vermelho, o deus deste século, o príncipe da potestade do ar, o espírito que atua agora nos filhos da desobediência. Ele não dorme, não tira férias, ele age.

Em segundo lugar, a tentação é inevitável. Com isso, estou querendo dizer que nenhum ser humano viverá nesta terra sem ser tentado. Não há campo neutro; não há onde você se esconder; não há para onde você possa voar, onde você estará imune, incólume ao perigo da tentação. Como você pode ver, a tentação não é algo que devemos estimular, mas que sempre devemos esperar. Deus lhe promete uma viagem segura, mas não uma aterrissagem sem turbulência. Que você e eu seremos tentados, disso não temos dúvida; é um fato inegável.

Terceiro aspecto: a tentação vem nas horas mais esplêndidas da vida. Se você prestou atenção à leitura, viu que ela começa com o termo "a seguir". A seguir do quê? Leia o que está antes. Note que Jesus acabara de sair do

Jordão, onde fora batizado, onde o céu se abrira, onde o Espírito Santo descera sobre Ele, onde o Pai falara do céu: "Este é o meu Filho amado, em quem me comprazo". Marcos inicia a frase seguinte com uma expressão que é uma peculiaridade dele, um termo de conexão repetido no evangelho dele, com suas variantes, 41 vezes. "A seguir", diz o texto, Jesus foi conduzido pelo Espírito ao deserto para ser tentado pelo Diabo.

Lucas ainda acrescenta mais um fato: que Ele, cheio do Espírito Santo, foi conduzido pelo Espírito ao deserto para ser tentado por Satanás. O que eu ressalto aqui é que não houve intervalo entre a glória do batismo e a dureza da tentação. O que eu destaco é que Jesus vai imediatamente do sorriso aprovador do Pai para as ciladas do maligno. O que eu enfatizo aqui é que a tentação não foi um acidente, mas um encontro marcado. Não houve nenhuma transição entre o céu aberto do Jordão e a escuridão medonha do deserto.

Que significa isso? Que você pode ser tentado a partir do momento em que está mais perto de Deus. Que você pode ser tentado no momento em que está na mais doce comunhão com o Pai. Não há uma ponte a ser atravessada entre o céu aberto e o deserto, é imediatamente. Alguém já disse que o melhor dos santos pode ser tentado pelo pior dos pecados. E esse texto está na Bíblia. Sabe por quê? Porque, entre tantas razões, esse texto vai revelar para nós a humanidade perfeita do Filho de Deus, que foi tentado em todas as coisas à nossa semelhança, mas não pecou. Esse texto está na Bíblia também, entre outras razões, para encorajar-nos no sentido de que ele, que passou pela tentação, pode socorrer-nos quando nós também somos tentados. Então, chamo a atenção para as lições do texto. Para começar vamos ver quais são as estratégias do Diabo nessa tentação.

ESTRATÉGIAS DO DIABO

Primeiro: Satanás não se afasta de nós pelo fato de sermos filhos de Deus e por estarmos cheios do Espírito Santo de Deus. O Senhor Jesus tinha acabado de ouvir a frase: "Este é o meu Filho amado, em quem me comprazo".

E dizem as Escrituras que o céu se abriu, o Espírito Santo desceu sobre Ele e Ele ficou cheio do Espírito Santo; mas, imediatamente, começa o processo da sua tentação.

Aqui, o Diabo começa a tentação, mas não com uma negação direta, conforme o versículo 3: "Se és Filho de Deus". Note aqui que a dúvida é a primeira arma que o Diabo vai usar para tentar as pessoas. Jesus tinha acabado de ouvir que era Filho de Deus. Mas Satanás, em sua sutileza, coloca uma condicional: És mesmo? O que aconteceu lá no Éden? A serpente insinuou: "Foi assim mesmo que Deus disse?" Será que você é crente mesmo, nasceu de novo, é mesmo da família de Deus? Será que Deus ama você, será que Ele está com você mesmo?

O Diabo pôs em dúvida a verdade proclamada pelo Pai lá no Jordão: "Este é o meu Filho amado". O Diabo põe em dúvida toda a experiência da vida do Filho de Deus, porque Jesus Cristo, até então, já tinha revelado que estava empenhado nos negócios de seu Pai, e agora a sua filiação é questionada. Não é diferente hoje: o Diabo vai fazer de tudo para questionar o seu relacionamento com Deus, para pôr dúvida na sua mente, questionamentos no seu coração. Ele quer colocar a cunha da dúvida nas brechas da sua mente, essa é uma estratégia dele.

Em segundo lugar, Satanás não deixa de nos tentar pelo fato de estarmos orando e jejuando. Preste atenção nisso. O relato de Mateus nos dá uma ideia. "Depois de jejuar quarenta dias e quarenta noites [...], o tentador, aproximando-se..." A leitura de Mateus quase nos leva à ideia de que a tentação começou depois dos quarenta dias de oração e jejum. Quando você lê Marcos e Lucas, conclui que a tentação não começa depois dos quarenta dias de oração e jejum, mas antes disso. O Diabo não tenta você apenas depois que você ora e jejua; ele tenta você enquanto você ora e jejua. No momento em que você vem para uma reunião de oração, no momento em que você está caído de joelhos, prostrado diante de Deus, é que ele entra com sutileza e tentação.

Agora preste atenção: quem não vigia e não ora, não consegue resistir a essas tentações. O fato de você jejuar e orar não livra você da tentação. No entanto, se não orar e não jejuar, você não resiste a essas tentações. Preste atenção nas diferenças. Jesus disse para os seus discípulos: "Vigiai e orai, para que não entreis em tentação; o espírito, na verdade, está pronto, mas a carne é fraca". E diz a Bíblia que os discípulos, em vez de orarem, dormiram e, porque dormiram, fracassaram.

Em terceiro lugar, Satanás nos tenta em coisas pertinentes. Ele é estudioso, estrategista, analisador. Quando Jesus já estava havia quarenta dias no deserto, com as feras, solitário, com fome, Satanás chega. Que tipo de abordagem ele faz? Primeiro, a tentação física, material, econômica. "Se és Filho de Deus, manda que estas pedras se transformem em pães." E veja você que ele se aproveita das circunstâncias. Não teria nenhuma pertinência Satanás chegar naquele momento com outra proposta, com outra sugestão. Ele aproveita o momento, o ambiente, a situação, tudo aquilo que cercava Jesus: a fome, o corpo debilitado, a fraqueza, o estômago vazio, o corpo latejando com profunda agonia, depois de quarenta dias de oração e jejum, e enquanto Jesus orava e jejuava.

Satanás é muito astuto, muito sutil. A Bíblia diz que ele vive ao nosso redor procurando uma brecha para nos atacar, para nos devorar. Ele estuda, analisa e investiga nossa vida, analisa o seu passado, vasculha os corredores da sua vida, abre os arquivos do seu passado, da sua história. E, quando ele faz uma abordagem, procura tirar proveito dessa situação. Por exemplo, veja a história de Eva. Como é que Satanás começa? Ela estava perto da árvore proibida. Deus disse: "De toda árvore do jardim comerás livremente, mas da árvore do conhecimento do bem e do mal não comerás, porque no dia em que dela comeres, certamente morrerás". Onde é que Eva estava? Exatamente perto da única árvore que Deus tinha proibido.

Se você não quer que Satanás tente você com o fruto proibido, não entre no pomar dele. Porque há muita gente que não quer ser tentada, mas fica namorando com a tentação, flertando com o pecado no território do inimigo, na zona proibida, em cima do fio da navalha. Preste atenção na tentação de Davi. Por que Satanás tentou a Davi? Porque ele estava em um dia de folga, passeando pelo palácio, desatento, descuidado, vagando.

Foi no momento em que ele estava relaxado, distraído. Um olhar furtivo, casual, mas que o prende. Que vai levá-lo ao adultério, ao assassinato, à destruição de sua família, a uma mácula para o seu nome ao longo da História.

Por que Satanás deu uma rasteira no apóstolo Pedro? Porque ele começou a seguir a Jesus de longe. Então, cuidado, porque o Diabo vai aproveitar a circunstância para encontrar uma brecha na sua vida. Preste atenção, também, em outra coisa: o Diabo nos tenta em nosso ponto forte e em nosso ponto fraco — ele pega os dois lados. Qual era o ponto forte de Jesus? Ser Filho de Deus. Qual era o ponto fraco dele naquele momento? Ele estava com fome, após quarenta dias de jejum. "Se és Filho de Deus, manda que estas pedras se transformem em pães." Jesus era homem, Ele estava com fome. Seu corpo certamente estava tremendo, latejando, num processo de grande agonia, depois de quarenta dias de jejum.

Temos de tomar muito cuidado, porque muitas vezes nosso ponto vulnerável é o nosso ponto forte. Paulo diz assim: "Quando eu sou forte, aí eu sou fraco; mas, quando eu sou fraco, eu sou forte". O que Paulo queria dizer, trocando em miúdos? Quando eu confio em mim mesmo, quando penso que posso alguma coisa, quando estou apoiado na autoconfiança, quando acho que sou forte, que vou vencer, que enfrento essa situação, nem preciso orar, nem preciso jejuar, nem preciso depender da graça de Deus, e encaro a situação fiado na minha capacidade, eu fracasso. Porém, quando sei que sou fraco, que dependo de Deus e digo: "Senhor, tenha misericórdia de mim, assista-me, fortaleça-me", nesse momento, ao reconhecer que é pó e depende da graça de Deus, ele então fortalece você.

Por que Pedro caiu mais vergonhosamente do que os seus condiscípulos? Porque, mais do que todos eles, foi o único que disse: "Senhor, ainda que todos te abandonem, eu, jamais. Estou pronto a ir à prisão contigo, darei a minha vida por ti. O Senhor pode ter certeza de uma coisa: se os demais fracassarem, eu jamais fracassarei". Estava batendo no peito, estava se vangloriando, julgando-se melhor do que os outros. Por isso, Satanás colocou-o na peneira.

Note ainda, em terceiro lugar, que o Diabo vai questionar a bondade de Deus. Isso é uma sutileza do inimigo, irmãos. "Se és Filho de Deus, manda que estas pedras se transformem em pães." Jesus estava com fome, eram quarenta dias de jejum. Ele estava querendo dizer o seguinte: "Se Deus é bom, por que você está com fome? Se Deus ama você, por que você está em apuros? Se Deus é fiel, por que você está enfrentando enfermidade, dificuldades financeiras e problemas na sua família? Se Deus é amor, por que você está sofrendo?". Há outra possibilidade nessa palavra grega "se", e alguns estudiosos exploram essa outra possibilidade de tradução; em vez de empregarem "se", empregam "já que és". Então, a abordagem seria: "Já que és Filho de Deus, então transforma essas pedras em pães. Usa o poder que tu tens para servir a ti mesmo".

AS SUTILEZAS DO DIABO

Agora vejam vocês que o Diabo vai aproveitar-se, nessa tentação, das circunstâncias adversas pelas quais Jesus estava passando. Diz a Bíblia que Jesus estava num deserto, sozinho, com fome e com as feras. E o Diabo vai dizer isso hoje para você e para mim: "Você está só? Será que um pai abandonaria seu filho? Você está num deserto? Será que esse é um lugar próprio para um filho de Deus? Você está com fome? Como um pai de amor poderia deixar você sofrer dessa maneira? Você está com as feras? Ah!, que péssima companhia para alguém que é filho de Deus...". Dessa maneira, sabe o que Satanás sugere a Jesus? "Quebre sua dependência de Deus. Pare de depender de Deus, tome a decisão você mesmo. Faça alguma coisa, transforme essas pedras em pães." Quantas vezes uma das sutilezas do Diabo para nos atingir é esta: rompa com Deus. "Que é isso? Você é fiel a Deus, você anda com Deus, por que está sofrendo desse jeito?"

Lembra-se do Salmo 73, quando Asafe expõe a sua angústia e diz: "Eu quase invejei o ímpio. Olha como o ímpio prospera, como ele tem riqueza, como ele tem saúde, tem amigos, olha como as pessoas o cercam. Eu todos os dias lavo minhas mãos na inocência, purifico meu coração e sou castigado a cada manhã". Às vezes, você começa a pensar: "será que vale a pena ser cristão, fiel, íntegro, será que vale a pena não transigir?". Você olha para o seu vizinho, para o seu colega de trabalho, para o seu patrão, olha para um, olha para outro. Está indo tudo bem na vida dele, ele burla a lei, corrompe aqui, é corrompido lá, negocia valores aqui, quebra valores absolutos lá, e a vida dele está indo às mil maravilhas, de vitória em vitória. E você, que está andando com Deus todo dia, é só luta, problema, dificuldade, aflição. Aí Satanás chega: "Pare com isso, transija também, entre também nesse esquema. Aliás, todo mundo está fazendo, não há problema algum, todo mundo faz. É comum, vivemos em outro tempo, em outra época".

Uma das sutilezas de Satanás é sugerir que você desista de Deus quando está passando por algum problema. Foi o que a mulher de Jó sugeriu a ele: "Ainda conservas a tua integridade? Amaldiçoa a Deus e morre". Penso também em outra sutileza do Diabo nessa tentação de Jesus. Preste atenção ao contexto político e econômico em que Jesus vivia: entre um povo pobre, oprimido, escravo, debaixo do jugo de Roma. Olha que proposta empolgante: "Transforme essas pedras em pães". Para um povo pobre, essa é uma propaganda magnífica. O que o povo quer é panela cheia, milagre, fartura, prosperidade. O que está subentendido é: "Então, hás de vir e ser aclamado pelo povo quando deres a ele o que ele quer". Entretanto, nessa tentação física, o Diabo está sugerindo a Jesus: "Satisfaça imediatamente os seus desejos. Está com fome? Transforme essas pedras em pães". Sabe qual é essa sugestão? Se você tem um desejo, ele precisa ser satisfeito. Se você quer, se você deseja, então não espere: atenda a esse desejo, satisfaça essa vontade.

Irmãos, estou seguro de que, numa sociedade hedonista, que busca o prazer pelo prazer, essa é uma sutileza fortíssima da tentação. Dois jovens estão namorando, eles têm desejo sexual. O desejo é impuro, o desejo é pecaminoso? Não, o desejo não é pecaminoso. Deus criou o homem e a mulher com desejos sexuais. A tentação e o perigo estão em achar que eles podem satisfazer esse desejo fora do princípio de Deus. O pecado está em um rapaz e uma moça irem para a cama antes do casamento. A ideia de que todo desejo tem de ser satisfeito é uma proposta do Diabo, não de Deus. Quantas vezes as pessoas são levadas por essa sutileza? Você está com fome? Dá um jeito de arrumar pão. Você quer alguma coisa? Seu desejo é imperativo, atenda-o. A Bíblia diz que Jesus deu uma resposta maravilhosa: "Não só de pão viverá o homem, mas de toda palavra que procede da boca de Deus". Ou seja, você depende de Deus. Ele é quem o sustenta, guarda, protege e fortalece. Você não pode abrir mão da dependência de Deus.

Aí vem outra tentação, a segunda, que é religiosa: a tentação da presunção. Agora o Diabo tenta Jesus com a Bíblia na mão. O Diabo percebeu uma coisa: que o desejo de Jesus era obedecer a Deus e glorificá-lo por intermédio da Palavra, porque Jesus cita a Palavra. Aí Satanás torna-se um pregador. E ele nunca é tão sutil como quando sobe num púlpito, nunca é tão perigoso como quando abre a Bíblia. Satanás nunca é tão ardiloso como quando torna-se um mestre, de Bíblia na mão.

Na primeira tentação, Satanás queria levar Cristo a desconfiar de Deus. Agora, Satanás quer levar Cristo a uma confiança falsa na proteção de Deus. E vai citar a Bíblia para Jesus. "Está escrito: Aos seus anjos ordenará a teu respeito para que te guardem; e: Eles te susterão nas suas mãos, para não tropeçares nalguma pedra." Ele citou o Salmo 91 com um detalhe: omitiu parte do salmo e distorceu o seu significado. Qual foi a parte que Satanás omitiu na citação do Salmo 91? "Em todos os teus caminhos". Ele omitiu essa parte. O que isso significa? Significa o seguinte: que o Diabo é um péssimo intérprete das Escrituras. Ele distorce a Bíblia. Quando levanta de Bíblia na mão e distorce o seu significado, ele é o patrono das seitas e heresias.

O Diabo certamente foi o primeiro teólogo liberal, aquele que diz: "Não, não foi assim que Deus disse não. Foi de outro jeito". O Diabo foi o primeiro teólogo a arrancar partes da Bíblia, dizendo: "Vamos citar a Bíblia, mas vamos eliminar aquilo que é conveniente tirar. Vamos citar só o que é conveniente". Cuidado, muito cuidado. Vou citar um exemplo. Li o livro *A linguagem de Deus* (São Paulo: Gente, 2007), do doutor Francis Collins, diretor do Projeto Genoma, que foi *best-seller* nos Estados Unidos. Esse renomado cientista conta como saiu do ateísmo para se declarar um cristão teísta. Porém, para a minha surpresa e tristeza, ele se declara um cristão da vertente liberal, que não crê na historicidade de Gênesis, não crê no relato da criação. Ele se diz cristão teísta e, ao mesmo tempo, darwinista. Até que ponto você e eu temos de olhar para a Bíblia e dizer: isso aqui eu aceito, isso aqui eu não aceito; isso aqui é verdade, isso aqui não é verdade; isso aqui é histórico, isso aqui é mitológico, lendário?

Como há algum tempo, um ex-sacerdote romano, cientista, religioso, pesquisador, historiador, fez certas afirmações no programa *Fantástico* (eu não vi o programa, fui informado em Campinas), dias depois, nosso programa deu a resposta para esse ex-sacerdote católico. Ele disse no *Fantástico* que a ressurreição de Jesus Cristo não foi literal. Será que não foi? Será que a ressurreição de Jesus Cristo foi apenas uma figura de linguagem? Será que Jesus Cristo está na sepultura? Porque, se Ele está na sepultura, então o cristianismo é uma falácia, um engodo. Se Jesus Cristo não ressuscitou, foi uma mentira que salvou o mundo. De duas uma: ou Jesus é um lunático, um mentiroso, um falso profeta, ou então Ele é verdadeiramente o Filho de Deus. Porque, se Ele não ressuscitou, Ele foi um enganador, porque disse que ressuscitaria. Se Ele não ressuscitou, então um falso profeta é a esperança do mundo.

Notem, não podemos aceitar essa tentação de Satanás de citar a Bíblia apenas quando nos convém. Ou a Bíblia é a Palavra de Deus, ou nós cremos na sua veracidade como um livro inerrante, infalível, suficiente, ou então não faz sentido sermos chamados de cristãos. Qual é a proposta de Satanás para Jesus? Ele propõe que Jesus realize um milagre de presunção. "Atira-te daqui para baixo e os anjos vão te cercar e te segurar." Isso não é dependência de Deus, isso é soberba. Isso não é fé, é presunção, é tentar a Deus. Jesus disse: "Não tentarás o Senhor, teu Deus". Muito cuidado para não confundir fé com presunção, dependência de Deus com soberba espiritual.

Quer ver uma coisa? Qual é a sugestão do Diabo aqui no texto? O Diabo está sugerindo que você peque confiando na graça de Deus. "Pode pecar! Deus vai segurar você. Vá em frente, Deus não vai deixar você atolar, não.

Na hora certa Ele resgata você, isso não tem nada a ver. Está todo mundo fazendo, está todo mundo praticando. Não seja tão quadrado, tão antiquado, tão retrógrado. Fique tranquilo, Deus perdoa, a graça de Deus é suficiente, vá em frente." Cuidado com isso. O apóstolo Paulo refuta essa heresia que estava grassando na igreja no primeiro século: "Permaneceremos no pecado para que seja a graça mais abundante? De modo nenhum! Como viveremos ainda no pecado, nós os que para ele morremos?".

A terceira tentação é a tentação política. O Diabo percebe que Jesus está preocupado com o reino de Deus, então Ele oferece os reinos deste mundo. Satanás leva-o a um alto monte, mostra os reinos todos e diz: "Tudo isto te darei se, prostrado, me adorares". Em outras palavras, seja um novo César, transfira a sede do governo de Roma para Jerusalém. Há o gemido de um povo oprimido, lá no vale, que quer um governo forte, que tenha poder de fazer milagres, que tenha poder de transformar pedras em pães, que tenha poder de atender aos desejos da multidão. Nessa tentação, ele não sugere a Jesus que desconfie de Deus, nem que tenha uma confiança falsa em Deus, mas tenta Jesus a apostatar de Deus. E, nesse sentido, Satanás é um estelionatário. Ele promete o que não pode dar, esconde que é um derrotado, condenado e infeliz. E o Senhor Jesus Cristo o nocauteia, dizendo: "Ao Senhor, teu Deus, adorarás, e só a ele darás culto". Nesse momento, diz a Bíblia que Satanás foge, e os anjos de Deus vêm e servem a Jesus. Em Lucas 4:11, lemos que Satanás aguardou um tempo oportuno para voltar com outras armas, outros truques, outras ciladas.

FIQUE ATENTO AOS PERIGOS

Preste atenção aqui. Você, nunca é tão vulnerável como quando depois de uma grande vitória. Não pense que, depois de ter vencido um *round*, está imune, vacinado contra o perigo. Davi caiu depois de grandes e esplêndidas vitórias espirituais. Veja a história da igreja brasileira. Quantos homens de Deus você já conheceu, quantas mulheres de Deus você já viu que andaram com Deus, e andaram sinceramente, e, de repente, caíram. Por que caíram? Porque, num dado momento, deixaram de vigiar.

Amado leitor, você e eu precisamos perseverar na dependência de Deus, humildemente, em oração, em humilhação. Porque, na verdade, o inimigo não desiste, nunca. Diz a Bíblia que ele veio com outras armas. Agora por meio da multidão, dos fariseus, dos discípulos, com outros estratagemas e outros métodos. Observe, então, o texto e veja como é que Jesus venceu Satanás. Quais foram as armas que Jesus usou para vencer a tentação? São as mesmas que temos de usar hoje.

ARMAS PARA VENCER AS TENTAÇÕES

O que o texto bíblico diz que Jesus estava fazendo? Orando e jejuando. Deixe-me perguntar-lhe, meu irmão, como está a sua vida de oração. Como está a sua vida devocional, quanto tempo você tem por dia na presença de Deus? Deixe-me dizer uma coisa: se a igreja desse o dízimo do tempo que gasta com televisão para Deus, já teria acontecido uma revolução na vida espiritual das famílias. Entenderam o que eu quero dizer? Não me digam que vocês estão ocupados demais e não têm tempo. Porque o grande problema é que, quando abastecemos nosso coração com outras coisas, nós não temos tempo, não temos jeito, não temos clima, não temos mais deleite nas coisas de Deus. Aí você pega a Bíblia, em cinco minutos já está dormindo em cima dela. Faz uma longa e interminável oração de dois minutos e já não tem mais assunto para falar com Deus, porque você não tem intimidade com Ele. Você sabe o que é orar quarenta dias? Jesus teve assunto para orar quarenta dias. E por que teve assunto para orar por quarenta dias? Porque Ele amava e deleitava-se no Pai, conhecia-o, tinha prazer de estar com o Pai.

Em segundo lugar, como é que Jesus venceu Satanás? Diz a Bíblia que Jesus foi para o deserto cheio do Espírito Santo de Deus. Deixe-me fazer uma pergunta: Você está cheio do Espírito Santo de Deus? Você sempre vai estar cheio de alguma coisa, ou do Espírito ou de você mesmo. Eu não posso esquecer. Estava no meu quarto ano do seminário e me considerava um aluno zeloso, cuidadoso. E fui a uma conferência em uma igreja em Franca, em São Paulo. Fui falar a um grupo de jovens que estavam passando por um processo de busca, de quebrantamento, e uma menina daquela mocidade me fez uma pergunta que me deixou transtornado. Ela me chamou num canto, olhou dentro dos meus olhos e disse-me: "Seminarista, você está cheio do Espírito Santo de Deus?". Fiquei envergonhado, minha vontade era chorar. Olhei para dentro de mim mesmo e disse: "Eu não estou cheio do Espírito Santo de Deus".

Lembro-me de que voltei para o seminário de Campinas e tomei uma decisão no último semestre. Havia uma sala de meditação e oração, fui sozinho para aquela sala e, durante meia hora, comecei a buscar a Deus. Na outra semana, eu queria ficar uma hora buscando a Deus. Na terceira semana, as pessoas me viram entrar naquela sala e começaram a me acompanhar. Depois de alguns meses, Deus começou a fazer um movimento de quebrantamento ali dentro. Eu não tinha mais tempo de atender aos meus colegas, que vinham ao meu quarto pedir oração e acertar a vida com Deus.

Você está cheio do Espírito Santo? Há alguns anos, em uma cidadezinha pitoresca de Minas Gerais, perto de São Paulo, um irmão, meu colega, foi passar um final de semana em uma pousada e, naquele final de semana, faltou água na casa. Eles ficaram preocupados e mandaram vir um técnico. Quando foram examinar o problema, havia um rato morto, encalhado no cano que levava água para a caixa central da pousada, e a água não podia fluir. Fiquei pensando naquele fato: quantas vezes nossa vida fica seca, vazia, suja porque a água não está fluindo, porque existem ratos mortos, encalhados, que precisam ser removidos.

O que impede a igreja de ser cheia do Espírito Santo é o pecado, o que impede a igreja de avançar é o pecado. O que o impede de ser um crente bem-sucedido, vitorioso, santo, feliz, bem-aventurado, frutífero é o pecado. Quando o profeta Joel foi falar do derramamento do alto, antes de dizer que o Espírito Santo desceria sobre o povo de Deus, ele disse que esse povo tinha de voltar-se para Deus de todo o coração. Tinham de rasgar não as vestes, mas o coração, e converter-se ao Senhor com choro, com jejum, com pranto. O profeta disse que tinha de fazer uma convocação solene de toda a assembleia. Que os anciãos, os líderes, tinham de vir, que os jovens e as crianças tinham de vir, que o noivo e a noiva tinham de vir, que os sacerdotes tinham de chorar entre o pórtico e o altar dizendo: "Deus, poupa o teu povo, Senhor". Disse o profeta: "E acontecerá, depois, que derramarei o meu Espírito sobre toda a carne". Como é que Deus vai encher a igreja do Espírito Santo se há pecado, se há ratos mortos?

Em terceiro lugar, como é que Jesus venceu Satanás? Mantendo a Palavra de Deus na mente, no coração e nos lábios. Lembre-se de que Jesus, em todas as três abordagens, enfrenta Satanás do mesmo jeito: "Está escrito". Por que, muitas vezes, alguns crentes fraquejam? Porque não têm Bíblia, porque não têm a Palavra. Irmãos amados, é triste perceber isso: em pleno século 21, quando existe Bíblia de todo jeito, Bíblia no computador, Bíblia no telefone celular, Bíblia de estudo, Bíblia em todas as versões, Bíblia disso, Bíblia daquilo, Bíblia de todo tipo no mercado, nós estamos criando uma geração analfabeta da Bíblia.

Gostaria de que a palavra de João combinasse com os dias de hoje. João diz assim para os moços: "Jovens, eu vos escrevi, porque sois fortes, e a palavra de Deus permanece em vós, e tendes vencido o Maligno". Porém estou seguro de uma coisa: para que a Palavra de Deus permaneça no jovem, ele tem de ler, porque uma coisa que não existe não pode permanecer. Diz a Bíblia que o Espírito Santo nos fará lembrar. Mas você só se lembra daquilo que conhece. Você não pode lembrar aquilo que não sabe. Então, leia a Palavra. Leia a Bíblia, medite na Palavra, mergulhe nesse livro. Faça o propósito de ler a Bíblia pelo menos uma vez por ano. Pedro diz que você tem de dar a razão da esperança que há em você. Jesus venceu Satanás porque não distorceu a Bíblia, citou-a com propriedade, com segurança.

Finalmente, Jesus venceu Satanás ao resistir a Satanás: "Não tentarás o Senhor, teu Deus". "Ao Senhor, teu Deus, adorarás, e só a ele darás culto." Ele não baixou a guarda, não abriu brechas, não entrou em diálogo com o inimigo. Concluindo, diz a Bíblia que Satanás bateu em retirada, e os anjos vieram para confortar Jesus. Ainda segundo as Escrituras, Jesus Cristo, agora cheio do Espírito Santo, como vencedor de Satanás, entra no ministério para libertar os cativos, fazer o bem, curar os oprimidos do Diabo, levantar os caídos, purificar os leprosos, fazer os paralíticos andarem, perdoar os pecados daqueles que estavam jogados no lodo da desesperança. E o Senhor Jesus realiza um ministério glorioso e bendito.

Meu amado, quando você está perto de Deus, a tentação só pode fortalecer você. Em momento nenhum a Bíblia diz que você tem de temer o Diabo, fugir do Diabo. A Bíblia diz que você tem de resistir ao Diabo e ele fugirá de você. Minha esperança e o meu desejo é que Deus nos dê graça, nos fortaleça, nos capacite, nos dê poder para vivermos uma vida vitoriosa em Cristo Jesus. Que seja assim. Amém.

Quero perguntar-lhe: como é que está andando a sua vida, quão perto de Deus você tem andado? Você está cheio do Espírito Santo? Você tem visto os céus se abrirem sobre a sua cabeça? O Espírito Santo de Deus está enchendo você, e você se deleita no amor do Pai? Amado, você tem tido prazer em orar, em ler a Bíblia? Você tem tido fome do pão do céu? Você tem enfrentado a tentação sem negociar princípios e valores? Deus quer dar-nos vitória.

Diz a Bíblia que Jesus vai para o deserto compelido pelo próprio Espírito Santo. Porque, na verdade, o que estava acontecendo é que Jesus estava entrando no território de Satanás para derrotá-lo, vencê-lo, triunfar sobre ele. A Bíblia diz que as portas do inferno não prevalecerão sobre a igreja; é ela que avança sobre as portas do inferno. Somos um povo vitorioso em Cristo. Não ceda ao pecado, não transija sobre a sua consciência, não faça parte desse esquema que tenta engolir e sufocar você.

> Ah, Senhor, a tua igreja carece da tua graça, santifica a tua igreja, Senhor. Santifica o teu povo em nome de Jesus. Porque vivemos dias maus e a tua Palavra diz que a nossa luta, a nossa batalha, a nossa guerra não é contra carne e sangue, mas contra os principados e potestades, contra os dominadores deste mundo tenebroso, contra as forças espirituais do mal nas regiões celestes. Fortalece a tua igreja, Senhor, para que ela seja a igreja firme, vitoriosa, que tem um ministério reconhecido para libertar os cativos. Ó meu Deus, toma a nossa mão vacilante, apruma

os nossos joelhos trôpegos, firma os nossos olhos no teu Filho, Jesus, porque Ele venceu para nos encorajar e nos capacitar para também vencermos. Obrigado pela tua Palavra, obrigado pelo exemplo do teu Filho, Jesus. Nós oramos pedindo graça. Em nome do teu Filho, nosso Salvador. Amém.

4

SENTIMENTO DE CULPA

¹ Bem-aventurado aquele cuja iniquidade é perdoada, cujo pecado é coberto.
² Bem-aventurado o homem a quem o Senhor não atribui iniquidade e em cujo espírito não há dolo.
³ Enquanto calei os meus pecados, envelheceram os meus ossos pelos meus constantes gemidos todo o dia.
⁴ Porque a tua mão pesava dia e noite sobre mim, e o meu vigor se tornou em sequidão de estio.
⁵ Confessei-te o meu pecado e a minha iniquidade não mais ocultei. Disse: confessarei ao Senhor as minhas transgressões; e tu perdoaste a iniquidade do meu pecado.
⁶ Sendo assim, todo homem piedoso te fará súplicas em tempo de poder encontrar-te. Com efeito, quando transbordarem muitas águas, não o atingirão.

Salmos 32:1-6

CREIO QUE NÃO EXISTE ser humano que nunca tenha experimentado, em algum momento da vida, um sentimento de culpa.

Essa é uma experiência comum a todos os homens indistintamente. Em maior ou menor grau, todos têm a ver com esse assunto. Às vezes nas coisas mínimas, por exemplo, não sei se você já foi à casa de alguém e, de repente, você se levanta para ir embora e a pessoa lhe faz a pergunta: "Mas, já? Mas você já está indo embora?". E isso parece que quase desperta em você um sentimento de culpa, por estar indo embora tão cedo.

Ou então você encontra um amigo na rua ou na igreja e, de repente, o amigo diz o seguinte: "Oh!, eu estive doente e você não foi me visitar". Você sente lá dentro aquela fisgada: um sentimento de culpa.

Ou, de repente, você está caminhando pelas ruas e alguém estende a mão e lhe pede uma ajuda, o farol começa a abrir e você não tem trocado, ou tem, mas você não está querendo abrir a bolsa. Você vai embora e, quando cruza a esquina, bate aquele sentimento de culpa: "Puxa vida, podia ter ajudado aquela pessoa, ter dado alguma coisa". Ou quem sabe você encontrou alguém necessitado, passando fome e, quando chegou a casa, a mesa estava posta, cheia de comida gostosa, atraente e sugestiva. Você lembra daquela pessoa que está passando fome e tem um sentimento de culpa naquela hora.

O sentimento de culpa é uma coisa que chega para todos. A culpa, segundo os estudiosos, é um ponto em que a religião e a psicologia se encontram com mais frequência. A culpa acha-se, de alguma forma, incluída em todos os problemas emocionais. Gostaria de analisar, basicamente, alguns tipos de culpa, para que nos aprofundemos um pouco nesse assunto.

OS VÁRIOS TIPOS DE CULPA

Em primeiro lugar, vamos analisar o que chamaríamos, ou o que os estudiosos chamariam, de culpa objetiva. A culpa objetiva existe em separado dos nossos sentimentos. Ela ocorre quando uma norma, um preceito, uma lei é violada, é quebrada. É nesse exato momento que o transgressor é culpado, embora ele não se sinta culpado. Essa é a culpa objetiva. E a culpa objetiva pode se desdobrar em pelo menos quatro aspectos.

Primeiro, a culpa legal. O que vem a ser a culpa legal? É aquela referente às leis sociais. Por exemplo, você está dirigindo seu carro e, de repente, ultrapassa um sinal vermelho. Você transgrediu uma norma. Você pode até mesmo não ser apanhado pelo guarda, mas lá dentro pode ter ainda um sentimento de culpa. Aquele indivíduo que chega à época das prestações de contas e dá um jeitinho de fazer um caixa dois, ou de não declarar, ou seja, de sonegar seu imposto. Ele pode até não ser apanhado pelo governo, mas brotou um sentimento de culpa. Em ambos os exemplos, a pessoa é culpada perante a lei, tanto no caso do trânsito, como no caso da declaração. Seja apanhada ou não por uma autoridade competente, ela é culpada. Isso é o que nós chamamos de culpa legal.

Em segundo lugar, há a culpa social — aquela para a qual não existe uma regra ou um preceito escrito. Ela aparece quando a norma é transgredida, mas não há multa, pena ou coisa que o valha. É a violação de normas não escritas, mas socialmente esperadas. Por exemplo, quem se comporta no seu relacionamento interpessoal com grosseria. Ou aquela pessoa que faz um comentário malicioso ou uma crítica ferina a outrem. Ou ainda aquela pessoa que não atende ao necessitado. Não existe nenhuma norma, e nós vamos entrar daqui a pouco no aspecto bíblico dessa questão, mas não existe uma norma do Estado que exija que você atenda ao necessitado etc. Quando a pessoa transgride uma norma social, algo que ela deveria praticar e não o faz, está incorrendo nessa culpa, a qual chamamos de culpa social. O culpado não quebrou nenhuma lei, mas não correspondeu às expectativas sociais.

Em terceiro lugar, a culpa pessoal. O indivíduo, nesse caso, viola os próprios padrões sociais. Todos nós temos os nossos padrões de certo e errado. E quando você mesmo criou a sua norma de vida ou adotou uma, seja na Palavra de Deus, seja na conduta familiar, seja na sua igreja, seja na escola, e você violou, quebrou, desobedeceu àquela norma, está incorrendo no que nós chamamos de culpa pessoal. Ou seja, ela ocorre quando uma pessoa não atende aos apelos da sua consciência. Por exemplo, determinado chefe de família toma uma decisão com os seus: passarem todos os domingos juntos. De repente, por um problema ou contingência do trabalho ou serviço, ele se vê obrigado a estar fora de casa por um mês. Então, começa a sentir-se culpado por violar uma norma que ele estabeleceu para ele mesmo, para cumprir com sua família. Ou, por exemplo, quando um jovem estabelece normas de pureza, de respeito, de recato no seu namoro, mas viola essas normas, começa a sentir-se profundamente culpado. Vem um sentimento de culpa pessoal porque ele violou a própria consciência, transgrediu as próprias normas, que adotara livremente para si mesmo.

Em quarto lugar, vamos analisar outro tipo de culpa, que é o que chamamos de culpa teológica. Envolve a violação das leis de Deus, quer por meio de palavras, atitudes, opções e pensamentos. E veja que a culpa objetiva não envolve ainda sentimentos. A Palavra de Deus diz que vamos dar conta no dia do juízo de cada palavra frívola que proferirmos, que não deve sair da nossa boca nenhuma palavra torpe. Diz também que devemos amar-nos uns aos outros como Cristo nos amou e fazer o bem a todos, indistintamente, especialmente aos da família da fé. Todas as vezes que você transgride um preceito da Palavra de Deus que você reconhece que é norma de Deus para a sua vida, que você rompe o seu contato, a sua comunhão com Deus pela transgressão, denominamos isso de culpa teológica.

Importa dizer que a maior parte dos psiquiatras e psicólogos que não têm uma visão teológica, bíblica, não admitem a existência da culpa teológica, pois não acreditam em padrões absolutos. Na perspectiva dos profissionais dessa área que não acreditam em Deus, a quebra de determinadas regras não deve trazer culpa, já que não existem padrões definidos e absolutos. Eles acham que essa é uma culpa falsa, inexistente. Incorrem no relativismo, uma vez que não existem normas graníticas, sólidas.

O segundo aspecto que queremos analisar é a culpa objetiva. Ela está associada aos sentimentos íntimos, seja de remorso, seja de autocondenação, resultantes dos nossos atos e atitudes. É o sentimento de pesar, de remorso, de vergonha e de autocondenação, surgem quando fazemos ou pensamos algo que sentimos ser errado, ou deixamos de fazer alguma coisa que julgamos certa. É aquela reação íntima, subjetiva, de angústia, tristeza, remorso, que nos alfineta a alma, por estarmos incorrendo em determinadas falhas objetivas. A reação, então, é subjetiva.

SENTIMENTOS SUBJETIVOS

Segundo Nahamor, esses sentimentos subjetivos se classificam em três categorias. Primeira: medo do castigo. Quando a pessoa erra, a primeira coisa que surge é o medo do castigo. O ser humano, às vezes, tem esse desvio.

Ele tem muito mais medo do castigo do pecado do que do pecado em si. A maioria das pessoas não tem medo do pecado nem quer abandoná-lo. Namoram, acariciam e até se apaixonam pelo pecado. Do que elas têm pavor é da consequência do pecado. Porque o pecado pode dar prazer, ainda que temporário. Diz a Bíblia que ele pode parecer doce ao paladar, mas é amargo ao estômago. A consequência dele, no entanto, sempre é desastrosa. Diz a Bíblia que o salário do pecado é a morte.

Segunda: perda da autoestima. Quando o indivíduo transgride um mandamento de Deus, quando ele entra em pecado e não consegue livrar-se da situação, começa a sentir repúdio por si mesmo. Ele passa a sentir nojo de si mesmo, a se autocondenar, a não ter apreço por si mesmo, a ter uma baixa autoestima.

E, em último lugar, depois disso, vem o sentimento de solidão, de abandono, de rejeição, de isolamento. A pessoa começa a sentir-se ilhada existencialmente. São as consequências da culpa subjetiva.

Agora precisamos dizer, antes de entrar em outros aspectos, irmãos, que a culpa subjetiva pode ser tanto positiva quanto negativa. Estive lendo hoje um artigo em que o articulista dizia o seguinte: "O grande problema é que hoje nós intercambiamos a palavra culpa e sentimento de culpa". A culpa é um fato objetivo: quando você transgride uma norma, você é culpado. Ponto pacífico. Já o problema do sentimento de culpa, do qual vamos tratar logo adiante, é que, muitas vezes, a pessoa sente-se culpada diante de uma não transgressão.

O sentimento de culpa pode ser até patológico e terrivelmente destrutivo. Um mesmo fato pode trazer sentimento de culpa para uma pessoa e nada representar para outra. Para alguns, determinado fato leva ao arrependimento e à vida; para outros, leva ao desespero e até mesmo ao suicídio. É o que observamos aqui: a tristeza segundo Deus produz arrependimento e vida; a tristeza segundo o mundo produz morte. Assim, há um momento em que o sentimento de culpa é positivo. Quando? Quando eu transgrido, caio em mim de que transgredi e busco a correção do ato, isso é positivo. Quando eu transgrido e não sinto que transgredi, isso é negativo.

CULPA IRREAL E SENTIMENTO REAL

Mas vamos ver agora outros tipos de culpa. Primeiro: culpa irreal e sentimento real. O que é isso? Hoje, estamos atravessando uma fase em que isso está muito acentuado. Existem muitas igrejas que, à semelhança dos fariseus da época de Jesus, atam fardos e mais fardos sobre os fiéis. Fardos insuportáveis, que eles mesmos não conseguem carregar, criando normas, preceitos e leis humanas que não têm nada a ver com a Palavra de Deus. E essas normas, por serem tão legalistas, tão austeras, tão duras e inflexíveis, quase insuportáveis, se forem transgredidas, provocam falsa culpa. E a pessoa passa a ter uma vida miserável, porque transgrediu uma norma da sua igreja que ela pensa ser norma de Deus.

Por exemplo, não poder cortar o cabelo. Em princípio, a pessoa precisa manter o cabelo amarrado porque, se soltar, vira um negócio, já que não pode cortar. Aí não pode usar cosmético, se usa cosmético, isso é negócio do Diabo. Se usa pulseira, um brinco, um colar, isso é do Diabo também. Joias, muito menos. Ir à praia, Deus me livre. Há pouco tempo, eu conversei com um jovem, e ele me disse: "Olha, o Diabo tentou-me terrivelmente; mas eu resisti a ele e não fui à praia no sábado de manhã". Bom, foi incutido na cabeça dele que praia é do Diabo, que ir à praia é um negócio satânico. É um pecado terrível. Foi incutida essa norma, essa rigidez, e ele passou então a carregar tal fardo. Todas as vezes que ele chega a transgredir uma norma dessas, sente-se culpado. Cria-se uma culpa irreal; a culpa é irreal, mas o sentimento é real. Cristo, em sua época, enfrentou esse problema quando, por exemplo, curava no sábado. Era um escândalo! Porque os irmãos lembram que, a partir do segundo século antes de Cristo, quando começa a surgir a seita dos fariseus, dos *hassidim*, dos separados, eles passaram, com os escribas, a criar centenas de regras, um desdobramento humano das leis de Deus. Então, o indivíduo não podia andar mais que a distância de um sabre, que é um quilômetro. Se ele andasse um quilômetro e dez metros, estaria cometendo pecado. Ele não podia comer sem lavar ritualmente as mãos, porque estaria cometendo um pecado grave. Ele não podia curar ou ajudar alguém no sábado, porque isso era transgressão da lei.

E o Senhor Jesus vem e cura no sábado. O Senhor Jesus vem e come com pecadores e publicanos. Aquilo, para eles, era insuportável. A culpa é irreal — não há nenhuma transgressão de uma norma de Deus, mas o sentimento que as pessoas têm é real, elas se sentem sufocadas com isso. É muito comum em lares legalistas, formalistas, tão austeros que, às vezes, os pais impingem sobre os filhos normas inflexíveis, quase ditatoriais. Quando a pessoa quebra esse preceito, fica desestabilizada emocionalmente, porque pensa que está quebrando uma lei divina, quando, na verdade, está apenas transgredindo uma regra que não tem nada a ver com os princípios bíblicos de Deus. A culpa é irreal, mas o sentimento é real.

CULPA REAL E SENTIMENTO IRREAL

Segundo: culpa real e sentimento irreal. Agora é o inverso, quando a pessoa comete o erro e não sente que o cometeu. Está tudo bem, tudo tranquilo, ela não se incomoda, não perde o sono, não perde o apetite, para ela está tudo às mil maravilhas; não existem vales nem morros, ela vai levando a vida como a água corre no leito do rio, sem nenhum obstáculo. Ela apagou todas as luzes da sua consciência, cauterizou-a, abafou e amordaçou a voz de sua consciência.

Certo dia, conversando com um elemento que fez parte de uma quadrilha e que se converteu a Jesus, perguntei a ele: Mas, diante dessas atrocidades que você praticava, o que é que você sentia? Você não perdia noites de sono, não se incomodava? Ele disse: "Olha, acontecia o seguinte: normalmente nós praticávamos um crime sob o efeito de álcool, de alguma droga, e dava uma dorzinha, sim. Mas no dia seguinte já é outra história, aquele fato já passou e você não lembra mais. Eu só ficava angustiado quando tinha de 'apagar' uma pessoa que não tinha nada a ver com o peixe, uma pessoa que tinha alguma informação, sabia de alguma coisa que poderia trazer complicação para a quadrilha com a máfia. Nesse caso, nós éramos orientados a matar aquela pessoa. Então dava uma dorzinha, mas era só na hora também. Depois, não incomodava mais. Matar um homem e matar uma barata tinha o mesmo peso". Nesse caso, a culpa é real, mas a pessoa não tem o sentimento.

Isso não acontece assim de uma hora para outra. É uma coisa que vai anestesiando paulatinamente. Por exemplo, ninguém começa bebendo cinco garrafas de cerveja por dia. Ninguém faz isso. Ninguém começa tomando um litro de cachaça por dia, fumando duas carteiras de cigarro por dia, é um processo paulatino. Ninguém começa um namoro licencioso no primeiro encontro. A coisa vai caminhando lentamente, eu vou cedendo, vou abrindo mão, vou naufragando nos postulados e, de repente, aquilo que ontem me fazia corar de vergonha e me afogar no desespero hoje não faz a mínima diferença. A consciência vai-se anestesiando, se cauterizando, e logo sua voz não se manifesta mais. A culpa é real, mas o sentimento é irreal.

CULPA REAL E SENTIMENTO REAL

Terceiro: culpa real e sentimento real. Ao cometer um delito, a pessoa passa a ter imediatamente uma atitude correspondente à lei violada. É aquela pessoa que, ao transgredir, sente um desconforto verdadeiro. Ela pensa: "Puxa vida, cometi uma grave transgressão". Então, ela busca imediatamente a reparação do erro. Também pode acontecer, o que é algo interessante, que a pessoa não busque a reparação imediata, mas a consciência fique ali martelando a vida inteira.

Certa feita, no interior de São Paulo, fui convidado para visitar uma senhora já idosa, de quase 80 anos de idade. Ela estava muito angustiada, muito aflita, e ninguém conseguia discernir qual era o problema dela. Os filhos estavam incomodados, perplexos, ela não se abria, estava sempre sufocada, sem ar. Quando cheguei àquela casa para conversar, com todo mundo na sala, ela não se abriu, como era de se esperar. Porém, logo depois, as pessoas deixaram-me a sós com aquela mulher e ela me disse imediatamente: "Pastor, eu vivo uma vida sufocada". E continuou: "Há sessenta anos (logo

SENTIMENTO DE CULPA

fiquei incomodado), há sessenta anos eu traí meu noivo com outro homem. Meu marido não vive mais; ele nunca soube disso. Nunca ninguém soube disso, mas isso me atormenta até hoje, isso me afeta a consciência até hoje". É impressionante.

Quantas pessoas estão vivendo assim. Miseravelmente atormentadas por um problema que aconteceu há dez, quinze, cinquenta anos. Lembram quando os irmãos de José do Egito foram para lá buscar alimento? Quanto tempo já havia se passado? Quanto tempo já fazia que eles tinham vendido o irmão e contado para o pai a história de que ele tinha morrido e, o pai, Jacó, ficou achando que o filho tinha morrido mesmo, já estava até conformado com a história? Vinte anos! E, de repente, eles chegam lá, José os reconhece e diz: "Olha, vós sois espiões". E eles olham para José: "Não, não, nós somos honestos". A palavra "honestos" mexeu com eles. José, querendo irritá-los e trazer à tona o sentimento correspondente ao pecado deles, insiste: "Não, sois espiões, sim". José deu uma folgazinha e eles comentaram e cochicharam um com o outro: "Na verdade, nós somos culpados. Lembram, vinte anos atrás, o que fizemos com o nosso irmão José? Estão vendo agora a consequência?".

Vinte anos não foram suficientes para apagar da memória e da lembrança deles um ato pecaminoso cometido. Quanta gente vive assim. A culpa é real e o sentimento correspondente também é. Pedro negou o Senhor. Porém, quando o Senhor Jesus saiu daquela sala onde estava sendo interrogado, cuspido e humilhado, e olhou para Pedro, diz a Bíblia que Pedro chorou amargamente. A culpa era real e o sentimento também.

CULPA AUTÊNTICA E CULPA IRREAL

Veja ainda outra classificação. Trata-se de uma análise de Martin Bober, um judeu austríaco. Ele falou sobre a culpa autêntica e a culpa neurótica ou irreal. A culpa autêntica, segundo Bober, é sempre uma violação de uma relação humana. Ela constitui uma ferida do relacionamento do eu com o tu, do eu tu. Aliás, ele tem um livro muito interessante que o irmão

Daniel me emprestou, o *Eu tu*. Então, primeiro, culpa para ele é quando eu agrido, firo, machuco, interrompo o relacionamento com o meu irmão, direcionando minha culpa ao outro, como ele diz. Quando a pessoa agride seu irmão, agride o cônjuge, briga com o filho, briga com o namorado ou com a namorada, com o amigo, com o vizinho, é a culpa em direção ao outro.

Depois, em segundo lugar, a culpa em relação a si mesmo. Essa é a análise que Carl Young faz: é a recusa da aceitação integral de si mesmo. É o autojulgamento, o problema da autoestima. É aquela pessoa que não consegue aceitar-se, que tem rejeição pela própria pessoa, que não tolera sua autoimagem. Segundo Freud, e no primeiro capítulo do livro de Paul Tournier, *Culpa e graça (*Abu Editora, São Paulo, 1985*)*, trata-se do sentimento de inferioridade. A pessoa que não se relaciona consigo mesma tem dificuldade de aceitar a si mesma.

CULPA RELIGIOSA

Em terceiro lugar, ainda uma classificação em relação à culpa: a culpa pertinente a Deus, chamada de *culpa religiosa*, refere-se ao sentimento de violação das leis de Deus. Foi o que Davi sentiu quando pecou, quando olhou com cobiça para Bate-Seba, mandou chamá-la e adulterou com ela. Depois, ainda quis ocultar o pecado, envolveu o marido de Bate-Seba numa trama, num ardil diabólico, para safar-se do seu crime horrendo. Com requintes de crueldade, Davi manda uma carta pelas próprias mãos de Urias, para que ele fosse assassinado de forma terrível, por um plano maquiavélico. E ainda, para acobertar tudo, casa-se com a viúva, com quem ele havia adulterado. Diante de tanta tragédia, de tanto pecado, de tanta sujeira e de tanta lama, ele quer ocultar o fato. E diz: "Enquanto calei os meus pecados, envelheceram os meus ossos pelos meus constantes gemidos todo o dia. Porque a tua mão pesava dia e noite sobre mim, e o meu vigor se tornou em sequidão de estio". É a culpa em relação a Deus.

CAUSAS DO SENTIMENTO DE CULPA

Em quarto lugar, veja outro ponto: as causas do sentimento de culpa. Quais são as causas do sentimento de culpa? Primeira: o aprendizado passado de modo incorreto. Ou seja, o sentimento de culpa pode ser causado quando numa família, uma criança, ao invés de receber estímulo, apoio, só recebe desestímulo, crítica e condenação.

Essa semana ouvi um fato interessante sobre um filho que, ao sair da escola, foi para casa e mostrou a prova para o pai. E disse:

— Papai, tirei seis na prova.

O pai quase bateu no menino.

— Mas rapaz, você é cabeça-dura, utiliza tanto tempo para estudar e tira seis na prova, que vergonha, que humilhação para o seu pai.

Ele quebrou o pau com o menino, que, humilhado e chateado com a história, enterrou a cara nos livros. Foi para a segunda prova e tirou sete. Chegou mais alegrinho:

— Papai, tirei sete agora.

E o pai, outra paulada na cabeça dele.

— Mas que negócio é esse, rapaz, é uma vergonha tirar sete, você tinha de tirar uma nota melhor.

E o menino ficou mais envergonhado ainda. Enterrou a cara nos livros outra vez, e na outra prova tirou oito. Ficou todo feliz, pensando que agora o pai ia ficar contente, e disse:

— Papai, tirei oito.

— Meu filho, mas que negócio é esse, isso é uma vergonha. Oito? Você, que tem a vida toda para estudar, tirar só oito na prova?

E o menino ficou muito desestimulado. "Mas que negócio é esse, eu não consigo agradar meu pai. Não, mas agora eu vou tirar nota boa". Foi, estudou e tirou nove e meio. "Ah! agora sim, agora ele vai ter de elogiar", pensou. Chegou o pai e lenha nele outra vez.

— Mas não é possível, nove e meio ainda é pouco, você tinha obrigação de tirar uma nota melhor.

Daí o filho disse: "Não é possível, agora não tem para ninguém. Eu vou estudar, vou decorar de trás para frente, de frente para trás, não tem para ninguém, agora eu tiro dez". E o menino enterrou a cara nos livros novamente e tirou dez. Ele chegou de cabeça erguida e disse:

— Papai, tirei dez.

O pai olhou para ele e disse:

— Aquele professor seu não tem jeito, dar dez para um aluno igual a você. Isso não é professor, não tem jeito.

Aí o menino desistiu de estudar, desistiu de tudo. Há muitos pais que são assim, às vezes só desestimulam, só criticam. Os filhos não conseguem chegar jamais ao patamar exigido pelos pais. Pode acontecer isso.

A segunda causa para o sentimento de culpa é a inferioridade, a opressão social. Nós vivemos numa atmosfera insalubre de críticas mútuas, de cobranças, de opressões. Cada censura provoca um sentimento de culpa. Ouvi uma frase de um homem que eu não assino embaixo de nada que ele diz. Mas ele, o existencialista John Paulsack, disse uma verdade: "Todo conselho é uma crítica velada, a menos que seja solicitado". Pare para pensar nisto: todo conselho é uma crítica velada, a menos que seja solicitado.

Não é verdade isso? Já parou para pensar? Não estou dizendo que a crítica não seja positiva. Às vezes, você está cometendo um erro e é bom que alguém venha e lhe dê um conselho, mesmo que seja a título de crítica. Pode ser crítica mesmo, mas você precisa se orientar naquele ponto. O grande problema é quando a pessoa começa a sentir-se inferiorizada, pressionada, achando que ela não está satisfazendo, não está atendendo ao desejado. Ela pode cultivar, a partir dali, um sentimento de culpa.

Outra causa são as influências, vamos chamar assim, sobrenaturais. Os padrões divinos são altos, altíssimos. Aparece um sentimento de culpa sempre que o homem adota a postura de que ele é perfeito, e bom, segundo aquilo que Jean-Jacques Rousseau colocou em suas obras: "O homem é bom, o homem é perfeito. Duas coisas corrompem o homem. Primeiro, a sociedade corrompida e, segundo, a religião". Tanto Rousseau quanto Voltaire não eram ateus. Eles eram deístas. Temos de distinguir teísmo e deísmo. Deísmo é exaltar o que Deus criou, mas pensar que Deus não se importa com a moralidade, com a ética, com o mundo, com as leis. Que o mundo caminha por si mesmo com a própria condução dos homens, sem a interferência de Deus. Então, para ele, a religião que tenta plasmar caracteres, que tenta formar elementos de conduta, essa tem de ser repudiada, rechaçada.

E a postura de que o homem é bom leva o homem a um sentimento de culpa muito grande, porque na experiência, na prática, o homem sabe que não é assim, e ele se frustra quando percebe que a realidade é outra. Poderíamos agora, sob uma influência sobrenatural, perceber uma coisa: cremos que o sentimento de culpa pode ser provocado tanto pelo Espírito Santo de Deus quanto pelo Diabo. O sentimento de culpa pode ser provocado por Deus quando a culpa é real. O sentimento de culpa precisa ser real.

Diz a Palavra de Deus que, quando o Espírito Santo vier, dentro das promessas de Jesus, e Ele já veio, convencerá o mundo da justiça, do pecado e do juízo. É o Espírito Santo de Deus quem constrange você a reconhecer que é pecador. É o Espírito Santo de Deus quem fala ao nosso ouvido que falhamos, que transgredimos. Porque é a partir da consciência do erro que começa o processo da cura, da restauração. Nenhum homem terá esperança de cura a menos que tome consciência de que falhou. A volta do filho pródigo só começou quando, diz a Bíblia, ele caiu em si. Caindo em si, resolveu reconhecer o estado em que estava, a bênção que rejeitara, e resolveu voltar para a casa paterna. É necessário ter consciência do erro.

Porém o Diabo também pode ser o provocador do sentimento de culpa. Diz a Bíblia em Apocalipse 12:10 que ele é o acusador dos nossos irmãos. E quem já leu o livro de Jó sabe bem essa história. Ele está, diz a Bíblia, acusando-nos de dia e de noite. E quantos de nós, às vezes, nos rendemos às insinuações do Diabo, quando não nos apropriamos da graça de Deus. A pessoa começa a sentir-se culpada, até inferiorizada, esmagada, derrotada, e, de repente, o Diabo já está com as duas patas em cima dela. E ela fica esmagada pelo sentimento de culpa.

Vamos ver agora os efeitos do sentimento de culpa. O homem pode fugir de algumas culpas objetivas, por exemplo, passar no farol vermelho, e o guarda não o apanhar. Ele pode sonegar imposto, e o leão não o pegar. As leis objetivas de Deus, no entanto, não podem ser transgredidas impunemente até o fim, ou seja, às vezes o homem escapa do juízo de Deus, mas só temporariamente.

Veja o Salmo 73. O homem piedoso olha para o ímpio que prospera, que enriquece, cuja saúde é uma maravilha, cujo corpo é sadio, que chega a brilhar, de tão bronzeado. Ele não tem as preocupações nem as canseiras dos mortais. Além disso, as pessoas o procuram para aconselhamento e o têm como fontes que jorram a largos sorvos para elas beberem. Então o ímpio abre a boca para falar contra Deus, para falar coisas maliciosas e perversas. Mas diz o texto que, quando o Senhor acordar, o ímpio cairá de uma só vez e enfrentará um juízo inevitável e horrendo. Ou seja, é impossível ao homem fugir dos efeitos da culpa: a alma que pecar, essa morrerá, e o salário do pecado é a morte. Isso é ponto líquido e certo.

Mas quais são os efeitos da culpa? Em primeiro lugar: reações de defesa. Quando Adão caiu, ele sentiu-se culpado e começou a usar os mecanismos de fuga. Primeiramente racionalizou. Quando Deus pergunta: "Adão, onde estás"?, a resposta é: "Ah!, Senhor, eu descobri que estava nu e me escondi". Ele não disse que desobedeceu. Ele racionalizou usando outros termos, tentando desviar o ponto do nervo exposto da situação.

Em segundo lugar: além de racionalizar, ele usa a projeção. Quando Deus aperta um pouquinho mais o calo, ele diz: "Ó, Senhor, eu sinto muito, eu não sou culpado nessa história, não; a culpada é a Eva". É o homem buscando um mecanismo e, quando a situação fica mais difícil, ele usa a raiva, a irritação. Há muita gente que, quando você toca no assunto, fica logo na defensiva. Não é por ser uma pessoa irritadiça. É porque ela não quer tocar no assunto. Raiva e explosão funcionam como um mecanismo de fuga. E Adão diz: "Ó Senhor, foi a mulher que tu me deste". Ele estava nervoso. Certo homem que conhecemos, quando se sentiu culpado porque Deus o mandara para Nínive, e ele foi para Társis, fugiu por meio do sono.

Engraçado, não é? As reações são variadas e múltiplas, uma pessoa se refugia no sono e a outra não dorme de jeito nenhum. Eu, se estiver com o coração incomodado com alguma coisa, não adianta, não consigo dormir direito. Rolo para cá, rolo para lá. Outros dormem. Eu, por exemplo, se estiver incomodado com alguma coisa, não consigo comer direito. Outros comem que é uma beleza, até engordam, não é? Então, as reações são diferentes, são mecanismos de fuga.

Outra coisa é o que nós chamamos de autocondenação. Sentimentos de culpa quase sempre estimulam a autocondenação na forma de ansiedade, inferioridade, desajustes, fraqueza, baixa autoestima, pessimismo, insegurança, autopunição e coisas que o valham. Por exemplo, a pessoa não consegue relaxar, não consegue dormir, tem insônia, tem falta de apetite, recusa-se a aceitar elogios, sofre inibição sexual, depressão, pensamentos suicidas e tantas coisas mais.

EFEITOS DO ARREPENDIMENTO E DO PERDÃO

Para finalizar, quero analisar o efeito do arrependimento e do perdão. Os efeitos do sentimento de culpa não são sempre negativos. Alguns aprendem a aceitar seus erros, a melhorar por intermédio deles, a confessar a Deus os seus erros e a alegrar-se na segurança da promessa de Deus. Se confessarmos os nossos pecados, Ele é fiel e justo para nos perdoar.

Agora, concluindo, quero analisar o remédio para o problema. Qual é o remédio para o sentimento de culpa? Em primeiro lugar, voltando ao texto em 2Coríntios 7:8-10, temos de analisar duas coisas. Primeira: a tristeza construtiva; e segunda: a tristeza destrutiva. O texto fala de uma tristeza segundo Deus. Essa tristeza é construtiva, ela levanta, ergue, arranca a pessoa da masmorra psicológica, retira a pessoa do pântano existencial, da fossa emocional, porque a leva a trabalhar construtivamente. Ou seja, foi o que aconteceu com Pedro, ele falhou, mas sua lágrima não é a lágrima do desesperado, como Judas, que vai e se suicida. Ele não vê uma porta, não vê uma alternativa, não vê uma solução. Mas ele é aquele que chora não para ficar ali se autocondenando, sentindo autopiedade, mas é aquele que chora porque encontrou uma saída, uma janela, uma porta, uma solução.

Em segundo lugar, temos de aprender três doutrinas básicas, para trabalhar o sentimento de culpa. Primeira: a doutrina do perdão. Creio que precisamos trabalhar muito essa doutrina hoje. O Senhor Jesus preocupou-se com esse assunto quando contou uma ilustração, a parábola do devedor, daquele homem que devia uma quantidade tremenda, impagável, segundo o ministro, imexível, não tinha jeito de trabalhar com ela. E, de repente, o patrão cobra dele, e ele diz: "Dá-me um tempo". Ele não estava entendendo direito: que tempo? Ele não tinha condição de viver cem anos e pagar aquela dívida. E seu senhor perdoa a dívida. Mas ele não consegue entender a amplitude, a profundidade daquele perdão. Ele achou, quem sabe, que ele tivesse relaxado o tempo, dado mais tempo. E ao encontrar um pobrezinho que lhe devia algumas migalhas, ele agarra aquele homem e diz: "Olha, pague o que me deve, senão eu vou colocar você na masmorra". O Senhor Jesus disse: "Esse homem não entendeu o perdão".

Todas as vezes que você se recusa a perdoar seu irmão por uma falha ínfima em relação ao perdão que Deus lhe deu, você não entendeu o que é o perdão de Deus na sua vida. E o Senhor Jesus vai mais fundo e diz: "Assim também meu Pai celeste vos fará, se do íntimo não perdoardes cada um a seu irmão". É sério isso. Veja as implicações. Você só não perdoa seu irmão se não compreende ainda o que Deus fez por você. Se você compreender a grandeza, a profundidade, a maravilha do perdão de Deus, então o perdão horizontal será uma consequência.

Outra doutrina que precisamos entender é a doutrina da justificação. Acho que muitos crentes têm uma vida miserável porque não compreendem o que é justificação. É impossível um crente que entendeu e se apropriou da bênção da justificação viver uma vida miserável. Conhecer a justificação significa saber que os seus pecados foram cancelados. Que você, diante do trono de Deus, não tem mais culpa. Que, aos olhos de Deus, você é igual ao Filho dele, Jesus. Que, aos olhos de Deus e para o tribunal de Deus, é como se você fosse igual aos anjos dos céus e não existisse pecado sobre você, nenhuma condenação. E quantos de nós não nos apropriamos disso? Vivemos nos condenando, nos autoflagelando, e as setas, as acusações e os dardos do Diabo incomodam o nosso coração porque não nos apropriamos da bênção da justificação. O Senhor Jesus foi feito pecado por nós. Para quê? Para que fôssemos feitos justiça de Deus.

Finalmente, devemos entender a doutrina da graça. Quero ilustrá-la com o episódio de Jesus conversando com a mulher apanhada em flagrante adultério. A culpa dela era real? Era, ela pecou. E a lei era mais inflexível ainda: mandava apedrejar. O sentimento dela era real? Possivelmente. Uma mulher que é arrastada por seus algozes, atirada publicamente aos pés do Rabi da Galileia, no templo, devia ser uma mulher esmagada pela vergonha e pela culpa. Como o Senhor Jesus trabalha com ela? "Mulher, onde estão aqueles teus acusadores? Ninguém te condenou?" Porque o Senhor antes havia se voltado para eles e dissera: "Aquele que dentre vós estiver sem pecado seja o primeiro que lhe atire pedra".

A Bíblia que Jesus estava escrevendo, nós não sabemos o que Ele escrevia na terra, na areia, no chão ou no pátio do templo, mas a palavra usada para dizer que Jesus escrevia não é *graphe*, é *epigraphe*. Essa palavra significa escrever uma condenação, uma sentença. Possivelmente o Senhor estivesse ali escrevendo os pecados hediondos dos que estavam acusando aquela mulher. "Onde estão os teus acusadores, não te condenaram? Eu também não te condeno." Só isso? Pode ir e continuar com a mesma vida que estava levando? "Não, eu não te condeno; mas vai e não peques mais". Isso é graça.

Aquela mulher não merecia, mas o Senhor deu a ela aquilo que ela não merecia. "Vai, eu não te condeno; mas não peques mais" — mudança de vida. E, quando a pessoa se apropria disso, ela percebe que não está em um beco sem saída, ela reconhece que Jesus tem autoridade. "Vai e não peques mais." Quer dizer: "Eu coloco uma porta aberta diante de você para uma nova vida". Essa mulher encontrou solução para o sentimento de culpa, encontrou uma alternativa de Deus, do céu, para a sua grave situação.

Que Deus nos ajude e que possamos trabalhar biblicamente esse assunto que incomoda mais de oito bilhões de pessoas hoje neste planeta.

PARTE 3

RESTAURAÇÃO, RECONCILIAÇÃO E RESTITUIÇÃO

5

TEMPO DE RESTAURAÇÃO

¹ Quando o Senhor restaurou a sorte de Sião,
  ficamos como quem sonha.
² Então, a nossa boca se encheu de riso,
  e a nossa língua, de júbilo;
  então, entre as nações se dizia:
  Grandes coisas o Senhor tem feito por eles.
³ Com efeito, grandes coisas fez o Senhor por nós;
  por isso, estamos alegres.
⁴ Restaura, Senhor, a nossa sorte,
  como as torrentes no Neguebe.
⁵ Os que com lágrimas semeiam
  com júbilo ceifarão.
⁶ Quem sai andando e chorando,
  enquanto semeia,
  voltará com júbilo,
  trazendo os seus feixes.

Salmos 126:1-6

TODOS NÓS PRECISAMOS DE RESTAURAÇÃO: na família, na igreja, no ministério. Se formos honestos, precisamos admitir que não estamos sendo o que deveríamos ser. Algo nos falta; talvez mais poder, entusiasmo, quebrantamento, choro pelo pecado, paixão evangelística. Pedir por restauração é pedir por tudo isso.

O salmo 126 trata de restauração. Nesse texto, são descritas três fases distintas da história do povo de Deus. Os versículos 1 a 3, com todos os verbos no passado, trazem uma história de salvação a ser contada, um passado de glória. Quando olhamos para o versículo 4, o verbo está no presente do indicativo, apresentando um desafio atual a ser enfrentado em meio a um presente de crises. Por fim, nos versículos 5 e 6, os verbos estão no futuro, apontando para um investimento e uma promessa a serem experimentados. A compreensão é clara: o mesmo Deus que agiu no passado é o Deus que age agora, e o Deus que age agora é o Deus que agirá no futuro. Cremos de todo o nosso coração que o mesmo Deus que tirou o povo de Israel da escravidão e dos grilhões do Egito é o Deus que age em nossa vida hoje, para restaurar a nossa sorte.

PRIMEIRA FASE

A primeira fase desse Salmo é que as maravilhas que Deus fez ontem devem nos inspirar a buscar a Deus hoje com mais fervor. Nós somos a igreja histórica, é verdade, mas não vivemos apenas de história; não nos reunimos apenas para contar as bênçãos do passado, pois não moramos no passado nem nos alimentamos de saudade. Não precisamos apenas nos reportar aos prodígios, aos milagres e às maravilhas que Deus fez na história, mas precisamos da intervenção de Deus hoje, uma intervenção que é contemporânea, acima de todas as dúvidas.

No versículo 1, entendemos que a intervenção de Deus é maior do que a nossa expectativa: "Quando o Senhor restaurou a sorte de Sião, ficamos como quem sonha". Ele nos surpreende. Como diz a Bíblia (Efésios 3:20), Deus é poderoso para fazer infinitamente mais do que pedimos ou pensamos.

Depois de ser levado em cativeiro para a Babilônia, o povo de Israel tinha perdido tudo: a liberdade, a pátria, o templo, os sacerdotes, o culto, os sacrifícios. A Babilônia entrincheirou Jerusalém e, do lado de dentro dos muros, passaram a reinar a fome e o desespero; do lado de fora, a ameaça. O profeta Jeremias chega a dizer que pior foi a situação dos que morreram de fome do que aqueles que morreram pela espada; e aqueles que não tombaram diante da força implacável e avassaladora do rei Nabucodonosor foram levados cativos para a Babilônia, longe da família, longe de Jerusalém, longe do templo. E aquele povo, ao chegar ao cativeiro, entra em profundo desespero. Os judeus haviam se tornado escravos, dominados, espoliados, oprimidos, vilipendiados. Mas, como vimos, enfrentaram também uma crise de apatia coletiva, de melancolia desesperançada. Acreditaram que a situação deles não tinha mais saída e aceitaram passivamente a decretação da derrota, entregando-se à nostalgia. Quantas vezes nós agimos de modo semelhante, reunindo-nos apenas para rememorar as maravilhas e os milagres que Deus realizou ontem, mas com muito pouco a contar sobre o que Deus está fazendo hoje em nossa vida.

O salmo 126 fala de outro momento, posterior ao do cativeiro da Babilônia. Depois de setenta anos de escravidão, Deus moveu o coração do imperador medo-persa e libertou seu povo. As portas do cativeiro se abriram, as algemas se quebraram e a mão do Deus onipotente e providente trouxe o seu povo de volta à terra da promessa. Quando o povo volta para a sua terra, alegra-se como se aquilo tudo fosse um sonho. É com uma alegria indizível que o salmo começa: "Quando o Senhor restaurou a nossa sorte, ficamos como quem sonha. Então, a nossa boca se encheu de riso". Mais ainda, a intervenção de Deus produz um impacto na vida dos outros: "então, entre as nações se dizia: Grandes coisas o Senhor tem feito por eles". E a constatação do poder de Deus resulta em um reconhecimento sincero: "Com efeito, grandes coisas fez o Senhor por nós, por isso estamos alegres".

Será que podemos contar o que Deus fez na nossa vida? Ou ainda estamos sob o cativeiro, sob a opressão, presos com algemas invisíveis? Você já experimentou o mover do Espírito de Deus na sua vida, no seu coração, na sua família, no seu ministério? É tempo de pedir a Deus que aquilo que foi feito no passado seja novamente real em nossa vida. Precisamos ter a certeza de que as maravilhas que Deus fez no passado podem ser repetidas, segundo a vontade dele, para nos abençoar.

SEGUNDA FASE

O salmo também nos ensina que os lugares secos de agora podem ser fontes abundantes de vida ainda hoje. No versículo 4, o salmista faz um pedido: "Restaura, Senhor, a nossa sorte como as torrentes do Neguebe". O que significa isso exatamente? Diante dos novos acontecimentos, o povo reconhece, agradecido, que Deus restaurou sua sorte; porém, também olha para o presente e se depara com um deserto, um terreno seco, cinzento e sem vida. Quantos de nós já tivemos uma vida com Deus muito mais abundante da que estamos tendo agora? Quantos já foram homens e mulheres fervorosos, gente que andou com Deus, gente cheia do Espírito, gente apaixonada por evangelização, gente comprometida com o reino, gente que tinha sonhos na alma de levar vidas a Jesus, de andar com Deus, de viver uma vida piedosa? Mas o tempo foi passando e, ao olhar para a vida presente, nós a encontramos seca como um deserto, bem como o coração. Às vezes, você ainda não sentiu o mover de Deus e enxerga sua vida como cheia de sequidão, de esterilidade. Mas esse é o momento de erguermos aos céus um clamor por um tempo de restauração. O versículo 4 traz vários ensinamentos preciosos. No salmo, os judeus estão alegres pelas vitórias sobre o cativeiro do passado; mas, quando olham para o momento presente, são forçados a admitir que a vida deles está como um deserto. Precisamos entender que um passado de glória não é garantia de um presente glorioso. As vitórias de ontem não são suficientes para você vencer hoje. Você tem de andar com Deus todo dia, ser cheio do Espírito Santo todo dia, depender do Espírito de Deus a cada minuto. Não importa se no ano passado você foi cheio do Espírito Santo; você vai precisar ser cheio do Espírito Santo neste exato momento. Quantas pessoas obtiveram vitórias lindas com Deus, mas fracassaram. Sansão fracassou. Davi foi um homem segundo o coração de Deus, mas, em um momento de falta de vigilância, ele caiu e trouxe opróbrio sobre si, sobre a família e sobre toda a nação. É tempo de buscar restauração no presente. Na Bíblia, a igreja de Éfeso era uma igreja cheia de amor, fé e esperança. O tempo passa e, apesar de permanecer fiel à doutrina, a igreja perde o seu primeiro amor, ou seja, seu entusiasmo com Jesus. A vida se torna mecânica. Os membros dessa igreja tinham as doutrinas corretas, mas não a vida correta com Deus. Corremos o grande risco de manter a ortodoxia na cabeça ao mesmo tempo que adotamos heresias na conduta: uma teologia sã e uma vida impiedosa. Que tragédia! Restaura, Senhor, a nossa sorte.

Quantas igrejas, cidades e nações foram berços de grandes avivamentos! Hoje, nos mesmos lugares em que o Espírito Santo de Deus foi derramado com poder, muitas igrejas estão morrendo porque as vitórias do passado não são garantias de vitória no presente. Visitei uma vez a Igreja Presbiteriana John Calvin, em Toronto, Canadá. Era um belo templo. Aproximei-me do pátio da igreja e me vi em um jardim muito bonito em que estava alojada uma placa com o nome de um pastor. Perguntei como estava aquela igreja à pessoa que cuidava do local. A resposta foi: "Temos apenas quinze membros. Os cultos ocorrem uma vez a cada três meses porque não temos público suficiente". A igreja estava morta, sem vitalidade. Por quê? Porque as vitórias do passado não servem de nada para hoje. É preciso andar com Deus hoje, buscar a Deus hoje, acertar sua vida com Deus hoje.

FOME DE DEUS

Logo no início do livro de Rute, lemos uma história tremenda. Elimeleque, Malom, Quiliom e Noemi saem de Belém em meio à fome e à escassez. Não havia pão na "casa do pão", que é o que significa o nome "Belém". Não é triste? Quantos buscam pão na casa do pão e não o encontram; só encontram farelos, ou seja, palavras desanimadoras que falam do quanto, no passado, havia prateleiras cheias de pão e padarias com pão quente do céu. Só há histórias do que Deus fez no passado; o presente está morto, e as pessoas morrem de fome. Na história de Rute, Elimeleque, Malom e Quiliom lutaram por sobrevivência, mas só encontraram a sepultura. Porém a Bíblia também conta que, um dia, houve rumores em Moabe de que Deus tinha visitado novamente o seu povo e que havia pão em Belém. Noemi decide voltar porque agora há pão na casa do pão.

Fico a imaginar um rumor em nossas cidades: há pão na casa do pão. Embora em geral não tenham consciência disso, muitos vão a centros espíritas, terreiros de umbanda, boates, festas *rave* e prostíbulos porque estão famintos e não encontram pão na casa do pão. Quando houver um murmúrio na cidade, "Há pão na casa do pão", haverá uma grande agitação.

Em tempos de avivamento, Deus restaura seu povo e arrasta as multidões para ouvir a sua Palavra. Por isso, a súplica correta é esta: "restaura, Senhor, a nossa sorte, como as torrentes no Neguebe".

A grande verdade é que a sequidão de hoje não é motivo para desânimo, mas para um retorno a Deus. Meu anelo é que o povo que está desgarrado possa voltar-se para o Senhor e clamar como Isaías: "Ah, se fendesses os céus e descesses". Esta deve ser nossa expectativa: que Deus fenda os céus e desça trazendo renovação. É a mesma expectativa de Elias, que, em um tempo de sequidão, subiu ao cume do Carmelo, enfiou a cabeça entre os joelhos e clamou pelas chuvas torrenciais do céu (1Reis 18:42). Se você está em crise, não desanime: os avivamentos nascem no útero da crise. Quando a igreja realmente esgota os seus recursos e se volta para Deus é que o avivamento pode acontecer.

PERSEVERAR EM ORAÇÃO

Em Atos 2, os discípulos estão em crise. Trancados, com medo dos judeus, mesmo assim obedecem à ordem do Senhor: "Permanecei na cidade até que do alto sejais revestidos de poder" (Lucas 24:49). Conta a Bíblia que eles permaneceram ali, unânimes, e perseveraram em oração. De repente, do céu veio um som como de um vento impetuoso. Línguas, como de fogo, pousaram sobre cada um deles e, cheios do Espírito Santo, eles começaram a falar as maravilhas de Deus. Agora não mais temiam nem açoites, nem prisões, nem ameaças, nem mesmo a própria morte. Invadiram o mundo com o evangelho porque estavam agindo com poder, na ação e na virtude do Espírito de Deus.

No século 18, a Inglaterra estava moralmente falida. A maioria dos pastores não acreditava mais na Bíblia. A depravação era galopante: em Londres, para cada seis casas, uma era um prostíbulo. As cidades inglesas afundavam em jogatina e violência. Na época, os chamados "enciclopedistas" (Voltaire, Diderot, D'Alembert) chegaram a afirmar que a igreja estava falida e que, dentro de poucas décadas, desapareceria da Europa. E naquele tempo os pastores pregavam sermões mortos para auditórios vazios e sonolentos antes de descer do púlpito para se embriagarem nas mesas de jogo. Por fim, quando todos acreditavam que a igreja estava nas cinzas, Deus moveu corações para que um grupo iniciasse uma reunião de oração, que ficou conhecido como "Clube Santo". O Espírito Santo desceu sobre aqueles homens, e Deus começou a sacudir a Inglaterra e a Europa em um poderoso reavivamento espiritual.

RESTAURAÇÃO: OBRA DE DEUS

Em Ezequiel 37, o profeta estava contemplando um vale de ossos secos quando Deus lhe fez uma pergunta: "Filho do homem, poderão reviver esses ossos?". Ezequiel respondeu ao Senhor algo de que devemos nos lembrar sempre: "Senhor Deus, tu o sabes, se tu quiseres, podem sim". Poderíamos fazer essa pergunta agora, ou melhor, Deus pode nos fazer essa pergunta: "Vocês acreditam que eu posso trazer um reavivamento para a igreja evangélica do Brasil?" Nossa resposta deve ser: "Deus, tu o sabes; se quiseres, tu podes". Para Deus não há impossíveis. Ele pode nos humilhar até o pó, levar-nos às lágrimas de arrependimento, quebrar nossa vaidade, nossa soberba, nossa altivez. Deus pode restaurar a nossa sorte e fazer o deserto da nossa vida florescer.

Não podemos esquecer que a restauração é obra soberana de Deus. O pedido do salmista atesta esta verdade: somente Deus tem o poder de restaurar. Nem a restauração nem o avivamento são projetos humanos. Só Deus tem o poder de reerguer sua igreja e levá-la a bom termo, fazendo dela uma coroa de glória na sua mão e um facho de luz neste mundo tenebroso. Nós não produzimos avivamento; o recebemos.

Edward McKendree Bounds, um dos homens mais piedosos que viveu no século 19, declarou que hoje, enquanto a igreja procura melhores métodos, Deus procura melhores homens. Deus não unge métodos, mas sim homens, enchendo-os do Espírito Santo. E a nossa expectativa é que Deus nos mova nesses dias para buscarmos restauração da nossa vida.

A RESTAURAÇÃO É FRUTO DE ORAÇÃO FERVOROSA

O clamor do salmista deve nos contagiar. Espero, no tempo de Deus, em que ainda poderei contemplar este país avivado, de norte a sul e de leste a oeste. Que a igreja brasileira possa ser encontrada de joelhos, tendo aprendido a chorar e se humilhar diante do Deus vivo, clamando com toda a força da sua alma: "Restaura, Senhor, a nossa sorte". A maioria de nós ainda não tem esse senso de urgência, essa fome da intervenção de Deus. Temos fome de livro, mas não temos fome de Deus; conhecemos uma boa teologia sobre oração, lemos livros sobre oração, pregamos sermões sobre oração, mas não oramos. As reuniões de oração estão morrendo na maioria das igrejas. Nossas lideranças têm tempo para reunir conselho, junta diaconal, fazer reuniões administrativas, mas não têm tempo para Deus, porque Deus não tem sido prioridade na nossa vida. Precisamos clamar: "Restaura, Senhor, a nossa sorte".

O missionário norte-americano Ashbel Simonton fundou a primeira Igreja Presbiteriana do Brasil em 1859. Conforme testemunho do atual secretário-executivo, ainda hoje a IPB não atingiu meio milhão de membros, mesmo depois de 144 anos de história. Na Coreia do Sul, um pequeno país de tantas revoluções, guerras e opressão, a Igreja Presbiteriana, fundada em 1887, chegou a dez milhões de membros! Estivemos na Coreia do Sul em 1997. Em todas as igrejas que visitamos, ouvimos uma só palavra sobre o motivo do crescimento da igreja: oração. Nenhuma igreja abre no país sem primeiro organizar uma reunião diária de oração nas madrugadas. Arrisquei uma pergunta a um pastor coreano: "Por que vocês oram de madrugada?

É apenas um hábito oriental?" Ele respondeu: "Não, meu filho, não é; no mundo inteiro as pessoas se levantam de madrugada para ganhar dinheiro. Nós nos levantamos de madrugada para orar porque Deus é prioridade na nossa vida".

Aquele pastor tinha toda a razão. Estamos correndo demais, atarefados demais, em atividade constante. Dependemos demais de nós mesmos e muito pouco de Deus. Nós temos uma teologia extraordinária, mas não cremos nela de verdade porque ela não se torna prática. Afirmamos que Deus é soberano e cremos na oração, mas não oramos; preocupamo-nos apenas com a preparação do intelecto, e não com a preparação do coração. Em um dos seus livros sobre pregação, David Larsen diz que é mais importante ensinar um pastor a orar do que ensinar um pastor a pregar, porque, se você não for um homem de oração, sua pregação será estéril. A Bíblia atesta que os apóstolos se dedicaram à oração e ao ministério da Palavra; Jesus orou, e o céu se abriu; a igreja orou, e o Espírito Santo desceu com poder. Ao longo da história, quando a igreja se prostrou de joelhos, os céus se moveram. Essa é a nossa teologia, essa é a nossa fé: é preciso voltar às origens.

Todo mundo precisa de restauração em alguma área, em algum aspecto da vida. Quantas vezes nossa família está em crise. Estive lendo o livro de Jim Cymbala, pastor da igreja do Brooklin, em Nova York. Ele promoveu ali um trabalho extraordinário de crescimento. Porém um dia, Cymbala olhou para sua filha primogênita e a viu indiferente e recalcitrante; e, por mais que instasse com ela para reconciliar-se com Deus, aquela menina adolescente endureceu o coração, abandonou o lar e penetrou nas penumbras do pecado, nas águas turvas do vício. O pastor Cymbala pensou até em abandonar o ministério e deixar de pregar. Um colega chegou a lhe telefonar: "Pastor, desista da sua filha, ela não quer saber de Deus. Não sofra mais por essa menina". Mas como um pai pode desistir de uma filha? Certa noite, o pastor Jim Cymbala foi a uma vigília de oração. Em meio à igreja reunida, uma irmã se levantou e lhe disse: "Pastor, eu sinto que a nossa igreja nunca, nunca clamou a Deus de verdade em favor da restauração de sua filha". E, naquela noite, aqueles irmãos deram as mãos e levantaram um clamor aos céus. O pastor conta que, de repente, aquele templo havia se transformado em uma sala de parto, com gemidos, choros e soluços. Ao chegar a casa de madrugada, confidenciou à esposa: "Querida, se nós cremos num Deus vivo, a nossa filha foi liberta nesta madrugada". Dois dias depois, bem de manhãzinha, a campainha tocou. Quando a esposa foi abrir, era a menina que estava chegando, aos prantos. Ela entrou apressadamente, foi até o local onde estava seu pai, curvou-se diante dele e pediu: "Papai, por favor, me conte o que aconteceu há dois dias de madrugada; por favor, me fala o que houve". Ela revelou que estava em casa e foi despertada com uma profunda convicção de pecado. Naquele mesmo momento, voltou-se para Deus e acertou sua vida com Ele: "Quero começar tudo de novo na presença do Senhor". Sempre é hora de clamar pela restauração da família, da igreja e do ministério.

A RESTAURAÇÃO É UM MILAGRE EXTRAORDINÁRIO DE DEUS

No versículo 4, o salmista pede: "Restaura, Senhor, a nossa sorte *como as torrentes do Neguebe*". O Neguebe é o maior deserto da Judeia, cheio de montes, vales, pedras, cascalhos, areia, um lugar inóspito e sem vida. Mas quando chega o período das chuvas de inverno, as águas descem das montanhas, precipitam-se nas encostas e vão abrindo as entranhas do deserto.

Por onde passam, vão rasgando as areias estéreis e deixam um sulco de vida e de verdor: são os *uádis*, os rios invernais, e tudo começa a florescer e a frutificar no deserto. O salmista olha para esse cenário geográfico e diz: "Assim como o Senhor faz um milagre na geografia, ó Deus, faz um milagre na minha vida também!". Sua vida pode estar um deserto, mas Deus tem poder para transformar, frutificar e fazer florescer esse deserto, para a glória do seu nome.

Em uma de minhas idas a Israel, fiquei encantado com uma cena: estávamos cruzando o deserto do Sinai, um lugar seco, árido e sem vida. De repente, chegamos à fronteira de Israel, no mesmo deserto, mas havia ali um laranjal bonito, luxuriante, frutuoso. Então eu chamei o guia turístico e lhe perguntei:

— De um lado reina a morte, e do outro lado, a vida. Qual é o segredo?

Ele me respondeu: — O segredo é este: onde tem água, toda terra é terra boa.

Se a sua vida está um deserto, o Espírito Santo é essa chuva torrencial que pode cair sobre ela e transformar terra seca em jardim e pomar.

TERCEIRA FASE

Por fim, nos versículos 5 e 6, aprendemos que a semeadura com lágrimas é prelúdio certo de colheitas abundantes: "Quem sai andando e chorando enquanto semeia voltará com júbilo trazendo os seus feixes". Isso mostra que a semeadura é dinâmica: não adianta ficar parado; é preciso sair, andar e chorar. Que tremendo! O semeador não fala apenas aos ouvidos; ele age com as mãos. Antônio Vieira, o maior orador lusitano, apresenta uma questão intrigante em seu famoso sermão sexagésimo: "Se a Palavra de Deus produz a trinta, a sessenta e a cento por um, por que não está produzindo hoje nem a um por cento?". Se nós somarmos os sermões hoje, não obteremos nem uma conversão por sermão.

O que está acontecendo? Será que Deus mudou? Será que a Palavra dele mudou? Será que o solo, ou seja, o coração do homem está mais endurecido hoje do que no passado? A única resposta plausível é que o problema não está nem com Deus, nem com a Palavra, nem com o ouvinte; o problema está com o pregador. O semear não se faz com a boca, e sim com as mãos. Os homens escutam belos discursos, mas não veem vida no pregador. Muitos pastores modernos proferem a Palavra, mas não são boca de Deus; têm luz na mente, mas não têm fogo no coração; têm conhecimento, mas não têm unção; têm teologia, mas lhes falta poder; são doutores das Escrituras, mas são analfabetos do poder de Deus; pregam sem santidade. E tantas vezes o bastão profético nas mãos de Geazi não funciona: é preciso poder. Temos de pregar não apenas aos ouvidos, mas também aos olhos como Jesus o fez: "Ide e anunciai a João o que estais ouvindo e vendo" (Mateus 11:4). É preciso existir convicção no nosso coração.

No século 18, David Hume era o patrono dos céticos na Inglaterra. Ele acreditava que queimar livros de teologia equivalia a prestar um grande serviço à humanidade. Um dia, foi visto correndo pelas ruas de Londres. Logo alguém o abordou:

— Sr. Hume, o que está fazendo, aonde está indo?

A resposta foi: — Estou indo ouvir George Whitefield pregar.

Impressionado, o outro perguntou: — Mas o senhor não acredita no que ele prega, acredita?

E Hume respondeu: — Eu não acredito, mas ele acredita.

Será que as pessoas sabem que nós acreditamos no que pregamos, que há uma coerência entre a prática e a vida? Um grande ator na Inglaterra foi abordado por um pregador que lhe perguntou: — Eu não entendo: você é ator e prega uma ficção, e é ouvido por muita gente; eu prego a verdade, e as pessoas não se interessam. Qual o problema?

E o ator respondeu: — É simples: eu prego a minha ficção como se fosse verdade, e você prega a sua verdade como se fosse ficção.

Que tristeza!

A igreja precisa urgentemente colocar a sua vida diante de Deus, em uma semeadura com choro e coração quebrantado. Quem nos vê pode até discordar do que falamos, mas vai compreender: "Esse tipo de gente andou com Jesus". Precisamos aprender o evangelismo das lágrimas e sair andando e chorando enquanto semeamos. Nosso grande problema é que estamos pregando com os olhos secos demais. Na Escócia do século 19, quando Robert McKaine se levantava para pregar, antes mesmo de começar a ler a Palavra o auditório já estava em lágrimas somente de olhar para o rosto daquele homem, pois era visível que ele andava com Deus.

Certa feita, William Buff recebeu uma carta de seus missionários pedindo ajuda: "O campo aqui não prospera. Já tentamos todos os métodos. O povo está endurecido. Queremos voltar à base missionária, pois aqui o evangelho não vai prosperar". E Buff mandou uma cartinha para eles: "Se vocês já tentaram todos os métodos, experimentem chorar agora". Depois que os missionários seguiram o conselho, Deus visitou aquele campo com graça e poder, e vidas começaram a se render a Jesus.

Percebemos ainda que a colheita é certa, feliz e abundante: "Quem sai andando e chorando enquanto semeia voltará com júbilo, trazendo os seus feixes". Quero encorajar o leitor a pregar com autoridade, fidelidade e poder, na dependência de Deus. Há poder no evangelho: o evangelho é poder de Deus. Creia nisso! Não se intimide nem se envergonhe. Anuncie essa palavra, pregue a tempo e fora de tempo, clame a Deus para acender no seu coração o ardor evangelístico e a paixão pelas almas perdidas.

Quando eu era calouro no Seminário de Campinas, vindo do interior, fui convidado por uma missionária a conhecer a Escola de Cadetes da cidade. Fiquei maravilhado diante da beleza do edifício. E, logo que cheguei, vi um rapaz muito elegante em sua farda, com a metralhadora na mão, de pé em seu posto de trabalho. Com aquele ardor no meu peito, eu me aproximei do jovem, que tinha na sua lapela o nome "João Miguel Corpas", e perguntei: "João Miguel Corpas, você conhece Jesus, o Filho de Deus?" Em resposta, ele me lançou muitos impropérios, humilhando-me com palavras terríveis. Esclareceu que era ateu e não acreditava nas tolices que eu pretendia lhe dizer. Diante daquilo, fiquei desconcertado, vermelho e sem jeito, e até sem voz por algum tempo. Quando eu estava para ir embora, Deus me deu a ousadia de voltar ali e dizer algumas coisas para o rapaz. "João Miguel Corpas", comecei, "eu preciso lhe dizer três coisas antes de ir embora. Primeiro, Deus existe, querendo você ou não, acreditando você ou não; segundo, Deus ama você e se importa com você; terceiro, você é pecador e, se não se arrepender dos seus pecados, vai perecer no inferno para todo o sempre. Até logo". E fui embora o mais rápido possível, porque, afinal, o homem estava com uma metralhadora na mão.

O que eu não esperava é que no outro dia a missionária visitasse o seminário novamente para anunciar: Pastor Hernandes, o João Miguel Corpas está na minha casa e quer ver você urgente.

Pensei: "Meu Deus, agora complicou de vez". Mas atendi ao chamado. Quando cheguei à casa da missionária e abri a porta, João Miguel Corpas estava sentado no fundo da sala. Assim que ele me viu entrando, levantou-se, correu na minha direção, tomou-me pelos braços e quase me suspendeu do chão, pedindo: "Por favor, me fale do seu Deus, me fale do seu Jesus". Ali, naquela sala, João Miguel Corpas se ajoelhou e, em pranto, depois que lhe preguei o evangelho, recebeu Cristo como Senhor da sua vida. Durante o período de férias de julho, ao retornar, recebi a notícia de que ele tinha levado mais três colegas da Escola de Cadetes de Campinas a Jesus. Batizou-se numa igreja evangélica de Campinas e, enquanto permaneci na cidade, recebi a informação de que ele havia se tornado um grande evangelista, usado por Deus para levar pessoas a Cristo. Não esqueçamos: "o evangelho é o poder de Deus para salvação de todo o que crê" (Romanos 1:16). Semeie essa palavra.

CONCLUSÃO

Concluo com a experiência de um pastor presbiteriano, Alexan Duff, missionário na Índia. Depois viver pregando a Palavra de Deus, ele retornou a seu país, a Escócia, com o intuito de realizar uma grande campanha para convocar novos missionários. Em uma assembleia bonita, dirigindo-se aos jovens da igreja, fez um apelo veemente e apaixonado para que se envolvessem na obra missionária; mas nenhum jovem se levantou. Sua angústia foi tamanha que ele desmaiou no púlpito. Levaram-no para uma sala contígua ao templo e massagearam-lhe o peito. Quando ele voltou à lucidez, pediu: "Levem-me de novo para o púlpito, pois preciso concluir o meu apelo". Mas os médicos o aconselharam: "O senhor não pode mais falar, precisa descansar". Inconformado, não aceitou o conselho, voltou ao púlpito e, olhando firmemente nos olhos daqueles moços, continuou: "Jovens, se a rainha da Inglaterra vos chamasse para qualquer trabalho em qualquer lugar do mundo, iríeis com orgulho. O Rei dos reis, o Senhor dos senhores, aquele que deu a sua vida por vós, vos chama e vos convoca para irdes aos confins da terra como embaixadores, e não quereis ir? Pois irei eu. Já estou velho e cansado, não poderei fazer muita coisa, mas, pelo menos, morrerei às margens do Ganges, e aquele povo saberá que alguém os amou e se dispôs a levar-lhes o evangelho". Diante disso, dezenas de jovens começaram a se levantar, consagrando-se para a obra missionária. Foram mundo afora, andando e chorando enquanto semeavam a bendita semente da Palavra de Deus. Nesse tempo, Deus pode restaurar nossa sorte e reavivar nossa paixão pela obra evangelística deste país. Não descansemos, pois!

6

RESTAURAÇÃO, SIM; EXPLICAÇÃO, NEM SEMPRE

⁶ Num dia em que os filhos de Deus vieram apresentar-se perante o Senhor, veio também Satanás entre eles. ⁷ Então, perguntou o Senhor a Satanás: Donde vens? Satanás respondeu ao Senhor e disse: De rodear a terra e passear por ela. ⁸ Perguntou ainda o Senhor a Satanás: Observaste o meu servo Jó? Porque ninguém há na terra semelhante a ele, homem íntegro e reto, temente a Deus e que se desvia do mal. ⁹ Então, respondeu Satanás ao Senhor: Porventura, Jó debalde teme a Deus? ¹⁰ Acaso, não o cercaste com sebe, a ele, a sua casa e a tudo quanto tem? A obra de suas mãos abençoaste, e os seus bens se multiplicaram na terra. ¹¹ Estende, porém, a mão, e toca-lhe em tudo quanto tem, e verás se não blasfema contra ti na tua face. ¹² Disse o Senhor a Satanás: Eis que tudo quanto ele tem está em teu poder; somente contra ele não estendas a tua mão. E Satanás saiu da presença do Senhor.

Jó 1:6-12

¹ Num dia em que os filhos de Deus vieram apresentar-se perante o Senhor, veio também Satanás entre eles apresentar-se perante o Senhor.

Jó 2:1

¹⁰ Mudou o Senhor a sorte de Jó, quando este orava pelos seus amigos; e o Senhor deu-lhe o dobro de tudo o que antes possuíra.

¹² Assim, abençoou o Senhor o último estado de Jó mais do que o primeiro; porque veio a ter catorze mil ovelhas, seis mil camelos, mil juntas de bois e mil jumentas.
¹³ Também teve outros sete filhos e três filhas.

Jó 42:10,12 e 13

RESTAURAÇÃO, SIM; EXPLICAÇÃO, NEM sempre. Trata-se de uma verdade soleníssima. Deus não nos prometeu explicações; ele nos deu promessas. Muitas vezes teremos perguntas não respondidas, questões graves, que ficarão sem resposta ao longo da vida. Muitas vezes o silêncio de Deus nos incomodará mais do que o próprio sofrimento. Muitas vezes as nossas orações são indeferidas ou não são respondidas conforme gostaríamos. Isso pode nos afligir, pelo menos durante algum tempo, mais que a dor que lateja em nosso peito. O livro de Jó atesta esse fato. Jó enfrenta um drama pessoal em cinco áreas absolutamente vitais da vida. Qualquer dessas áreas, uma vez atingida, é como um pilar abalado que mexe com toda a estrutura da nossa vida. Que áreas são essas? A vida financeira, os filhos, a saúde, o casamento e as amizades.

O DRAMA

Destacamos as áreas da vida Jó em que ele padeceu sob a permissão do Senhor.

FINANCEIRO

A saga de Jó se inicia quando Satanás surge em uma reunião entre Deus e seus filhos. Deus lhe pergunta: "De onde vens?" E ele responde: "Venho de rodear pela terra e passear por ela" (Jó 1:6,7). Deus então começa a falar de Jó como homem sem igual na terra, homem íntegro, reto e temente, que se desviava do mal (Jó 1:8). Satanás põe em dúvida a lealdade de Jó descrevendo o quanto Deus havia cumulado sua vida de bênçãos. Jó é um homem reconhecido, famoso, rico, amado, de família numerosa. "Desse jeito, qualquer um teme a Deus" – essa era a argumentação de Satanás. A tese de Satanás é que não existe adorador sincero. Todos cultuam a Deus por algum interesse. Sua tese poderia ser formulada assim: "Os seres humanos se aproximam de Deus não por quem Deus é, mas por aquilo que Deus dá". Satanás quer crer que, quando o homem busca a Deus, o Senhor não é seu objetivo, mas a satisfação e o bem-estar humanos. O centro nevrálgico de tudo não seria, portanto, Deus, mas sim o homem. Em outras palavras, Satanás não acusa propriamente Jó, mas o próprio Deus, ao insinuar que o poder divino seria utilizado para aliciar e comprar adoradores.

Deus então resolve permitir que Satanás prove a Jó. Não se trata de provar algo para Satanás, que não merece nenhum tipo de explicação. E por que Deus permite que Satanás toque em Jó? Em outras palavras, por que Deus permite que um justo passe por lutas, vales profundos, angústias assoladoras, males terríveis, dor do luto, crise financeira, abalo no casamento e decepção nas amizades? Ele permite essas coisas não só para que, por meio do sofrimento do justo, muitos possam ser consolados, mas também para provar a existência daqueles que amam verdadeiramente a Deus mais do que ama o dinheiro, a família e a saúde.

O leitor conhece a história. Diz a Bíblia que Jó era o negociante mais bem-sucedido da região. Como rico fazendeiro, possuía em abundância gado, terras e servos. Era um grande empreendedor, o homem mais rico do Oriente, um megaempresário rural. Na sanha de atacar Jó e pilhar seus bens, Satanás usa homens, os sabeus e os caldeus, para roubarem os grandes rebanhos de Jó. Em seguida, Satanás usa o fogo para queimar as ovelhas e o gado de Jó. Como que num passe de mágica, Jó perde tudo. Vai à falência. Decreta bancarrota. Fica na lona. Com a rapidez de um meteoro, Jó cai do ápice da pirâmide social para o vale mais profundo da pobreza. Todas as luzes da sua riqueza se apagaram. Todas as glórias de sua elevada posição econômica viraram cinza. Está pobre, completamente pobre, aquele que fora o homem mais rico do Oriente.

FAMILIAR

Como se não bastasse essa tragédia financeira, diz a Bíblia que, num dia em que os dez filhos de Jó celebravam uma festa na casa do primogênito, a casa desaba em um fatídico terremoto, e todos os dez filhos morrem em um único acidente. Jó havia sido um pai exemplar. Ele havia criado seus filhos unidos e tementes a Deus. Ele orava pelos filhos e fazia sacrifícios por eles continuamente. Sabemos que uma família rica cujos membros são unidos é algo somente possível pela graça e obra da salvação de Deus, pois o dinheiro é um poderoso fator de divisão. Aqueles filhos não eram unidos por acaso. Aquele pai, íntegro, reto e temente a Deus, homem que se desviava do mal, investiu na formação espiritual dos seus filhos. Orava todas as madrugadas por eles, santificava-os, zeloso em relação ao que esses meninos pudessem pecar contra Deus. Jó era um pai preocupado com a glória, o nome e a honra de Deus. É esse homem piedoso que perde os filhos. Difícil imaginar a dor de um pai que enterra todos os seus dez filhos em um único dia. Como ele reage? Como ele volta para casa? Como ele encara a vida? Como ele penetra nos corredores compridos do futuro? Diz a Bíblia que Jó rasga sua roupa, raspa a cabeça, prostra-se no pó e glorifica a Deus, exclamando: "O Senhor o deu e o Senhor o tomou; bendito seja o nome do Senhor!" (Jó 1:21).

FÍSICO

Na segunda reunião, quando os filhos de Deus estavam presentes, Satanás ressurge e Deus pergunta: "De onde vens?". E ele respondeu: "Venho de rodear a terra e passear por ela" (Jó 2:2). Deus então se põe a falar sobre Jó, confirmando-o como servo fiel: "Ele conserva a sua integridade, embora me incitasses contra ele, para consumi-lo sem causa" (Jó 2:3). Satanás põe novamente em dúvida a lealdade de Jó, retrucando: "Pele por pele, e tudo quanto o homem tem dará pela sua vida" (Jó 2:4). Satanás estava insinuando que nenhum homem pode amar mais a Deus que à própria pele. Em outras palavras: ninguém ama a Deus mais do que ama a si mesmo. Satanás estava dizendo que todo homem tem um preço: tendo seu corpo atingido

RESTAURAÇÃO, SIM; EXPLICAÇÃO, NEM SEMPRE

por males, ele perde a integridade, a devoção, as alianças, os compromissos. Deus então permite que Satanás fira o corpo de Jó e atinja sua saúde, mas o impede de tirar a vida de Jó.

Conhecemos a história. Jó foi alvejado pelas setas envenenadas de Satanás. Espoucaram em seu corpo feridas desde o alto da cabeça à planta dos pés. Bolhas cheias de pus se formavam por todo o corpo dele. A pele dele se torna necrosada e podre. Não havia tratamento para aliviar-lhe a dor nem solução para sua grave enfermidade. Diz a Bíblia que Jó, agora falido, sem filhos, entra num processo de tamanha angústia, que ao ter sua pele necrosada, é lançado no escoadouro de lixo da cidade. Ali em total desalento começa a raspar as suas feridas com cacos de telha. Vão se formando outras bolhas de pus e, diz a Bíblia, Jó começava a morder essas bolhas de pus para tentar aliviar a dor. Seu corpo tornou-se encarquilhado, macérrimo; seu hálito intolerável; seu cheiro era insuportável. As pessoas passavam por ele e praguejavam. Cuspiam nele e meneavam a cabeça. Esse homem se vê no fundo do poço e durante dezesseis vezes ergueu aos céus seu grito de dor, fazendo a perturbadora pergunta: Por quê? Por que eu não morri no ventre da minha mãe? Por que o Senhor me deixou nascer? Por que eu não morri de fome quando era criança? Por que o Senhor não tira a minha vida de uma vez? A sua dor era tão intensa que Jó desejou ardentemente a morte, mas a morte fugiu dele.

O sofrimento de Jó pode ser analisado em dois aspectos principais: Primeiro, o sofrimento físico. Ele foi coberto de tumores malignos da planta dos pés ao alto da cabeça (Jó 2:7,8). A sua dor era imensa (Jó 2:13). Ele não conseguia dormir por causa da dor lancinante (Jó 3:24). Ele não conseguia parar de chorar (Jó 3:24). Ele não tinha nenhum alívio do seu sofrimento (Jó 3:26). Suas noites eram longas e cheias de aflição (Jó 7:3,4). Sua pele ficou cheia de feridas e pus (Jó 7:5). Suas dores o apavoravam (Jó 9:27,28). Seu corpo apodrecia como uma roupa comida de traça (Jó 13:28), encarquilhado e macérrimo (Jó 16:8). Seus ossos se deslocaram. Sua dor não tinha pausa (Jó 30:17). Sua pele escureceu e começou a descamar. Seus ossos queimavam de febre (Jó 30:30).

EMOCIONAL

Jó ficou angustiado e amargurado (Jó 7:11). À noite, seus sonhos e visões só lhe traziam mais terror (Jó 7:14). Ele chegou a ficar cansado de viver (Jó 10:1). Seu rosto afogueou de tanto chorar (Jó 16:16). Ele estava cercado de pessoas que o provocavam (Jó 17:2). Sua desventura foi proclamada em todo o mundo (Jó 17:6). As pessoas cuspiam em seu rosto (Jó 17:6; 30:10). Seus sonhos e esperanças malograram (Jó 17:11). Os irmãos e conhecidos fugiram dele na sua dor (Jó 19:13). Os parentes o desampararam (Jó 19:14). As pessoas que receberam sua ajuda no passado agora o tratavam com desprezo (Jó 19:15). O mau hálito e o mau cheiro que exalavam do seu corpo expulsaram a esposa e os irmãos de perto dele (Jó 19:17). Até as crianças o desprezavam e zombavam dele (Jó 19:18). Todos os seus amigos íntimos o abandonaram (Jó 19:19). Sua honra e felicidade foram arrancadas (Jó 30:15). Tudo de bom que ele desejou aconteceu o contrário (Jó 30:26,27).

NO CASAMENTO

Jó perdeu também o apoio da mulher. Depois de perder os bens, os filhos e a saúde, Jó perde algo absolutamente importante na vida — seu casamento. Sua esposa o contempla naquele desespero e não consegue entender o que está acontecendo. Estava acostumada com a riqueza, com a saúde, com os filhos. E não compreende como Jó continua adorando a Deus mesmo em meio à tragédia. Ela profere essas palavras terríveis: "Ainda conservas a tua integridade? Amaldiçoa a Deus e morre" (Jó 2:9). Jó responde, afirmando que suas palavras são próprias de uma pessoa que está fora do juízo. Sua argumentação é: se recebemos o bem de Deus, por que não receberíamos também o mal? (Jó 2:10).

OS AMIGOS

Depois de perder os bens, os filhos, a saúde e o apoio da mulher, Jó também recebe palavras amargas de três grandes amigos, que chegam de longe para lhe consolar. No início, quedam-se uma semana inteira, calados, assentados no chão com o arruinado patriarca, sem abrir a boca, tamanha a dor daquele homem. Porém, de repente, começam a indagar sobre todos aqueles acontecimentos. Trata-se de um questionamento vital: Por que sofre o justo? Certamente todos nós já nos indagamos acerca das injustiças dos fatos. Por que passamos por lutas inglórias? Olhamos com tristeza para o vizinho ímpio que parece ter uma vida muito melhor que a nossa e perguntamos: Por que aquela pessoa que nunca botou o pé numa igreja, nunca abriu uma Bíblia, nunca fez uma oração sequer na vida, leva uma vida mais calma e serena do que a minha? Por que aqueles que zombam e escarnecem de Deus jamais tiveram acidentes de percurso e nunca enfrentaram tempestades na vida? Os três amigos de Jó pensaram: "Deve haver uma causa para tudo isso". Crendo ser inaceitável que o justo sofra sem causa justa, tornaram-se consoladores molestos e começaram a assacar contra Jó pesadas e levianas acusações. Atribuíam a Jó culpa real pelo sofrimento. Usaram contra Jó torpedos mortíferos e munição de grosso calibre. Insinuaram que Jó era um homem avarento, impuro, injusto, adúltero e ladrão. Chegaram a ponto de acusar Jó de louco. No entanto, a Bíblia diz que Jó era os olhos do cego, as pernas do aleijado, o auxílio do órfão e da viúva. Porém, sem as evidências das provas, mantinham contra Jó suas falsas acusações.

Muitas vezes, na vida, estamos na mesma situação de Jó. Enfrentamos baixas nas finanças. Verdadeiros terremotos abalam as estruturas da nossa vida financeira. É uma perda súbita, um prejuízo radical, uma falência inesperada, um desemprego repentino. Muitas vezes você vê seus filhos sendo atingidos com fúria pelas setas venenosas do maligno. É o distanciamento de Deus. É o mundo que os arrasta como numa enxurrada. São os prazeres deste mundo que os seduzem e os aprisionam num mundo de ilusões. É a enfermidade cruel, amarga e implacável que atinge o seu corpo. É o esvaziamento da esperança. É o desespero de saber que os recursos da medicina chegaram ao fim e sua enfermidade não recua. Muitos enfrentam ainda a tristeza de um casamento ferido, doente e sem romantismo. Nesse torvelinho de dor, você se sente só, desamparado, ultrajado, revolvendo-se nas cinzas da solidão. E ainda, para amargar mais seu sofrimento, em vez do bálsamo de uma palavra amiga e consoladora, os que se dizem amigos, arvoram contra você as mais pesadas censuras, os mais implacáveis libelos, as mais duras críticas e acusações. O que fazer nessas horas?

A QUEIXA

No fundo do poço, no fim da linha, é que Jó começa o processo de busca de explicações. É natural: queremos explicações. Jó se dirige a Deus perguntando: por quê? Por que comigo, por que agora, por que desse jeito, por que tantas perdas com tamanha intensidade? E por que minha dor não cessa? Jó lamenta a ausência de respostas e, como vimos, chega a desejar morrer ou nunca ter nascido. Às vezes, o que mais dói não é o sofrimento, mas sim não sabermos por que estamos sofrendo. Sabemos que: *por que* não é a pergunta certa, mas *para que,* ou seja, qual é o propósito de Deus em tudo o que nos sobrevém? No entanto, mesmo assim, em meio a profundas dores, não podemos deixar de buscar respostas.

É o que Jó faz, erguendo aos céus 34 vezes sua queixa contra Deus, de um modo nada leve. Ele se sente entrincheirado por Deus (Jó 3:23). Ele diz que foi atingido pelas flechas venenosas de Deus (Jó 6:4). Chama Deus de espreitador dos homens (Jó 7:19-21). Acusa Deus de ser insensível à sua oração e à sua dor (Jó 9:16-18). Queixa-se do silêncio de Deus diante da sua terrível angústia (Jó 10:2). Queixa-se também de ser oprimido sem causa (Jó 10:3-9); de não ser perdoado (Jó 10:14). Acusa Deus de precipitar contra ele males sem fim (Jó 10:17) e de não lhe ter permitido morrer no ventre de sua mãe só para deixá-lo sem alento (Jó 10:18-22). No seu desespero chega a dizer que os que provocam a Deus é que estão seguros e que os tiranos é que gozam a paz, mas o justo e o reto servem de irrisão para os seus amigos (Jó 12:4-6). Acusa Deus de estar irado incessantemente contra ele (Jó 14:13) e de ter destruído toda a sua família (Jó 16:7). Atribui a Deus a sua magreza (Jó 16:8), sente-se despedaçado por Ele (Jó 16:9) e diz ainda que Deus o entregou nas mãos dos ímpios (Jó 16:10,11). Ele levanta a queixa de que Deus o agarrou pelo pescoço, tirou a sua paz e o crivou de flechas (Jó 16:12,13); afastou dele a sua família e jogou contra ele os seus irmãos, parentes e criados (Jó 19:13-16). Jó derrama a sua lamentação contra Deus ao ver a prosperidade e a paz dos perversos sem que Deus os castigue, enquanto ele próprio é afligido (Jó 21:4-15); ao mesmo tempo, declara que Deus tirou o seu direito e amargurou a sua alma (Jó 27:2). Acusa Deus de não guardá-lo mais, não guiá-lo, não ser mais seu amigo, nem estar mais ao seu lado, como nos tempos de outrora (Jó 29:2-6). Jó acusa Deus de ter afrouxado a corda do seu arco (Jó 30:11) e de tê-lo jogado na lama (Jó 30:19). Jó finalmente acusa Deus de não se apresentar para responder às suas queixas (Jó 31:35).

As queixas de Jó podem ser colocadas em outras palavras: "Deus me encurralou; ele não me deu saída; Deus me atingiu com flechas venenosas; já não durmo, minha carne está podre e os vermes andam por meu corpo; meus olhos estão vermelhos e o meu rosto empapuçado de lágrimas; as pessoas passam e cospem em mim, praguejando e blasfemando; as pessoas que eu ajudei ao longo de minha vida se voltaram contra mim, e até minha família está contra mim; não há uma voz sequer em minha defesa e o Senhor está em silêncio". É quase uma acusação: Jó se vê afligido sem causa e quer saber onde está seu erro. Na sua angústia, clama: "Tu, ó Deus, destruíste a minha família toda" (Jó 16:7). Chega a ponto de dizer que Deus o agarrou pelo pescoço como um boneco de pano e o despedaçou. Ele está queixando de Deus, procurando explicações. E o que me impressiona, diante de tantos dilemas, de tantas dores, é que a reação de Deus foi manter-se calado. Não podemos deixar de nos colocar no lugar de Jó, lembrando noites muito longas e sofridas em que buscamos respostas, encontrando, também, apenas o pesado silêncio do céu.

A RESPOSTA DE DEUS

No entanto, quando Deus começa a falar, diz a Bíblia que, em vez de responder uma a uma às perguntas e queixas de Jó, Deus inverte os papéis e se põe a inquirir e perguntar a Jó, como quem diz: "Jó, onde você estava enquanto eu lançava os fundamentos da terra? Onde você estava enquanto eu espalhava as estrelas no firmamento e chamava cada uma delas pelo nome? Onde você estava enquanto eu cercava as águas dos mares para que elas não invadissem a terra?". Em vez de responder, Deus se *revela*. E se revela como? Em seu poder, em sua grandeza e majestade. Não fornece explicações para os questionamentos de Jó, mas lhe revela uma verdade: Ele está no controle e sabe o que está fazendo. Tal verdade é valiosa e assaz consoladora. Quando você não puder explicar o que Deus está fazendo na sua vida, poderá compreender que Deus é soberano e mantém com Ele as rédeas de sua vida. Ele saberá levá-lo a algo maior e melhor. Deus não desperdiça sofrimento na vida de seus filhos. Jamais padecemos sem propósito. E, diante de tão pungente revelação, Jó percebe, enfim, o poder de Deus, compreendendo que não há crise que Deus não possa reverter. Ao ser restaurado, milagrosamente, Jó ergue sua voz para declarar: "Bem sei que tudo podes, e nenhum dos teus planos pode ser frustrado" (Jó 42:2). Nosso Deus é onipotente e soberano. Que verdade sublime: em vez de acaso, coincidência ou determinismo, existe a maravilhosa providência divina. Satanás tem ação limitada em todos os sentidos: só pode ir até onde Deus permite. O que prevalece é o propósito de Deus.

Jó também percebe algo muito importante: seu conhecimento de Deus precisava ser expandido. "Eu te conhecia só de ouvir, mas agora os meus olhos te veem" (Jó 42:5). O sofrimento é a escola superior do Espírito Santo em que Deus ensina a seus filhos as mais profundas lições da vida. Ao nos permitir sofrer, Deus nos está ministrando um curso avançado no aprendizado da vida. Aquilo que nós nunca antes tínhamos discernido, passamos a compreender. Passamos a conhecer a Deus melhor e passamos a nos conhecer melhor.

CONSIDERAÇÕES FINAIS

Ao ler atentamente o livro de Jó, descobre-se que todos os seus personagens estavam equivocados quanto às suas conclusões. Satanás pensou que Jó servia a Deus insinceramente, amando mais o dinheiro, a família e a si mesmo do que a Deus. E Jó, sem saber, foi constituído advogado de Deus para provar que, na verdade, é possível um homem amar mais a Deus do que o dinheiro, a família e, que a si mesmo. A mulher de Jó julgou que, por ter permitido o sofrimento do justo, Deus não era digno de ser adorado. No entanto precisamos entender que o justo não vive em uma redoma de vidro, protegido das intempéries da vida. O justo passa por lutas como qualquer um, porém é guardado por Deus e, findo seu sofrimento, encontra-se mais perto do Altíssimo e mais fortalecido na fé. Os amigos de Jó creram que, se Jó estava sofrendo, não podia ser um homem justo; necessariamente deveria ser um adúltero, ladrão, louco. Deus, no entanto, atesta a idoneidade de Jó. Satanás duvida de Jó. Os amigos acusam Jó. Deus, no entanto, reafirma a integridade de Jó. Deus havia constituído Jó em seu advogado na terra, mas Deus era o supremo advogado dele no céu.

Mesmo com todos os predicados descritos pelo próprio Deus — homem íntegro, reto, temente ao Senhor e que se desvia do mal — Jó sofreu. E sofreu sem explicações. Jó também estava equivocado ao ver-se esmagado, cravejado de flechas por Deus como um boneco de pano. Ao final do livro de Jó, Deus o restaura, mas não lhe dá nenhuma explicação. O livro de Jó termina e ninguém no enredo fica sabendo por que Jó sofreu.

Será que chegaremos ao céu com uma lista de perguntas? Na minha pequena visão, creio que não. O céu é autoexplicativo. Nossas perguntas não terão sentido lá. Nossos olhos serão abertos de tal maneira que toda indagação estará respondida na sua plenitude. Veremos Deus face a face e seremos conhecidos por completo.

Assim, Deus, não necessariamente, nos promete explicações, mas sim restauração. Como Deus restaurou Jó? A perda dos bens, dos filhos e da saúde deve ter afligido sobremodo o patriarca Jó. Se isso não bastasse, Jó ainda suportou a dor de ver sua mulher se insurgindo contra Deus e seus amigos se insurgindo contra ele. No epicentro da sua crise, no torvelinho de sua dor mais aguda, Deus insta Jó a parar de se concentrar em seus problemas e em suas dores, ordenando-lhe a se levantar para interceder pelos seus acusadores. Jesus disse que não podemos orar por alguém sem antes perdoar (Marcos 11:25). A última gota de pus que Jó tinha de espremer de suas feridas era a do ressentimento por aqueles que o acusavam sem causa. E de acordo com a Bíblia, no momento em que Jó começou a interceder pelos seus amigos, Deus restaurou a sua sorte. O que isso nos diz? Ponha o seu foco nas pessoas, não em você. Levante-se não como quem se queixa ou acusa. Levante-se como um intercessor.

Deixe-me ilustrar isso. Lembra-se de Ana, mulher de Elcana? Diz a Bíblia que ela não podia ter filhos. Todo ano ela subia à casa de Deus, em Siló, magoada porque Penina, sua rival, a provocava e a irritava por causa da sua esterilidade. Na última vez em que Ana compareceu à casa de Deus, ela resolveu derramar a alma diante do Senhor e fazer algo inédito: um voto prometendo que, se recebesse de Deus um filho, ela o entregaria de volta a Ele. Ali, Deus curou Ana de sua esterilidade. No momento em que Ana tirou os olhos de si mesma e colocou os olhos em seu filho como dádiva de Deus e como oferta para Ele, ela foi curada. Da mesma forma, no momento em que Jó se ergueu como intercessor Deus restaurou sua sorte, devolvendo-lhe tudo em dobro. Seus bens foram duplicados, tornou-se pai de mais dez filhos. Seu casamento foi refeito (o silêncio da Bíblia sobre a esposa de Jó dá entender que seus filhos são com a mesma mulher, cujo coração parece ter sido curado por Deus). E Jó vive mais 140 anos, certamente cheio de saúde, podendo ver os filhos dos filhos até a quarta geração (Jó 42:16).

Ninguém ora por alguém sem ser também curado. Quando você tira os olhos de você mesmo para olhar para Deus e para o próximo, Deus restaura sua própria sorte.

Viktor Frankl, pai da logoterapia, preso num campo de concentração, na Segunda Guerra Mundial, disse que o que lhe salvou da tortura e maus-tratos daquele lugar de horror foi focar sua atenção nos outros e não em si mesmo. Ao lutar pela sobrevivência dos outros, salvou a própria vida.

Acho magnífico que os animais que Jó recebe de Deus são todos em dobro. Se tinha sete mil ovelhas, passou a ter quatorze mil; se tinha três mil camelos, passou a ter seis mil; se tinha quinhentas juntas de bois, passou a ter mil; se tinha quinhentas jumentas, passou a ter mil. No entanto, tinha dez filhos e Deus lhe deu apenas mais dez. Por que não em dobro, como as outras coisas? Por uma simples razão: a perda de um filho não é como a de uma ovelha. Jó só recebeu mais dez filhos porque já tinha dez filhos no céu. E agora tem mais dez filhos na terra. Deus restaurou Jó completamente.

O que podemos depreender disso tudo? Guardemos várias lições que a história de Jó nos ensina. Em primeiro lugar, quando Deus permite que Satanás se insurja contra a sua vida, é para colocar você ainda mais perto de Deus. Satanás não destruiu Jó, mas o tornou mais próximo de Deus, porque o Senhor é quem estava o tempo todo no controle. Além disso, não há prova que não seja humana e não há sofrimento que não tenha um propósito específico na nossa vida. A soberania de Deus trabalha para o nosso bem e em nosso favor, inclusive no sofrimento do justo.

Toda tribulação é útil para consolar outros que estiverem passando pelos mesmos problemas. Jó sofreu também para que fosse aberta uma maravilhosa fonte de consolo para milhões de pessoas ao longo dos séculos. Jó sofreu para que você, leitor, pudesse ser abençoado, encorajado e confortado pelo Espírito de Deus ainda hoje.

Portanto, quando você passar por um problema e não vislumbrar explicações, entenda uma coisa: Deus promete restauração, mas explicação, nem sempre. Deus promete estar com você e jamais desampará-lo. Ele promete tomar você em seus braços e restaurar você.

Quando Deus faz tudo de novo, o segundo estado se torna melhor que o primeiro, produzindo maior proximidade, mais disposição para se humilhar sob sua graça, mais prontidão em servi-lo, mais intimidade com Ele.

Precisamos agradecer a Deus pela história de Jó, esse patriarca da fé que foi um dos patronos da paciência, um verdadeiro monumento da graça de Deus. Louvado seja o nome do Senhor pela vida de Jó, por essa história tecida com tanta dor, mas que emerge das cinzas para se colocar diante de nós, ainda hoje, como um estandarte vivo da restauração promovida pela mão providente e soberana do Eterno.

Depois de observar a história de Jó e aprender com ele, deixamos algumas lições práticas e oportunas:

Em primeiro lugar, *as crises podem chegar inesperadamente*. Não havia qualquer prenúncio de tempestade na vida de Jó. De repente a tragédia desabou sobre sua cabeça, sobre sua família. A crise não manda telegrama avisando sua chegada. Muitas vezes, ela nos colhe de surpresa.

Em segundo lugar, *Satanás está sempre nos espreitando buscando uma oportunidade para nos atacar*. Satanás não é uma lenda, um mito. Ele é um anjo caído, um ser maligno, perverso, mau. Ele é assassino, ladrão, mentiroso, destruidor. Ele não dorme, não descansa, não tira férias. Ele está rugindo ao nosso derredor como um leão que busca alguém para devorar. Devemos estar alerta, usando toda a armadura do Senhor e revestindo-nos com seu poder.

Em terceiro lugar, *a ação de Satanás é limitada por Deus*. Satanás é um anjo caído e não um deus caído. Seu poder é limitado. Ele só pode agir quando Deus o permite. Satanás estará sempre debaixo cabresto de Deus, sob a autoridade de Deus. Ele não pode ir além daquilo que Deus lhe permite.

Em quarto lugar, *Deus é poderoso para transformar nossas tragédias em bênçãos*. A última palavra é de Deus. A vitória é do Senhor. Quem está com o Senhor é mais do que vencedor. O sofrimento de Jó não serviu para provar nada a Deus nem a Satanás, mas serviu para provar que os filhos de Deus são sempre vencedores. Não pense nos perigos da jornada, você sempre chegará salvo e seguro. Deus não lhe promete ausência de luta, mas certeza da vitória. Deus não lhe promete caminhada fácil, mas chegada certa. Deus não lhe promete explicação, mas restauração!

7

O ROMANCE DA RECONCILIAÇÃO

1 Palavra do Senhor, que foi dirigida a Oseias, filho de Beeri, nos dias de Uzias, Jotão, Acaz e Ezequias, reis de Judá, e nos dias de Jeroboão, filho de Jeoás, rei de Israel. ² Quando, pela primeira vez, falou o Senhor por intermédio de Oseias, então, o Senhor lhe disse: Vai, toma uma mulher de prostituições e terás filhos de prostituição, porque a terra se prostituiu, desviando-se do Senhor. ³ Foi-se, pois, e tomou a Gômer, filha de Diblaim, e ela concebeu e lhe deu um filho. ⁴ Disse-lhe o Senhor: Põe-lhe o nome de Jezreel, porque, daqui a pouco, castigarei, pelo sangue de Jezreel, a casa de Jeú e farei cessar o reino da casa de Israel. ⁵ Naquele dia, quebrarei o arco de Israel no vale de Jezreel. ⁶ Tornou ela a conceber e deu à luz uma filha. Disse o Senhor a Oseias: Põe-lhe o nome de Desfavorecida, porque eu não mais tornarei a favorecer a casa de Israel, para lhe perdoar. ⁷ Porém da casa de Judá me compadecerei e os salvarei pelo Senhor, seu Deus, pois não os salvarei pelo arco, nem pela espada, nem pela guerra, nem pelos cavalos, nem pelos cavaleiros. ⁸ Depois de haver desmamado a Desfavorecida, concebeu e deu à luz um filho. ⁹ Disse o Senhor a Oseias: Põe-lhe o nome de Não-Meu-Povo, porque vós não sois meu povo e nem eu o serei vosso Deus. ¹⁰ Todavia, o número dos filhos de Israel será como a areia do mar, que se não pode medir nem contar. E acontecerá que, no lugar onde se lhes dizia: Vós não sois meu povo, se lhes dirá: Vós sois filhos do Deus vivo. ¹¹ Os filhos de Judá e os filhos de Israel se congregarão, e constituirão sobre si uma só cabeça e subirão da terra, porque grande será o dia de Jezreel.

2 Chamai a vosso irmão Meu Povo e a vossa irmã, Favor. ² Repreendei vossa mãe, repreendei-a, porque ela não é minha mulher, e eu não sou seu marido, para que ela afaste as suas prostituições de sua presença

e os seus adultérios de entre os seus seios; ³ para que eu não a deixe despida, e a ponha como no dia em que nasceu, e a torne semelhante a um deserto, e a faça como terra seca, e a mate à sede, ⁴ e não me compadeça de seus filhos, porque são filhos de prostituições. ⁵ Pois sua mãe se prostituiu; aquela que os concebeu houve-se torpemente, porque diz: Irei atrás de meus amantes, que me dão o meu pão e a minha água, a minha lã e o meu linho, o meu óleo e as minhas bebidas. ⁶ Portanto, eis que cercarei o seu caminho com espinhos; e levantarei um muro contra ela, para que ela não ache as suas veredas. ⁷ Ela irá em seguimento de seus amantes, porém não os alcançará; buscá-los-á, sem, contudo, os achar; então, dirá: Irei e tornarei para o meu primeiro marido, porque melhor me ia então do que agora. ⁸ Ela, pois, não soube que eu é que lhe dei o trigo, o vinho, o óleo, e lhe multipliquei a prata e o ouro, que eles usaram para Baal. ⁹ Portanto, tornar-me-ei e reterei, a seu tempo, o meu trigo e o meu vinho, e arrebatarei a minha lã e o meu linho, que lhe deviam cobrir a nudez. ¹⁰ Agora, descobrirei as suas vergonhas aos olhos dos seus amantes e ninguém a livrará da minha mão. ¹¹ Farei cessar todo o seu gozo, as suas Festas de Lua Nova, os seus sábados e todas as suas solenidades. ¹² Devastarei a sua vide e a sua figueira, de que ela diz: Essa é a paga que me deram os meus amantes; eu, pois, farei delas um bosque, e as bestas-feras do campo as devorarão. ¹³ Castigá-la-ei pelos dias dos baalins, nos quais lhes queimou incenso e se adornou com as suas arrecadas e com as suas joias, e andou atrás dos seus amantes, mas de mim se esqueceu, diz o Senhor. ¹⁴ Portanto, eis que eu a atrairei, e a levarei para o deserto, e lhe falarei ao coração. ¹⁵ E lhe darei, dali, as suas vinhas e o vale de Acor por porta de esperança; será ela obsequiosa como nos dias da sua mocidade e como o dia em que subiu da terra do Egito. ¹⁶ Naquele dia, diz o Senhor, ela me chamará: Meu marido e já não me chamará: Meu Baal. ¹⁷ Da sua boca tirarei os nomes dos baalins, e não mais se lembrará desses nomes. ¹⁸ Naquele dia, farei a favor dela aliança com as bestas-feras do campo, e com as aves do céu, e com os répteis da terra; e tirarei desta o arco, e a espada, e a guerra e farei o meu povo repousar em segurança. ¹⁹ Desposar-te-ei comigo para sempre; desposar-te-ei comigo em justiça, e em juízo, e em benignidade, e em misericórdias; ²⁰ desposar-te-ei comigo em fidelidade, e conhecerás ao Senhor. ²¹ Naquele dia, eu serei obsequioso, diz o Senhor; obsequioso aos céus, e estes, à terra; ²² a terra, obsequiosa ao trigo, e ao vinho, e ao óleo, e estes a Jezreel. ²³ Semearei Israel para mim na terra e compadecer-me-ei da Desfavorecida; e a Não-Meu-Povo direi: Tu és o meu povo! Ele dirá: Tu és o meu Deus!

3 Disse-me o Senhor: Vai outra vez, ama uma mulher, amada de seu amigo e adúltera, como o Senhor ama os filhos de Israel, embora eles olhem para outros deuses e amem bolos de passas. ² Comprei-a, pois, para mim por quinze peças de prata e um ômer e meio de cevada; ³ e lhe disse: tu esperarás por mim muitos dias; não te prostituirás, nem serás de outro homem; assim também eu esperarei por ti. ⁴ Porque os filhos de Israel ficarão por muitos dias sem rei, sem príncipe, sem sacrifício, sem coluna, sem estola sacerdotal ou ídolos do lar. ⁵ Depois, tornarão os filhos de Israel, e buscarão ao Senhor, seu Deus, e a Davi, seu rei; e, nos últimos dias, tremendo, se aproximarão do Senhor e da sua bondade. Amém.

Oseias 1:1—3:5

O CASAMENTO DE OSEIAS, SÍMBOLO DA INFIDELIDADE DE ISRAEL

Vamos analisar sobre o seguinte tema: o romance da reconciliação. O profeta Oseias viveu num período extremamente turbulento, e poderíamos resumi-lo citando três características. A primeira delas, de intensa prosperidade financeira. Foi o longo governo de Jeroboão II, com 41 anos de prosperidade, de riqueza e de sucesso.

Segunda: erraram em seus caminhos. Tinham uma religião em crise, em que os sacerdotes abandonaram a lei de Deus, esqueceram a Palavra de Deus, e o povo, seguindo o passo errante dos sacerdotes, desviou-se de Deus e prostrou-se diante de imagens e de ídolos abomináveis.

Terceira característica: havia uma corrupção moral galopante. O povo enveredou para a prostituição, a bebedeira, a violência, a falta de critérios morais, a roubalheira. A nação de Israel se corrompeu ao extremo, a começar pela liderança. Depois da morte do grande Jeroboão II, a nação começou a cair. Dissensões internas, traições e conspirações fizeram que muitos reis fossem mortos, assassinados traiçoeiramente. Em crise, sem rumo, sem norte, sem modelos, sem a Palavra de Deus, Israel busca a ajuda da Síria e do Egito para evitar uma catástrofe nacional, adotando uma política externa estranguladora. Os líderes assumiram o compromisso de pagar impostos escorchantes, que tornavam a vida do povo um pesadelo.

Chegou um ponto em que a situação se tornou caótica. Os reis eram homens devassos, e os sacerdotes embriagavam-se e sonegavam a Palavra de Deus ao povo. As famílias desintegravam-se, a sociedade corrompia-se cada vez mais, e a violência, a prostituição e a roubalheira grassavam naquela sociedade. A religião estava completamente desacreditada.

Deus compara a situação de Israel a uma mulher que se torna infiel ao seu marido, que abandona o vínculo conjugal, que abandona a fidelidade e começa a ir atrás de seus amantes. Deus diz: "Israel me abandonou, voltou as costas para mim; eu, como marido de Israel, fui rejeitado, desprezado, abandonado. Israel está à procura de outros deuses, de ídolos vãos". Nesse momento, Deus adota uma metodologia extremamente comovente, pois, em vez de falar, Ele faz uma demonstração viva à nação. Agora Deus não fala à nação pela boca do profeta, e sim pela vida do profeta. Ele não levanta um pregador, levanta um monumento vivo, para revelar àquela nação a grandeza do pecado dela, para expor aos olhos daquela nação a hediondez dos crimes dela. Para exemplificar a traição que Israel cometera contra o Deus que a amara, acolhera e salvara e que fora substituído por ídolos, o Senhor levanta então Oseias. A vida do profeta seria um retrato do amor de Deus e da infidelidade do povo.

A SITUAÇÃO DO POVO

Observe o primeiro ponto desta análise: fazer um diagnóstico da situação em que esse povo se encontrava e, ao mesmo tempo, perceber que essa pode ser a mesma situação e realidade dos tempos atuais. Podemos concluir isso fazendo essa diagnose do passado, penetrando nos corredores da história de Israel, virando as páginas da História e rememorando aqueles fatos pretéritos.

A primeira coisa que o profeta denuncia é a falta do conhecimento de Deus. Leia o livro de Oseias, capítulo 4. Note que o quadro que ele traça nos três primeiros versículos poderia ser manchete de qualquer jornal de alta circulação do nosso país. Se fossem estampados esses três versículos nos jornais, estaríamos fazendo, na verdade, uma leitura de como é o mundo hoje. Preste atenção: "Ouvi a palavra do Senhor, vós, filhos de Israel, porque o Senhor tem uma contenda com os habitantes da terra, porque nela não há verdade, nem amor, nem conhecimento de Deus". A verdade é esquecida, os relacionamentos não são mais marcados pelo amor, e a relação vertical inexiste, porque não há conhecimento de Deus.

O que está acontecendo? Olhe o versículo 2: "O que só prevalece é perjurar, mentir, furtar e adulterar, e há arrombamentos e homicídios sobre homicídios". Ou seja, a palavra não tem valor nem credibilidade. Não há respeito pelos bens alheios, e a vida e os laços familiares também não têm valor. E você observa, no versículo 3, que há uma crise ecológica, por isso a terra está de luto e todo aquele que mora nela desfalece como os animais do campo. As aves do céu e até os peixes do mar perecem. O homem se corrompe e corrompe a terra. O próprio homem transforma seu habitat em um lugar perigoso de se viver, tanto para ele como para os seus animais. Você nota que, no versículo 6, o profeta Oseias aponta com clareza qual era o problema: "O meu povo está sendo destruído, porque lhe falta o conhecimento". E no versículo 6 ele explica por que lhe falta o conhecimento: "Porque tu, sacerdote, rejeitaste o conhecimento, também eu te rejeitarei, para que não sejas sacerdote diante de mim; visto que te esqueceste da lei do teu Deus, também eu me esquecerei de teus filhos".

Quando a liderança espiritual de um povo, de uma igreja, de uma nação esquece de Deus e abandona a Palavra de Deus, esse povo fica completamente confuso, perdido e é entregue à destruição. Porque todas as vezes que o povo se afasta de Deus e caminha pelos atalhos de uma religião heterodoxa, andando pelos atalhos da idolatria, caminha para o desastre. Note, no capítulo 5, versículo 1, que a liderança havia se tornado um laço: "Ouvi isto, ó sacerdotes; escutai, ó casa de Israel; e dai ouvidos, ó casa do rei, porque este juízo é contra vós outros, visto que fostes um laço em Mispa e rede estendida sobre o Tabor". Será que não é isso que estamos vendo hoje? A liderança, seja política, seja religiosa, com frequência, em vez de conduzir o povo pelo caminho da verdade, em vez de instruir o povo na verdade, torna-se um laço, uma armadilha para o povo. Por que razão? O versículo 2 explica: "Na prática de excessos, vos aprofundastes". A liderança não apenas deixa de ensinar a Palavra de Deus, mas mergulha na prática de excessos e de pecado. Não apenas no mesmo nível do povo, mas num nível mais grave, mais profundo. Isso é muito sério.

Você percebe no versículo 6, do capítulo 6, que, mesmo diante do pecado, da idolatria, da corrupção moral, a religião está intacta. As coisas estão acontecendo, o culto, a pregação, a liturgia, tudo está acontecendo normalmente. Olhe o versículo 6 do capítulo 6: "Pois misericórdia quero, e não sacrifício, e o conhecimento de Deus, mais do que holocaustos". É possível que uma igreja, uma denominação e uma pessoa continuem com seu serviço religioso, mas sem conhecer a Deus, sem amar a Deus, sem fazer as coisas com a motivação certa. E você percebe que o resultado é uma corrupção crescente.

Veja, no capítulo 4, versículo 11: "A sensualidade, o vinho e o mosto tiram o entendimento". Há algumas coisas que tiram o entendimento do homem, que assaltam sua mente, que lhe tiram a razão, a inteligência, a capacidade de discernimento. O profeta está dizendo que a sensualidade rouba o discernimento do homem. Ele está falando aqui da liderança. Outra coisa que rouba o discernimento é a bebedeira. O vinho e o mosto tiram o discernimento. Uma pessoa, quando se entrega à bebedeira, perde a razão, o juízo e a capacidade de discernir as coisas. Outra coisa que tira o discernimento aparece no versículo 12: "O meu povo consulta o seu pedaço de madeira, e a sua vara lhe dá resposta; porque um espírito de prostituição os enganou, eles, prostituindo-se, abandonaram o seu Deus". A religião idólatra também tira o entendimento do homem. Note que uma pessoa consulta o seu ídolo de gesso, de madeira, e obtém resposta!

Vila Velha especialmente assistiu recentemente a uma das maiores concentrações religiosas do nosso Estado. Muitas pessoas subiram ao convento da Penha, algumas de joelhos, outras a pé. Algumas pessoas deram testemunho das respostas que tiveram, do atendimento às suas preces; elas continuam invocando uma imagem de escultura e creem que essa imagem traz resposta, alívio, cura, intervenção. O profeta Oseias diz: "O meu povo consulta o seu pedaço de madeira, e a sua vara lhe dá resposta". Elas têm uma resposta. Por quê? Porque o espírito de prostituição as engana. Há um espírito de idolatria que engana as pessoas, para que elas pensem que as bênçãos que recebem vêm de um ídolo, de uma imagem de escultura, de alguma coisa que foi fabricada por elas mesmas.

Diz a Palavra de Deus que assim estava a nação de Israel. No capítulo 9, versículo 9, o profeta diz: "Mui profundamente se corromperam". Agora notem, que o religiosismo da nação de Israel é algo a que precisamos atentar nesse diagnóstico deles e de nós mesmos que estamos fazendo. Percebam, em primeiro lugar, que a vida desregrada por um espírito de prostituição estava tomando conta daquele povo. Veja no capítulo 5, versículo 4: "O seu proceder não lhes permite voltar para o seu Deus, porque um espírito de prostituição está no meio deles, e não conhecem ao Senhor". Veja que não é uma questão intelectual, doutrinária, teológica, conceitual que os impede de voltar para Deus. Não é porque eles não estão convencidos intelectualmente da verdade. O texto diz que o proceder deles não lhes permite voltar. Eles são prisioneiros de uma vida moral absolutamente corrompida, e essa devassidão moral é a causa da prisão espiritual em que se encontram.

O PECADO CORROMPE O SER HUMANO E SEU RELACIONAMENTO COM DEUS

Note ainda que, no capítulo 6, versículos 1 e 4, na hora da dificuldade eles até buscam a Deus. É assim com o homem. Quando o calo aperta, ele se lembra de Deus. Quando ele é encurralado pelas circunstâncias adversas, ele se lembra de Deus. Quando chega uma tragédia, ele pensa em Deus.

Quando é vitimado por um acidente, ele volta sua atenção para Deus. Mas essa atenção não tem constância e não tem perseverança. No capítulo 6, veja o que eles dizem: "Vinde, e tornemos para o Senhor, porque ele nos despedaçou e nos sarará; fez a ferida e a ligará" (v:1). Eles até reconhecem que muitas vezes o juízo de Deus desce sobre eles e dizem: "Vamos voltar para Deus". No entanto não estão se voltando para Deus com bons motivos. A motivação deles é apenas receber alívio, livrar-se das circunstâncias. Não querem Deus por amor a Deus, antes buscam Deus para ficar livres das consequências de seus pecados.

Veja no versículo 4 do capítulo 6, que o profeta faz a seguinte pergunta: "Que te farei, ó Efraim? Que te farei, ó Judá?". É o Senhor falando: "Porque o vosso amor é como a nuvem da manhã e como o orvalho da madrugada, que cedo passa". Essa volta para Deus é rasa, superficial, não é constante, não é profunda nem perseverante, é apenas uma conversão superficial. Você percebe que eles estavam trazendo sacrifícios, mas Deus queria que eles o conhecessem. É tolice o homem pensar que toda religião é boa, que todo caminho leva a Deus, que basta o homem ser sincero e honesto na sua religião que isso vai agradar a Deus. Isso não é verdade. Eles estavam trazendo holocaustos, trazendo sacrifícios, mas Deus diz: "Eu quero misericórdia e eu quero conhecimento de Deus".

Agora note algo extremamente importante no capítulo 8 de Oseias, versículo 11: "Porquanto Efraim multiplicou altares para pecar, estes lhe foram para pecar". E no versículo 13: "Amam o sacrifício; por isso, sacrificam, pois gostam de carne e a comem, mas o Senhor não os aceita". Veja, eles multiplicam a prática religiosa não por amor a Deus, e sim para pecarem ainda mais. Gostam de oferecer sacrifícios não porque amam a Deus, mas porque gostam do resultado, que é comer o restante da carne que era sacrificada. Na verdade, eles gostavam é de churrasco, não de Deus. Ainda hoje, é mais fácil as pessoas se reunirem ao redor de um churrasco do que ao redor de uma mesa da ceia do Senhor, ou em algum lugar para orações. É mais fácil o povo de Deus aglutinar-se num grande encontro social do que numa grande vigília de oração. É mais fácil juntar as pessoas em torno de uma causa comum e rotineira da vida do que em torno das coisas celestiais.

O resultado disso está no capítulo 8, versículo 12: "Embora eu lhe escreva a minha lei em dez mil preceitos, estes seriam tidos como coisa estranha". Deus fala, e o povo não ouve. Deus exorta, e o povo não se emenda. Ele torna a falar, e o povo tapa os ouvidos. Deus fala repetidamente, e o povo não quer ouvir. Resultado? Capítulo 11, versículo 7: a apostasia. Deus diz, por meio do profeta: "Porque o meu povo é inclinado a desviar-se de mim; se é concitado a dirigir-se acima, ninguém o faz". Isso é apostasia. Não é essa porventura a realidade do povo de Deus nestes dias? Quantas palavras, quanto clamor, quanta exortação, quanta doutrina, quanto ensino, quanta Palavra de Deus. Mas as pessoas estão com os ouvidos incircuncisos, com os corações fechados e não querem atender à voz do Deus todo-poderoso. Por quê?

Talvez as respostas estejam em Oseias 8:14: "Porque Israel se esqueceu do seu Criador e edificou palácios, e Judá multiplicou cidades fortes". Sabe o que está acontecendo aqui? O povo está confiando na sua posição social, no seu dinheiro, na sua economia, na sua segurança. Certamente eles pensavam: "Nós, aqui neste palácio, jamais seremos abalados, jamais seremos atingidos, jamais ficaremos vulneráveis, pois temos dinheiro, uma economia forte; podemos resistir a qualquer problema". Porém não tardou para que a Síria viesse e incendiasse Samaria, queimasse os palácios e derrubasse as casas, e o povo ficasse debaixo de grande opróbrio.

O que é tremendo é que, apesar de toda essa situação, Deus continuou amando seu povo. Apesar do meu e do seu pecado, Deus continua nos amando. Deus ama a você e a mim não porque temos virtudes que mereçam o seu amor. Deus nos ama porque ele é amor. A causa do amor de Deus não está no objeto amado, a causa do amor de Deus está nele mesmo. Ele nos ama porque Ele é amor.

Veja o que está escrito em 11:1,2: "Quando Israel era menino, eu o amei; e do Egito chamei o meu filho. Quanto mais eu os chamava, tanto mais se iam da minha presença; sacrificavam a baalins e queimavam incenso às imagens de escultura". Veja em 11:3,4:

Todavia, eu ensinei a andar a Efraim; tomei-os nos meus braços, mas não atinaram que eu os curava. Atraí-os com cordas humanas, com laços de amor; fui para eles como quem alivia o jugo de sobre as suas queixadas e me inclinei para dar-lhes de comer.

Deus se coloca na posição de uma babá, que carrega no colo, que se encurva para botar comida na boca, que embala na hora da dor e do choro. Deus amou esse povo, mas esse povo se afastou de Deus, fugiu, mandou Deus embora, esse povo não o quis. E olha como Deus declara seu amor a esse povo, em 11:8: "Como te deixaria, ó Efraim? Como te entregaria, ó Israel? Como te faria como a Admá? Como fazer-te um Zeboim? Meu coração está comovido dentro de mim, as minhas compaixões, à uma, se acendem".

Esse é um Deus apaixonado, que não pode perder a pessoa amada, que insiste em amar aquele que é infiel, que vai atrás daquele que tenta fugir da sua presença. Diante desse quadro e desse diagnóstico é que Deus levanta Oseias. Não para falar pela boca de Oseias, mas para falar pela vida de Oseias. Isso é o que eu chamo de romance da reconciliação. Porque a Bíblia diz que o amor de Deus vai ser exemplificado na história do profeta Oseias.

Pense comigo: Deus chama Oseias para casar-se com uma mulher, Gômer. Ela era uma mulher bonita, atraente, que trazia felicidade ao profeta. Era um casamento promissor, que tinha tudo para dar certo, assim como Israel no princípio. Era como o casamento entre o Deus eterno e o seu povo. Porém a Palavra de Deus diz que Gômer começou a ter uma vida estranha, até o momento em que ela ficou grávida. Veja em 1:3: "Foi-se, pois, e tomou a Gômer, filha de Diblaim, e ela concebeu e lhe deu um filho". Obviamente, esse primeiro filho era de Oseias e Gômer. Ela deu-lhe um filho, que era verdadeiramente do profeta.

Porém, quando o menino nasceu, Deus disse para Oseias: "Bota o nome desse menino de Jezreel". E eu fico imaginando o profeta Oseias caminhando pelas ruas de Samaria e alguém pergunta: "E aí, profeta Oseias, chegou um rebento na sua casa? Como é que se chama esse menino?" E o profeta dizendo: "Esse menino se chama desastre, chacina, derramamento de sangue, se chama Jezreel". O nome "Jezreel" designava o local onde Jeú havia chacinado a família de Acabe. É a mesma coisa que botar o nome de Hiroshima numa criança hoje. Seria chamá-la de holocausto, de derramamento de sangue, de tragédia. E alguém olhava espantado e dizia: "Profeta, você não tinha um nome mais bonito para pôr no seu filho?". E ele respondia: "Esse menino se chama Jezreel porque Israel será destruída, será levada cativa. Haverá um desastre, um derramamento de sangue nesta nação".

Dizem as Escrituras em 1:6: "Tornou ela a conceber e deu à luz uma filha". Note que, não está mais escrito que ela deu à luz um filho de Oseias. Não diz: "e deu-lhe uma filha". Diz o texto que ela tornou a conceber e deu à luz uma filha, mas não que era de Oseias. Possivelmente Gômer, nessas alturas, já estava chegando a casa tarde, já estava tendo relacionamentos escusos. Quando ela dá à luz, Deus diz para Oseias: "Dê a essa menina o nome de Desfavorecida". E eu fico pensando no quanto ela deve ter sofrido na escola, na hora em que o professor estava fazendo a chamada. Quando o professor chamava "Desfavorecida", eu acho que a Desfavorecida tinha dificuldade de levantar a mão e dizer: "Presente". Também penso em alguém questionando o profeta: "Mas por que você colocou um nome tão estranho em sua filha, profeta Oseias?". E o profeta dizendo à nação: "Porque Israel não tem mais o favor de Deus. Deus não vai tratar mais essa nação com favor e com benevolência".

Diz a Palavra de Deus que agora Oseias tem a tristeza de ver a sua mulher render-se de vez à prostituição, passando noitadas no pecado, sem aparecer em casa. Até que, de repente, ela aparece grávida, e o coração do profeta gela, fica abalado. Ele tinha absoluta segurança de que aquela criança não era seu filho. Quando Gômer dá à luz o terceiro menino, Deus diz: "Põe o nome desse menino de Não-Meu-Filho, Não-Meu-Povo". Quando o profeta começa a caminhar pelas ruas da cidade, as pessoas fazem perguntas: "Por que esse nome, Oseias? Que nome mais esquisito, mais estranho". E Oseias diz para o povo: "Esse menino não é meu filho, esse menino é filho de prostituição. Israel também não é mais povo de Deus, porque Israel está se prostituindo atrás de outros deuses".

Diz a Bíblia que, quando Gômer desmama Não-Meu-Povo, ela sai de casa, rompe de vez com o casamento e vai morar com um amante em Samaria. Ela começa a padecer necessidades, a ter profundas crises. Mas Oseias ainda a amava e não podia vê-la sofrer, não podia vê-la passar necessidades. E o que é que Oseias faz? Vai fazer uma compra para ela, levando roupas, perfumes, adornos, comida, e, ao entregar todas essas coisas para o amante de Gômer, Oseias diz: "Já que eu não posso ter minha mulher, ao menos não a deixarei padecer necessidades".

Quando ela apanha todas aquelas coisas, em vez de voltar-se para o seu marido, de comover-se com a fidelidade e o amor de seu marido, ela chega a uma conclusão e diz para o amante: "Sei de uma coisa agora, que foi Baal que me deu todas essas coisas. O meu vinho, o meu óleo, o meu azeite, o meu vestido, o meu colar, os meus bens, isso era tudo para mim; essas coisas vieram de Baal, e eu quero me dedicar a ele". E Gômer avança mais um passo em sua trajetória de pecado e torna-se uma prostituta cultual. Vai para o templo de Baal para servi-lo como prostituta. Ela se afunda na lama do seu pecado.

O profeta Oseias, abandonado, solitário, conta sua dor e o seu abandono. Até o dia em que o profeta é chamado por Deus para andar pelas ruas de Samaria. Diz o texto que, quando ele está caminhando pelas ruas, de repente seus olhos pousam numa cena horrível: ele vê uma mulher sendo arrastada como um objeto, como um animal sem valor. Quando olha com mais atenção, vê que se trata de sua mulher, Gômer, que está sendo levada para o mercado, onde seria vendida como escrava. Estava velha, acabada, sem viço, sem brilho, sem beleza. Diz o texto que Oseias entra naquele leilão, naquela concorrência do mercado e, quando as pessoas estão dando lances por aquela mulher, para comprá-la como um objeto, como uma escrava, diz o capítulo 3, versículo 2, que Oseias dá um lance maior do que todo mundo. Ele compra essa mulher por quinze peças de prata e um ômer e meio de cevada. Fico imaginando a cena, Gômer sendo comprada, e a nação, que a conhecia e sabia de sua história de infidelidade, olhando para Oseias e dizendo: "Agora ele vai lavar sua honra e matar essa mulher, porque ela não é mais mulher dele, é sua propriedade, é sua escrava".

POR AMOR, DEUS RESTAURA O SEU POVO

Porém, para a surpresa de todos, quando Oseias compra Gômer e todos esperavam uma tragédia acontecer, ele pega essa mulher, agora sem beleza e machucada pela vida, e, em vez de destruí-la, aperta-a contra o peito e diz: "Gômer, eu ainda a amo. Quero desposar você com amor, com fidelidade, quero falar-lhe ao coração, quero levá-la para o deserto, tirar o nome de Baal da sua boca. Eu amo você e quero restaurar sua vida. Quero desposar você em amor e em justiça". E Oseias, então, no meio daquela cena petrificante aos olhos da nação, volta-se para Israel e diz: "Israel, é dessa maneira que Deus a ama. Você abandonou a Deus, rejeitou-o, foi infiel a Ele, mas Deus ama você, ele quer abraçá-la, restaurá-la, ele quer reconciliar-se com você".

Tantas vezes nós nos afastamos de Deus, nos rebelamos contra Deus, somos infiéis a Deus. Se Ele fosse nos tratar com justiça, estaríamos impreterivelmente condenados. Mas o Deus a quem servimos é o Deus de toda graça, de todo amor, é o Deus que estava em Cristo, reconciliando consigo o mundo. É o Deus que está pronto a abraçar você, a beijar você, a pôr na sua mão um anel, a pôr nos seus pés uma sandália, a pôr no seu corpo vestes novas e a fazer uma grande festa por causa da sua reconciliação com Ele. Esse é o Deus a quem servimos, que não desiste de nos amar, o Deus que nos atrai para si com cordas de amor. Não importa quão longe você tenha ido em seu pecado. Não importa quão profundamente você tenha caído na degradação. O Deus a quem servimos é o Deus de toda graça, e a sua graça é maior do que o nosso pecado.

Faça agora uma oração. Deus está dizendo que muda a nossa história, que cura a nossa infidelidade, que "a Desfavorecida" será chamada de "Favor", "Não-Meu-Povo" será chamado de "Meu Povo". O vale de Acor vai ser agora o "Vale da Esperança". Ele diz: "Eu vou curar você, serei para você como o orvalho e você vai nascer forte e bonito como o cedro do Líbano. Restaurarei sua vida e seu coração, para pôr você em pé e fazer uma obra nova em sua história". Esse é o romance da reconciliação, é o Deus que ama com amor eterno, com amor perseverante, e que não desiste de amar você.

Ele está pronto para tomá-lo em seus braços, perdoar os seus pecados, cancelar sua dívida e fazer de você uma nova criatura. Ele quer lavá-lo de toda iniquidade, restaurar sua sorte e transformá-lo num vaso de honra, naquela pessoa linda e preciosa que será a coroa de Deus, o diadema de glória na mão de Deus, aquela noiva bela, sem mácula nem ruga, sem defeito, o prazer do Deus eterno. Coloque sua vida na mão de Deus. Quem sabe você precise reconciliar-se com Deus, quem sabe você está precisando voltar para Deus. Talvez você esteja afastado do evangelho e seja a hora de voltar-se para os braços do Pai. Quem sabe você esteja como o povo de Israel, prestando culto a Deus, mas longe de Deus. E é hora de voltar-se para o Senhor de todo o seu coração.

> Deus, muito obrigado por tua Palavra. Muito obrigado, meu Deus, porque falas e demonstras teu amor. Bendito é o teu Filho, Jesus Cristo, que veio ao mundo para reconciliar-nos contigo, tirar-nos da nossa desventura, levantar-nos da nossa prostração, restaurar a nossa sorte. Ó Deus de toda graça, que haja salvação, que haja festa no céu por pecadores que se reconciliarão contigo. Que o nosso coração se renda a ti e capitule diante de teu glorioso e bendito amor. Nós te adoramos por tão grande salvação, por tão imenso amor, por tua graça tão maravilhosa. Oramos com gratidão em nome do Senhor Jesus. Aleluia, amém.

8

DEUS NÃO DESISTE DE VOCÊ

> Mas ide, dizei a seus discípulos e a Pedro que ele vai adiante de vós para a Galileia; lá o vereis, como ele vos disse.
>
> MARCOS 16:7

A QUEDA DE PEDRO

Deus não abre mão da sua vida. Deus não abdica do direito que Ele tem de amar você, de ter você para Ele. Deus sempre vai ao seu encontro, ao seu encalço, para procurar você. E não há outro personagem na Bíblia que nos retrate essa verdade de forma tão eloquente, tão viva, quanto o apóstolo Pedro.

Quem era esse homem? A Bíblia nos diz que ele era filho de Jonas, casado, natural de Betsaida e habitava em Cafarnaum, à beira do mar da Galileia. Além disso, diz que ele era um pescador, irmão de André, que o levara ao próprio Senhor Jesus Cristo. A Bíblia nos informa que Pedro era um dos principais discípulos a quem Jesus privilegiava com a sua intimidade em muitas circunstâncias, com João e Tiago. Por meio das Escrituras, ficamos sabendo também que Pedro foi assumindo naturalmente uma liderança no grupo apostólico, quer antes, quer depois do Pentecostes. E vai se tornar, na verdade, o maior expoente da pregação da Palavra em Jerusalém. Um homem que exibia poderes miraculosos em sua vida. Foi, na verdade, o primeiro apóstolo a pregar aos gentios.

E quem era esse homem? Na verdade, Pedro era um homem de profundas contradições em sua vida. No primeiro contato mais especial que Jesus teve com ele, Pedro estava chegando de uma pescaria. E Jesus Cristo ordenou-lhe que lançasse as redes para pescar. Ele disse: "Não, Senhor, trabalhamos a noite inteira". Porém, ao mesmo tempo em que salta do seu coração a incredulidade, brota um rasgo de fé. Porque ele acrescentou: "Senhor, sob a tua palavra eu lançarei as redes". Ele oscila entre a incredulidade e a fé.

De outra feita, Jesus caminhava pelas bandas de Cesareia, quando perguntou aos discípulos: "Quem dizeis que eu sou?" Então, Pedro prontamente respondeu, antes dos outros: "Tu és o Cristo, o Filho do Deus vivo". Porém, logo depois, chamou Jesus à parte e começou a repreendê-lo, contrapondo-se a que Ele fosse à cruz do Calvário. Jesus teve de olhar para ele e dizer: "Arreda, Satanás, porque não cogitas das coisas de Deus, e sim das dos homens". É um homem que ora e é usado por Deus e que, logo a seguir, se deixa usar por Satanás.

A Bíblia menciona que Jesus subiu com três discípulos ao cume de um monte e foi transfigurado. E Pedro viu o Rei da glória, viu a glória do Senhor. Ali apareceram Moisés e Elias. As Escrituras nos afirmam que Pedro, sem saber o que falava, disse: "Senhor, é muito bom estarmos aqui. Deixe que eu faça três tendas: uma será do Senhor, outra de Moisés, outra de Elias". Ele não sabia o que dizia, porque aquela grande revelação serviria para mostrar a supremacia singular de Jesus Cristo. Ele estava equiparando Jesus a Elias e a Moisés, mas Deus se encarrega de colocar seu Filho em lugar singular, quando a Bíblia diz que uma nuvem os envolve e dentro da nuvem surge a voz de Deus: "Este é o meu Filho amado, em quem me comprazo". E a Bíblia diz que, quando aquela nuvem luminosa desapareceu, só se viu Jesus. Pedro era esse homem capaz de ver a glória do Senhor, mas incapaz de distinguir a singularidade do Senhor da glória.

A Bíblia nos diz que, certa feita, Pedro disse: "Senhor, eu estou pronto a ir contigo para a prisão ou para a morte". Só que, logo depois, esse mesmo Pedro se acovarda. Ele oscila entre a ousadia e a covardia.

A Palavra de Deus ainda nos diz que ele nega Jesus. Porém, logo em seguida, chora amargamente. Ele oscila entre a negação e o arrependimento. A Bíblia diz que ele voltou para a Galileia e disse a seus amigos: "Vou pescar, vou voltar à velha vida". Logo depois, no entanto, Jesus apareceu e Pedro correu para encontrá-lo, prostrando-se diante dele e dizendo: "Senhor, eu te amo, eu te amo, eu te amo, Senhor". É o homem que pensa na fuga e, em seguida, prontamente declara amor ao Senhor.

Esse é o Pedro ambíguo, contraditório, humano, semelhante a mim e a você. Vamos examinar um pouquinho a vida desse homem para entendermos por que Pedro caiu, por que Pedro fracassou, por que ele naufragou, porque ele chegou a ponto de negar o seu Senhor, o seu verdadeiro Deus, a quem devotava tanto amor. O que levou Pedro a negar a Jesus? Quais foram os degraus dessa queda? Examine comigo as Escrituras Sagradas.

O primeiro degrau dessa queda foi a autoconfiança. Confira em Mateus 26:35: "Disse-lhe Pedro: Ainda que me seja necessário morrer contigo, de nenhum modo te negarei". Olha o que ele está dizendo: "Ainda que me seja necessário morrer contigo, de nenhum modo te negarei". Esse homem está confiando nele mesmo. Paralelamente, Marcos 14:31 traz: "Mas ele insistia com mais veemência: Ainda que me seja necessário morrer contigo, de nenhum modo te negarei". Finalmente, o texto paralelo de Lucas 22:33 diz: "Senhor, estou pronto a ir contigo, tanto para a prisão como para a morte".

Pedro se achava forte, se achava invulnerável. Achava que estava acima de toda possibilidade de fracassar. Pedro confiava nele mesmo. Ele se considerava uma rocha inabalável, alguém extremamente forte, que jamais poderia negar o seu nome, o seu apostolado, as suas convicções. Ele confiava em si mesmo, no seu potencial, na sua força. E, meus irmãos, não há nada mais perigoso, não há nada mais perto do precipício do que a autoconfiança. Paulo dizia: "Quando eu sou forte, então sou fraco; mas, quando eu sou fraco, então sou forte, porque o meu poder vem do Senhor, e o poder se aperfeiçoa na fraqueza". Porque, ao considerar-se fraco, você depende de Deus, você confia em Deus. Você descansa tão-somente na misericórdia e na graça de Deus.

O segundo degrau da queda de Pedro foi considerar-se melhor do que os outros. Confira isso em Marcos 14:29: "Disse-lhe Pedro: Ainda que todos se escandalizem, eu, jamais!". Lá em Mateus 26:33, Pedro ainda diz: "Ainda que venhas a ser um tropeço para todos, nunca o serás para mim".

O que Pedro está dizendo com isso? Pedro está dizendo: "Olha, Jesus, os teus discípulos não são tão confiáveis, os teus discípulos não são tão fortes. Eu creio que, quando chegar a hora da pressão, de tomar posição diante da crise, de situação sem saída, da perseguição, do perigo, da ameaça, do açoite, da prisão e da morte, todos vão desistir. Os outros vão debandar, os outros não vão permanecer. Porém, Jesus, pode saber de uma coisa: o Senhor tem em mim um braço forte, o Senhor tem em mim alguém que jamais vai desertar da luta, alguém que jamais vai correr do perigo. O Senhor tem em mim alguém digno de confiança. Nos outros eu não posso apostar. Os outros, eu acho que eles podem até fracassar, mas eu, jamais, Senhor. Eu jamais".

Ele se considerava melhor do que os outros. E a Bíblia diz, que a soberba precede a ruína. Quando você olha para dentro de si mesmo e acha que você é melhor do que os outros, mais santo do que os outros, mais piedoso do que os outros, mais correto do que os outros, quando você começa a olhar para os outros de salto alto, de cima para baixo, do alto de um pedestal, você está em grande perigo. A Bíblia diz que Deus resiste aos soberbos, mas dá graça aos humildes.

Vejamos agora o terceiro degrau dessa queda de Pedro: por que ele caiu? Por que ele negou ao Senhor? A terceira razão é que ele foi incapaz de vigiar e de orar persistentemente. Vejamos Mateus 26:40,41: "E, voltando para os discípulos, achou-os dormindo; e disse a Pedro: Então, nem uma hora pudestes vós vigiar comigo? Vigiai e orai, para que não entreis em tentação; o espírito, na verdade, está pronto, mas a carne é fraca".

Pedro caiu porque ele não teve a capacidade, a condição de perseverar, vigiando. Ele estava no Getsêmani, e havia uma batalha. Na verdade, essa foi a maior batalha já travada debaixo do céu, pois estava em jogo o destino da humanidade. Esse foi o único momento em que Jesus pediu solidariedade aos seus discípulos: "Ficai comigo, vigiai comigo, porque a minha alma está profundamente triste até a morte". Mas a Bíblia diz que Pedro e seus companheiros não conseguiram vigiar, não conseguiram orar. E Jesus os repreende: "Nem ao menos uma hora pudestes vigiar comigo?".

Quando você não consegue orar; quando sua vida devocional entra em falência; quando a sua vida de comunhão com Deus está acabando; quando, no meio da luta, você não consegue ter o seu tempo de intimidade com Deus, você está em grande perigo, está correndo grande risco. Porque, se não estiver na presença de Deus, vigiando e orando, dependendo de Deus, buscando a face de Deus, você pode ser tragado por essas circunstâncias adversas, pode ser engolido e destruído por essas circunstâncias que conspiram contra você. E Pedro caiu porque ele não orou.

Quantas tentações apanham os filhos de Deus hoje porque eles não vigiam! Quantos perigos jazem à porta porque não há vigilância! Quantas quedas, quantos fracassos, quanta vergonha, quanto opróbrio, quantas lágrimas, quanto sofrimento, quanta dor na família, quantos casamentos destroçados, quantos jovens com a reputação maculada porque não vigiaram, porque não oraram. Porque, na hora renhida da luta, não discerniram a natureza da hora, a natureza da batalha, antes dormiram e não vigiaram nem oraram.

O quarto motivo, o quarto degrau da queda de Pedro foi sonolência no campo de guerra. Em Mateus 26:43-45 observamos o fato de que, nas três ocasiões em que Jesus Cristo foi orar sozinho no Getsêmani, retornou aos discípulos e os encontrou dormindo. E os exortou por isso. "E, voltando, achou-os outra vez dormindo [...]. Então, voltou para os discípulos e lhes disse: Ainda dormis e repousais!" Nós temos de entender que muitas vezes estamos num campo de guerra, num campo de batalha. E é um grande perigo quando você está num campo de batalha e dorme. Pedro não entendeu aquele momento no Getsêmani, não compreendeu a importância daquela hora. Pedro não percebeu o que estava acontecendo, não entendeu que o destino da humanidade estava em jogo naquele momento. E ele dorme, dorme e não discerne.

O quinto degrau da queda de Pedro foi o descontrole emocional. Quando a pessoa deixa de orar, quando ela dorme no meio da guerra, ela pode tentar agir, mas começa a agir na carne, porque não está discernindo o momento, não está tendo percepção espiritual das coisas. Então ocorre o que lemos em João 18:10: "Então, Simão Pedro puxou da espada que trazia e feriu o servo do sumo sacerdote, cortando-lhe a orelha direita; e o nome do servo era Malco". Porque Pedro não vigiou, não orou e dormiu, ele reagiu, mas reagiu na força da carne. Ele perdeu o controle emocional, perdeu o equilíbrio, porque não discerniu a natureza da batalha, não teve domínio próprio.

Temos de atentar para algo importante aqui. O texto não diz que agora Jesus repreende Pedro dizendo: "Arreda, Satanás". Observe, porém, um detalhe: a natureza desse fato é a mesma lá de Cesareia de Filipe, porque, na verdade, Pedro está querendo nesse momento a implantação do reino pelo poder da espada. Antes, já queria que Jesus fugisse da cruz. Agora, ele quer a implantação de um reino por uma metodologia equivocada, da força, das armas. E o reino de Deus não é implantado à força, o reino de Deus não é implantado pelo poder das armas. O reino de Deus é um reino de amor, de justiça, de alegria, é um reino da ação livre e soberana do Espírito Santo de Deus.

Todas as vezes que perdemos o controle emocional, que partimos para a briga, que usamos o ponto de vista humano, carnal, temperamental, quando agimos com violência, nós não discernimos a natureza da guerra que está nos envolvendo. Então tendemos a fracassar e a cair.

O sexto degrau da queda de Pedro você pode verificar em Mateus 26:58, quando prenderam e levaram Jesus. Diz a Bíblia que Pedro começou a seguir a Jesus de longe. Uma consequência natural. A pessoa começa a fugir daquele compromisso, a se esconder, a se esgueirar nas sombras, a ser um discípulo anônimo, a não ter coragem de se revelar na sala de aula, a não ter coragem de se levantar e dizer: "Eu sou de Jesus".

A pessoa já não tem aquela postura definida, sólida, coerente dentro da empresa. Começa a seguir Jesus de longe, a transigir, a negociar os seus absolutos, a negociar a própria consciência. E já não assume prontamente seu apostolado, seu discipulado, seu compromisso com Jesus. Ela não tem coragem de desistir de Jesus, é bem verdade, não tem coragem de abandonar Jesus. Ela quer seguir, mas seguir de longe. O amor vai esfriando, o amor à Palavra vai acabando, a vida de oração vai desaparecendo. O ardor para estar na presença de Deus, nos altares de Deus, na assembleia dos santos vai também envelhecendo. E a pessoa vai entrando num processo de queda, de fracasso na vida espiritual.

Veja agora que o sétimo degrau na queda de Pedro está em Lucas 22:54,55, quando Pedro se assenta na roda dos escarnecedores. "Então, prendendo-o [Jesus], o levaram e o introduziram na casa do sumo sacerdote. Pedro seguia de longe. E, quando acenderam fogo no meio do pátio e juntos se assentaram, Pedro tomou lugar entre eles". Observe que Pedro dá mais um passo em direção à queda. Começa a seguir Jesus de longe e agora passa a se envolver com gente que blasfema contra Jesus, que zomba de Jesus. Esse é o degrau, esse é o caminho. A pessoa começa a se associar com gente nociva, perigosa. Quantas pessoas já estiveram cantando os louvores de Sião e hoje estão distantes de Deus, desviados, perdidos, afastados do rebanho, porque entraram nesse processo de afastamento de Deus. E, de repente, juntaram-se a um colega, amigo de final de semana, um programa aqui, uma aventura ali, mais uma programação acolá. E as pessoas vão se envolvendo, vão mergulhando nesse ritual de paixões e mundanismo e se prendem a quem vai levá-las para o abismo, para a perdição.

O último degrau da queda de Pedro é a sua incapacidade de dar testemunho positivo de Cristo na hora da pressão. Veja o que está em Mateus 26:70,72,74. Quando Pedro estava ali, na casa do sumo sacerdote, veio uma criada e disse: "Você é um dos dele". Ele respondeu: "Eu não conheço esse homem". Houve outra pessoa que disse: "Sim, você é um dos dele". A Bíblia diz que Pedro nega outra vez, agora com juramento. Mais tarde, outros o abordaram: "Você é mesmo um dos dele, porque o seu modo de falar o denuncia, você tem sotaque de galileu". E dizem as Escrituras que Pedro começou a praguejar, e a jurar: "Não conheço esse homem!".

Veja que Pedro nega, que Pedro jura, pragueja, blasfema e diz impropérios, dizendo: "Não, eu não conheço esse Jesus, esse Jesus não tem nada a ver comigo". Ninguém nega Jesus assim de uma hora para outra, há um processo. A Bíblia diz que um abismo leva a outro abismo. O afastamento muitas vezes é imperceptível.

NÃO CORRA O RISCO DE CAIR

Quando alguém bate no peito e diz: "Eu sou crente, eu sou melhor do que os outros"; quando alguém deixa de confiar em Deus, deixa de vigiar, deixa de orar e dorme no meio da batalha; quando alguém age, mas age na força da carne; quando alguém começa a seguir a Jesus de longe, a se entrosar e a se relacionar com pessoas que zombam de Deus, sendo incapaz de dar um testemunho efetivo de Jesus nesse ambiente, qual é o resultado? O que diz a Bíblia? Que Pedro nega a Jesus. E ele nega o seu nome Pedro, *petros*, pedra. Não é pedra coisa nenhuma, é pó. Esse homem nega suas convicções, seu apostolado, sua fé; esse homem nega tudo, está fracassado, quebrado e arruinado.

No entanto, em nome de Jesus, olhe o outro lado dessa história. São as causas da restauração desse homem. Porque, a despeito do fracasso de Pedro, Jesus não desistiu dele. A despeito de suas quedas, Jesus não desiste de você. A despeito dos seus deslizes, dos seus desvios, das suas apostasias, da sua dureza de coração, Jesus não abre mão de sua vida.

Pedro, mais uma vez, nos prova essa verdade gloriosa. E eu quero que você examine, em primeiro lugar, que a restauração de Pedro passa pela iniciativa de Jesus. Porque a Bíblia diz que, quando ele estava na casa do sumo sacerdote e acabara de negar o Mestre pela terceira vez, o galo cantou, como Jesus o alertara. Naquele momento Jesus está passando pelo meio do pátio e seu olhar cruza com o de Pedro. Jesus crava o olhar em Pedro. A Bíblia diz que esse olhar de Jesus mexeu com Pedro, tocou o coração dele. Quero dizer para você que Jesus está olhando para você. Não importa sua situação, onde você está, quais são seus fracassos, suas quedas, suas crises, o Filho de Deus está olhando para você. O olhar de Jesus é um olhar de ternura, de bondade, de restauração, de graça, de perdão.

Eu ouvi uma música há algum tempo que marcou muito a minha vida. E essa música dizia mais ou menos assim:

Uma luz brilhou em meu caminho, quando vinha triste e sozinho, foi teu divino olhar, o que me ensinou a amar, o teu divino olhar, teu divino olhar.
Um minuto só, foi um minuto só, um minuto só do teu olhar, tudo em mim mudou, tudo em mim cantou, foi um minuto só do teu olhar. Jesus marcou a minha vida, nunca mais eu serei o mesmo, quando eu olhei para a cruz, nela eu vi Jesus, foi um minuto só do teu olhar.
Um minuto só, foi um minuto só, um minuto só do teu olhar, tudo em mim mudou, tudo em mim cantou, foi um minuto só do teu olhar.

Basta um minuto só do olhar de Jesus e a sua alma pode ser restaurada. Se Jesus está olhando para você, ele está vendo você em seus caminhos de fuga, muitas vezes em lugares e em situações em que você está negando o nome dele. Mas o olhar de Jesus é um olhar de graça, um olhar de misericórdia, um olhar de perdão.

Você pode estar vivendo longe de Deus, mas Deus pode hoje fazer uma obra na sua vida. Madrugadas insones, noites sem dormir, revolvendo-se em seu leito alagado pelas lágrimas, quando de repente Jesus ressurge dentre os mortos e manda um recado para Pedro: "Ide e dizei aos discípulos e a Pedro que subo para a Galileia". Lá na Galileia Jesus quer encontrar Pedro, porque ele não abriu mão de seu discípulo. Pedro desistiu de tudo, desistiu de seu discipulado, desistiu de sua fé, desistiu de suas convicções, desistiu de seu Senhor, mas Jesus não desistiu de Pedro e manda um recado específico para ele: Jesus quer encontrá-lo lá na Galileia.

Eu quero dizer a você, que Jesus Cristo está buscando você. Quem sabe você, que foi criado no evangelho e tem se desviado; quem sabe você, que já fez a sua profissão de fé, e hoje está frio, indiferente, longe do Senhor. Quero lhe dizer que Jesus não desistiu de sua vida, ele está procurando por você. Pedro chegou na Galileia e disse: "Vou pescar, não aguento mais ficar aqui, não tolero mais esperar". E seus amigos disseram: "Nós vamos com você também". Porém Jesus apareceu naquele mar e caminhou naquela praia. E disse: "Filhos, tendes aí alguma coisa de comer?". Então João disse: "É o Senhor, é Jesus, Pedro". E Pedro foi ao encontro de Jesus. Louvado seja o Senhor, Deus quer ter esse encontro restaurador com você.

A RESTAURAÇÃO DE PEDRO PODE SER A SUA

Concluindo, preciso dizer-lhe três coisas. A primeira é que o caminho da restauração de Pedro passou pela busca de Pedro. A Bíblia diz que, quando Jesus olhou para Pedro, este desatou a chorar. Caiu em si e desatou a chorar. A Bíblia diz que ele chorou amargamente. A língua grega traz a ideia de que era como se de dentro dele saísse água podre. Pedro derrama a sua alma diante de Deus, se humilha diante de Jesus e chora diante dele, porque considera que havia negado o seu Senhor.

Pedro se lembra da excelência de Jesus, a quem ele acabara de negar. Pedro se lembra do tratamento especial que havia recebido como um dos primeiros apóstolos. Pedro se lembra de ter sido solenemente advertido pelo Senhor acerca de sua queda. Recorda-se dos próprios votos de fidelidade que fizera a Jesus, por isso ele chora. E se eu e você pararmos e fizermos uma análise de nossa vida, temos muitos motivos para chorar também, por nosso pequeno progresso na vida cristã, nossa negligência, nossa falta de intimidade com Deus. A pequena glória que estamos dando ao nosso grande Senhor deve nos levar às lágrimas que Pedro chorou. Pedro chorou amargamente.

Foi diferente de Judas, que engoliu o próprio veneno. Pedro não engoliu o seu veneno. Tão logo negou o seu Senhor, ele chorou e botou para fora todo o veneno que tentava matá-lo, destruí-lo. Quero dizer para você que os santos de Deus muitas vezes caem, mas os santos de Deus não ficam prostrados, não ficam caídos. Porque, se você caiu, em nome de Jesus, levante, confesse e chore as lágrimas do arrependimento.

A segunda coisa que quero dizer é que Pedro fez a confissão de amor. Jesus perguntou a ele:

— Pedro, tu me amas?

— Sim, Senhor, tu sabes que eu te amo.
— Tu me amas, Pedro?
— Sim, Senhor, tu sabes que eu te amo.
— Tu me amas mais do que esses?
— Sim, Senhor, tu sabes todas as coisas, tu sabes que eu te amo.

Jesus estava curando, em primeiro lugar, o coração orgulhoso de Pedro. Jesus perguntou três vezes: "Pedro, tu me amas?", porque Pedro tinha dito que ainda que todos o abandonassem, que todos fugissem, ele jamais fugiria! Ele se considerava melhor do que os outros. Mas é tremenda a resposta de Pedro agora, porque Jesus pergunta a ele:

— Tu me amas com amor *ágape*? *Agaspa-me*?

Pedro responde:

— Eu gosto do Senhor com amor *fileo*. *Filos-te*.

Jesus pergunta outra vez:

— *Agaspa-me*?

E Pedro responde:

— *Filos-te*, eu gosto do Senhor como amigo.

E, na terceira pergunta, Jesus mudou a palavra no grego:

— *Fileis-me*? Você gosta de mim "como amigo"?

E Pedro respondeu:

— Senhor, tu sabes todas as coisas, eu gosto do Senhor como amigo.

Jesus estava curando o orgulho de Pedro.

No entanto Jesus estava fazendo mais, estava curando a memória, a psique, as emoções desse homem, porque vai reproduzir exatamente o cenário da sua queda, que foi diante de um braseiro, diante de uma fogueira. Jesus cria o mesmo cenário ali na praia para que Pedro tenha toda a sua memória reavivada. No fim, naquele contexto de queda, Jesus pergunta a ele: "Você me ama, Pedro? Você me ama?". Jesus estava curando as emoções de Pedro.

O último estágio da restauração de Pedro foi o reengajamento. Em João 21:17b, Jesus disse: "Apascenta as minhas ovelhas". Ele está dizendo: "Volte ao campo de luta, meu filho, volte à batalha, recomece. Se você caiu, fracassou, se você foi nocauteado, eu estou restaurando sua vida. Volte, Pedro, volte. Volte com entusiasmo, com coragem, com galhardia, comece tudo de novo. Lance a mão ao arado outra vez. Vamos para a frente, pastoreie as minhas ovelhas".

Quem sabe você, meu amado, tem deixado a obra de Deus. Um dia você colocou a mão no arado, mas desistiu, largou, olhou para trás. Jesus quer restaurar você, dizendo: "Meu filho, volte, no mínimo, ao melhor do que você já foi até hoje". Volte. Ore como o salmista: "Deus, restaura a minha sorte como as torrentes do Neguebe". Como diz o cântico: "Meu Deus, eu quero voltar ao meu primeiro amor", volte. Comece de novo. Comece outra vez. Com todo vigor, com todo entusiasmo, porque Jesus quer restaurar sua vida, Jesus quer restaurar seu ministério, Jesus quer restaurar seu coração.

Pedro foi restaurado, Pedro foi curado, tratado, reerguido. Pedro tornou-se um homem tremendo nas mãos de Deus, um homem cheio do Espírito Santo, um homem valoroso, um homem poderoso nas mãos de Deus, um homem que revolucionou o mundo com a sua vida. Louvado seja o Senhor. E é isso que Deus quer fazer, porque Ele não desiste de você.

Ore em nome de Jesus, porque Deus não desiste de você, é verdade. Que coisa tremenda! Porque Ele não nos trata segundo os nossos pecados, mas conforme a sua grande misericórdia. Porque, a despeito dos nossos deslizes, fracassos e derrotas, Ele não abre mão da nossa vida. Ele está disposto a nos dar uma segunda chance e dizer para nós: "Meu filho, minha filha, vamos começar outra vez. Volte, volte".

Quem sabe você esteja na mesma situação de Pedro, confiando em você mesmo, achando que você é forte, que você é capaz, que você tem forças, ou até mesmo se julgando mais forte do que os outros, mais capaz do que os outros, mais piedoso, mais crente do que os outros, mais corajoso do que os outros. Ou quem sabe você já não consegue orar mais, já não consegue vigiar mais. No meio da guerra você dorme e começa a seguir a Jesus de longe. E começa a se juntar com gente que blasfema, que zomba, que escarnece, se assentando na roda dos escarnecedores. Seu coração vai esfriando, vai gelando, você vai se comprometendo com o pecado e, de repente, já não consegue mais dar testemunho do nome de Jesus. De repente, você começa a negar suas convicções, sua fé, seu Deus. E começa a fraquejar e a naufragar.

É nesse momento que Jesus olha para você, é nesse momento que Jesus diz: "Meu filho, eu me importo com você". É nesse momento que Jesus revela o interesse de lhe dar uma nova vida, de restaurar sua alma e colocá-lo em pé. Jesus não abre mão da sua vida. É preciso, no entanto, que você se arrependa, é preciso que você declare seu amor por Jesus. É preciso que você volte ao campo e comece a trabalhar para a glória de Jesus.

9

O CLAMOR EMOCIONADO DE DEUS

¹ E veio a mim a palavra do Senhor, dizendo: ² Vai, e clama aos ouvidos de Jerusalém, dizendo: Assim diz o Senhor: Lembro-me de ti, da piedade da tua mocidade, e do amor do teu noivado, quando me seguias no deserto, numa terra que não se semeava. ³ Então Israel era santidade para o Senhor, e as primícias da sua novidade; todos os que o devoravam eram tidos por culpados; o mal vinha sobre eles, diz o Senhor. ⁴ Ouvi a palavra do Senhor, ó casa de Jacó, e todas as famílias da casa de Israel. ⁵ Assim diz o Senhor: Que injustiça acharam vossos pais em mim, para se afastarem de mim, indo após a vaidade, e tornando-se levianos? ⁶ E não disseram: Onde está o Senhor, que nos fez subir da terra do Egito, que nos guiou através do deserto, por uma terra árida, e de covas, por uma terra de sequidão e sombra de morte, por uma terra pela qual ninguém transitava, e na qual não morava homem algum? ⁷ E eu vos introduzi numa terra fértil, para comerdes o seu fruto e o seu bem; mas quando nela entrastes contaminastes a minha terra, e da minha herança fizestes uma abominação. ⁸ Os sacerdotes não disseram: Onde está o Senhor?

E os que tratavam da lei não me conheciam, e os pastores prevaricavam contra mim, e os profetas profetizavam por Baal, e andaram após o que é de nenhum proveito. ⁹ Portanto ainda contenderei convosco, diz o Senhor; e até com os filhos de vossos filhos contenderei.

¹⁰ Pois, passai às ilhas de Quitim, e vede; e enviai a Quedar, e atentai bem, e vede se jamais sucedeu coisa semelhante.

¹¹ Houve alguma nação que trocasse os seus deuses, ainda que não fossem deuses? Todavia o meu povo trocou a sua glória por aquilo que é de nenhum proveito. ¹² Espantai-vos disto, ó céus, e horrorizai-vos! Ficai verdadeiramente desolados, diz o Senhor. ¹³ Porque o meu povo

fez duas maldades: a mim me deixaram, o manancial de águas vivas, e cavaram cisternas, cisternas rotas, que não retêm águas.

Jeremias 2:1-13

O PROFETA JEREMIAS FOI CHAMADO para o ministério ainda muito jovem. Profetizou durante aproximadamente quarenta anos, durante os quais permaneceu absolutamente impopular e solitário. Naquele tempo, Israel já tinha sido levado para o cativeiro pela Assíria, e Judá, em plena decadência, estava prestes a ser feito cativo pela Babilônia. Era uma época de ebulição: a Assíria, o Egito e a Babilônia disputavam a hegemonia da liderança mundial. Tendo exercido esse papel durante trezentos anos, a Assíria fora derrotada em 607 a.C. pela Babilônia; em 605 a.C., foi a vez da derrocada do Egito, na batalha de Carquêmis. Vencedora sobre ambos, a Babilônia tornou-se a dona do mundo.

Na batalha de Megido, entre Judá e o faraó Neco, do Egito, o reino de Judá entrou em colapso com a morte do seu maior líder, o piedoso rei Josias. Quando o rei Josias morreu em batalha, Judá mergulhou em uma profunda crise e dela não mais se recuperou. Posteriormente, na batalha de Carquêmis, o Egito reduziu Judá a vassalo, pouco tempo antes de cair nas mãos da Babilônia. Foi quando a poderosa Babilônia cercou Jerusalém e levou os príncipes e os nobres da cidade. Dez anos depois, Nabucodonosor voltou a Jerusalém e promoveu grande destruição: entrincheirou a cidade, destruiu seus muros, arrasou seu templo e matou jovens, mulheres e crianças ao fio da espada, levando ainda o remanescente cativo para a Babilônia.

É diante desse cenário desolador que, segundo a Bíblia nos diz, o profeta Jeremias chorou copiosamente, ao ver as famílias arrancadas de seus lares pelos conquistadores, as crianças pisadas pelas ruas como lama, e a cidade esmagada implacavelmente pelo inimigo. No entanto, Jeremias foi testemunha não só da humilhação sofrida pelo povo de Jerusalém, mas, sobretudo, da teimosia da nação rebelde, que não quis ouvir a voz de Deus. As autoridades de sua época se uniram para rejeitar fortemente a voz profética de Jeremias, e o profeta solitário foi perseguido, preso e açoitado. Por essa razão, nesse particular, talvez nenhum homem na Bíblia seja tão semelhante a Jesus Cristo quanto Jeremias.

Há muitos pontos comuns entre Jeremias e Jesus Cristo. Por exemplo, os dois nasceram e cresceram em vilas desconhecidas: Jeremias, em Anatote, a 5 quilômetros de Jerusalém, e Jesus Cristo, em Nazaré. Os habitantes de Anatote rejeitaram Jeremias e procuraram matá-lo, assim como os nazarenos fizeram com Jesus. Os líderes religiosos foram os principais opositores do profeta Jeremias, prendendo-o e açoitando-o; o mesmo ocorreu com Jesus Cristo, que foi perseguido pelos principais líderes religiosos de Israel: os fariseus, os saduceus, os escribas e os sacerdotes. Jeremias atacou a religiosidade superficial e mística do povo de Judá, que, apesar de não ter abandonado o templo e o culto, havia abandonado a Deus. Diz a Bíblia que o povo confiava no templo mais do que no Senhor do templo. Eles haviam colocado a fé na religião, e não em Deus. Acreditavam que, enquanto o templo estivesse erguido em Jerusalém, Deus estaria com eles, mesmo que vivessem na prática de abomináveis pecados (Jeremias 7:4).

Jeremias atacou os habitantes de Jerusalém por causa da fé supersticiosa que tinham no templo e por crerem que a conduta moral não era importante. Jeremias disse assim:

Não confieis em palavras falsas, dizendo: Templo do Senhor, templo do Senhor é este [...]. Eis que vós confiais em palavras falsas, que para nada vos aproveitam [...]. Será esta casa, que se chama pelo meu nome, um covil de salteadores aos vossos olhos? Eis que eu, eu mesmo, vi isto, diz o Senhor (Jeremias 7:4,8,11).

Não foi diferente com Jesus, que denunciou a falsa religiosidade dos israelitas nestes termos:

Tendo entrado no templo, expulsou todos os que ali vendiam e compravam; também derrubou as mesas dos cambistas e as cadeiras dos que vendiam pombas. E disse-lhes: Está escrito: A minha casa será chamada casa de oração; vós, porém, a transformais em covil de salteadores (Mateus 21:12,13).

A característica mais marcante do profeta Jeremias, a lamentação, também é partilhada por Cristo. Ambos choraram profundamente por Jerusalém. Jeremias se entristecia porque a cidade se recusou a ouvir a voz de Deus. Leiamos primeiro as palavras do profeta: "Passou a sega, findou o verão, e nós não estamos salvos" (Jeremias 8:20). E ele exclama ainda:

Estou quebrantado pela ferida da filha do meu povo; estou de luto; o espanto se apoderou de mim; acaso não há bálsamo em Gileade? Ou não há lá médico? Por que, pois, não se realizou a cura da filha do meu povo? Oxalá a minha cabeça se tornasse em água e os meus olhos em fontes de águas; então choraria de dia e de noite os mortos da filha do meu povo (Jeremias 8:21,22; 9:1).

Ao olhar para a cidade rebelde de Jerusalém, Jesus Cristo chora e clama: "Jerusalém, Jerusalém, que matas os profetas, e apedrejas os que te são enviados! Quantas vezes quis eu ajuntar os teus filhos, como a galinha junta os pintos debaixo das asas, e tu não o quiseste" (Mateus 23:37).

No entanto, apesar das lamentações, tanto Jeremias quanto Jesus concluem sua prédica anunciando a misericórdia infinita de Deus por meio de uma nova aliança. Jeremias exclama:

Eis que vêm dias, diz o Senhor, em que farei aliança nova com a casa de Israel e com a casa de Judá. [...] Porei a minha lei no seu interior, e a escreverei no seu coração; e eu serei o seu Deus e eles serão o meu povo. [...] todos me conhecerão, desde o menor até ao maior deles, diz o Senhor; porque lhes perdoarei a sua maldade, e nunca mais me lembrarei dos seus pecados (Jeremias 31:31,33,34 – *Almeida Corrigida e Fiel*).

Na noite em que foi traído, Jesus se reuniu com os seus discípulos no cenáculo para celebrar a Páscoa. E, depois de haver tomado o cálice e orado, Ele o deu aos seus discípulos e disse: "Bebei dele todos; porque isto é o meu sangue, o sangue da [nova] aliança, derramado em favor de muitos, para remissão de pecados" (Mateus 26:27,28). O evangelista Lucas registra as palavras de Jesus assim: "Este cálice é a nova aliança em meu sangue. Sangue que foi derramado para remissão dos vossos pecados" (Lucas 22:20). São tantas e tão profundas semelhanças que, quando Cristo pergunta a seus discípulos "quem dizem os homens ser o Filho do homem?", alguns respondem: "Jeremias" (Mateus 16:13,14) — a maior honra que esse profeta solitário de Deus pôde receber.

O texto bíblico que lemos é a primeira mensagem recebida por Jeremias da parte de Deus. Esse oráculo mostra que Deus olha para a nação de Judá e a vê como a noiva, como a esposa que, ao longo da caminhada, permite que seu amor conjugal se esfrie. Ela perde a devoção, a alegria, todo o prazer de intimidade e comunhão com o marido. E, assim como uma esposa infiel trai o cônjuge, o povo de Deus se encanta com ídolos e se entrega a eles, abandonando o Deus vivo — por ídolos que nada são, ídolos desprovidos de poder e de capacidade para amar, responder, libertar e salvar.

A SAUDADE DE DEUS

Por intermédio de Jeremias, Deus traz uma palavra carregada de emoção.

Em primeiro lugar, "Deus sente saudade dos tempos áureos de afeição do seu povo por Ele" (Jeremias 2:2). Nos versículos 1 a 3, Deus demonstra saudade de seu povo, mencionando os tempos áureos, em que toda a afeição lhe era devotada. Isso deve suscitar em cada um de nós uma avaliação de nossa vida, uma espécie de *check-up* de nossa condição diante de Deus.

Quando esfriamos em nosso amor por Deus, Ele nos olha e é como se dissesse: "Eu lembro dos tempos da sua afeição, quando o seu amor por mim, igreja, era intenso e fervoroso. Você me conheceu e se afeiçoou a mim, entregando-se de todo o coração. Você tinha prazer em estar comigo, em estar na minha casa, na leitura de minha Palavra, nas vigílias de oração. Você proclamava o meu nome com grande alegria. Você me adorava, e o louvor emanava da sua alma com fervor".

Deus tem saudade da afeição de nossa juventude, quando tínhamos uma devoção pura, sincera, pelo Senhor; Ele tem saudade dos tempos do nosso primeiro amor. Quando paramos para pensar nisso, é inevitável sondar nosso coração para descobrir se já andamos com Deus de maneira mais profunda do que fazemos hoje. Pergunte-se: sua devoção ao Senhor é maior hoje do que antes? Analise sua vida devocional, suas reações à Palavra, seu engajamento, seu ardor pelo evangelismo e pelas almas perdidas. Verifique sua alegria em convidar um amigo ou um parente para ir à casa de Deus, e sua preocupação em interceder pelo mesmo milagre de conversão que foi operado em sua vida. Não se trata da simples presença em momentos de celebração, culto, ensino, programas ou cânticos de louvor, mas sim da motivação, do entusiasmo, ou seja, do seu amor por Deus.

Em segundo lugar, *Deus sente saudade do seu primeiro amor por Ele* (Jeremias 2:2). A ternura de Deus por você se torna ainda mais evidente no versículo 2, que descreve como Ele nos vê como a noiva. Que grande carinho está contido nessa imagem! É como se um cônjuge saudoso exclamasse para nós: "Eu me lembro com saudade daquele tempo em que você se preparava para se encontrar comigo, daquele tempo em que falar comigo era o deleite do seu coração, de quando você me cortejava com alegria, em momentos de intimidade e comunhão".

Você se lembra? Como nós gostávamos de ouvir a voz de Deus! Era uma época em que tínhamos prazer nele em vez de, aflitos, ficarmos olhando para o relógio; uma época em que Deus falava conosco madrugadas adentro e nós nos deleitávamos nele. Como as coisas de Deus encantavam a nossa alma, como as coisas de Deus embeveciam o nosso coração! Nós éramos a delícia de Deus, e Ele era a fonte da vida para nós. Como noiva, seguíamos a Deus pelo deserto. Nosso coração confiava em Deus sem duvidar; cada dia com Ele era uma aventura, uma experiência nova e maravilhosa. Não havia rebeldia, incredulidade ou desconfiança. Andávamos com Deus através das adversidades.

Hoje, as coisas apenas acontecem. Você vai ao templo, gosta dos rituais. Mantém um compromisso externo, mas o seu coração está frio. Sua alma já não está enamorada de Deus. O ritual tomou o lugar da devoção. O templo substituiu a comunhão com o Senhor do templo. Tudo continua acontecendo, mas seu coração já não é mais puro, sua vida já não é mais santa, Deus já não é mais o prazer da sua alma.

O povo de Judá também ia ao templo. Eles tinham orgulho da religião que praticavam. Confiavam que estava tudo bem com eles. Gostavam do templo, mas tinham perdido a comunhão com Deus. Uma coisa é conhecer a casa de Deus; outra coisa é conhecer o Deus da casa de Deus.

Em terceiro lugar, *Deus tem saudade daquele tempo em que você era consagrado a Ele* (Jeremias 2:3). No versículo 3, lemos que Israel era consagrado ao Senhor. Deus olha e diz: "Eu me lembro". É a saudade de Deus. Tínhamos comunhão com Ele, podíamos entregar a Ele, sem reservas, nosso coração, nossa vida, nosso destino, nosso futuro. Esses três primeiros versículos clamam por um autoquestionamento: você está tendo comunhão com Deus? Está verdadeiramente se deleitando em Deus?

Até que ponto o ritualismo tem substituído o seu relacionamento com Deus? Até que ponto o ajuntamento solene tem substituído a sua intimidade com o Senhor? Ao entrar na casa de Deus, será que você também entra no santo dos santos para adorar ao Senhor? Nessa época, Deus tinha zelo por nós porque nós tínhamos zelo por Ele; quando Israel era consagrado ao Senhor, todos os que o devoravam se faziam culpados. Ele guerreava as nossas guerras e nos defendia porque o nosso prazer e o nosso deleite estavam em andar com Ele. Deus está nos olhando e dizendo: "Igreja, eu tenho saudade desse tempo". Tocar em você era tocar na menina dos olhos de Deus. Ele ia à frente para defender você. Ele desalojava seus inimigos. Desbaratava seus adversários. E sua confiança, caro leitor, não estava na sua força, nem na sua riqueza, nem na sua sabedoria, mas no Senhor. Você confiava nele, e Deus defendia você. Sua caminhada com Deus era uma aventura deleitosa.

O LAMENTO DE DEUS

Há, porém, uma segunda palavra de Deus aqui, em Jeremias 2:4-8. Além de saudade, lamento. Assim diz o Senhor: "Que injustiça acharam os vossos pais em mim, para de mim se afastarem?". Afastar-se de Deus foi uma decisão totalmente injustificável.

É como se Deus perguntasse a seu povo: "Cometi algum erro com vocês? Fiz alguma promessa que deixei de cumprir? Fui injusto ou infiel? Por acaso seria eu indigno de confiança? Foi encontrado em mim algo que provocasse esse afastamento?". A resposta evidente é que há injustiça no povo, e não em Deus. Além de chamar atenção para a causa, Deus alerta para as consequências de tal rejeição: "Houve crescimento a partir disso? Porventura vocês são um povo mais forte, mais santo, mais agradável na minha presença pelo fato de terem me substituído por outros deuses?". A resposta novamente é negativa.

Nosso afastamento de Deus é visto por Ele como uma grande injustiça. Deus nos amou desde a eternidade, nos chamou, nos libertou, nos remiu, nos transformou, nos abençoou, nos tornou seus herdeiros. Agora, vamos trocá-lo por aquilo que não tem valor algum?

Destacamos a seguir alguns aspectos desse lamento de Deus.

Em primeiro lugar, *o povo de Deus, de forma ingrata, o abandonou a despeito da redenção de Deus* (Jeremias 2:5,6). Nesse lamento, Deus enfatiza a ingratidão. No versículo 6, a redenção de Deus contrasta com a resposta do povo. Israel, como noiva amada de Deus, havia se tornado infiel e se enamorado dos seus muitos amantes, afastando-se do Amado de sua alma. A causa de sua infidelidade não estava em nenhuma injustiça do Noivo, mas na própria infidelidade. Não havia motivo para Israel trocar Deus por outros deuses; ao contrário, a fidelidade de Deus era inquestionável. Ele havia libertado o povo do Egito, livrando-o das algemas, da escravidão, da opressão. Uma vez livre, a resposta do povo foi indiferença e abandono.

Precisamos agora tirar os nossos olhos de Judá e voltar os olhos para nós mesmos, perguntando-nos com sinceridade: se fomos remidos por Deus, libertos pelo sangue de Jesus, declarados novas criaturas, livres do império das trevas e arrancados da potestade de Satanás para sermos habitantes do reino da luz, por que abandonaremos o Senhor? Por que deixar que o fervor diminua, que a alegria em Deus se torne uma chama quase bruxuleante? É tempo de clamarmos ao Senhor que reavive em nós a chama do amor por Ele!

Em segundo lugar, *o povo de Deus, de forma ingrata, o abandonou a despeito da proteção de Deus* (Jeremias 2:6). Deus não só tirou o seu povo do cativeiro, mas também o guiou pelo deserto. Porém a proteção de Deus também foi recebida com indiferença. Deus guiou o povo através do deserto, por uma terra de ermos, covas, sequidão e sombras da morte. Deus guiou o povo dando-lhe vestes e calçados que durante quarenta anos não envelheceram. Quando o povo tinha sede, Deus fazia brotar água da pedra; quando o povo tinha fome, Ele trazia pão do céu. Quando o povo enfrentava enfermidades, Deus os curava; quando enfrentava inimigos, Deus os libertava. No entanto, após ter experimentado de modo tão evidente o cuidado e a providência de Deus, o povo se comportou como uma noiva que se esquece do seu amado e se encanta com outros homens.

Hoje, muitos ídolos adorados são diferentes daqueles cultuados antigamente; muitos ídolos atuais não são feitos de pedra e mármore, nem são semelhantes a Baal. Os ídolos modernos vestem-se de novas roupagens. Um ídolo é tudo aquilo que ocupa o lugar de Deus na sua vida. Um ídolo é tudo aquilo que conquista a devoção de seu coração. Que ídolos têm ocupado o maior espaço na sua vida? Existe algo que você busca mais do que a Deus? Qual é o maior prazer da sua vida? É Deus ou outro? Precisamos nos lembrar de que toda boa dádiva procede de Deus. Dele vem a saúde, a inteligência, a prosperidade, a família, a proteção, a alegria, a vida, a salvação. Todas essas coisas são dádivas preciosas de Deus. Por que não devotar todo o seu ser a Ele?

Em terceiro lugar, *o povo de Deus, de forma ingrata, o abandonou a despeito da provisão divina* (Jeremias 2:7). No versículo 7, o descaso é com a provisão divina: "Eu vos introduzi numa terra fértil, para que comêsseis o seu fruto e o seu bem; mas, depois de terdes entrado nela, vós a contaminastes e da minha herança fizestes abominação". É como se Deus dissesse ao povo: "Essa terra que vocês receberam não foi conquistada pela força do seu braço, mas foi herança, dádiva minha. Tudo o que vocês têm foi recebido de minhas mãos. Toda salvação é obra minha. Então, por que vocês se esquecem de mim? Por que apenas me buscam em rituais vazios, em que sua mente e seu coração estão longe de mim? Acham que basta entrar na minha casa, enquanto a vida de vocês não é coerente, nem santa, nem piedosa, desprovida de qualquer conexão com a prática religiosa que vocês professam?".

Em quarto lugar, *o povo de Deus, de forma ingrata, o abandonou por causa da corrupção da própria liderança* (Jeremias 2:8). O versículo 8 mostra que não apenas o povo estava se afastando de Deus, mas também e, sobretudo, a liderança estava se distanciando. O povo é o retrato da sua liderança. Diz o texto que os sacerdotes se tornaram omissos, os mestres da Palavra se tornaram ímpios, os pastores se tornaram aproveitadores e os profetas se tornaram apóstatas. O desvio sutil de Deus começa no púlpito, a partir dos que proclamam a Palavra, quando eles apenas a pronunciam, mas não a vivem. Aqueles que deveriam conduzir o povo a Deus desviaram o povo de Deus. Tornaram-se laço em vez de bênção. Tornaram-se lobos em vez de pastores. Por essa razão Jeremias enfrenta a sua maior oposição na liderança de Judá, e Deus faz questão de alertar sobre isso.

A INDIGNAÇÃO DE DEUS

Por intermédio de Jeremias, Deus não fala apenas sobre saudade e lamento, mas sua última palavra é de espanto, horror e indignação. Três verdades solenes devem ser aqui destacadas, como vemos a seguir.

Em primeiro lugar, *o povo de Deus tornou-se mais infiel do que os pagãos* (Jeremias 2:9-11). Nos versículos 9 a 11, o povo de Deus é considerado mais infiel que os pagãos. "Houve alguma nação que trocasse os deuses, posto que não eram deuses? Todavia, o meu povo trocou a sua glória por aquilo que é de nenhum proveito."

Deus confronta o povo não só com a infidelidade deles, mas com a fidelidade dos povos pagãos, como se dissesse: "Eles não trocam os ídolos deles por outros ídolos. Os deuses deles são nada, são barro, gesso, pedra, ainda assim os ímpios permanecem fiéis a eles. Porém, sendo eu o Deus vivo, o Deus verdadeiro, sou abandonado".

Trata-se de um triste quadro. A fidelidade dos ímpios aos seus deuses reprovava a infidelidade de Israel. Os pagãos são mais dedicados aos seus deuses do que o povo de Deus é devotado ao Senhor. Eles são mais zelosos do que o próprio povo de Deus. O Senhor, então, chama os céus para testemunharem com grande espanto os dois terríveis males cometidos pelo povo de Deus!

Em segundo lugar, *o povo de Deus deixou o Senhor, a fonte das águas vivas* (Jeremias 2:13). O profeta levanta a voz em nome de Deus, no versículo 13, dizendo que dois males foram cometidos pelo povo. Que males são esses? Primeiro: eles deixaram o manancial de águas vivas. Os ímpios eram culpados porque adoravam ídolos. O povo de Deus era duplamente culpado por abandonar o Senhor, a fonte das águas vivas, e depois seguir outros deuses. O pecado do povo de Deus foi deixar o Senhor. Que Senhor? Que Deus? É interessante que a Bíblia às vezes não define Deus, mas retrata Deus. Para Davi, Deus é o bom Pastor. Para Moisés, Deus é fogo consumidor. Para João, Deus é amor, é luz. O próprio Senhor Jesus Cristo disse: "Deus é Espírito". Para Jeremias, porém, Deus é a fonte das águas vivas. O que significa essa figura: Deus é a fonte das águas vivas?

Primeiro, que Deus é maior e melhor do que as suas dádivas. Deus não declara que suas bênçãos são a água da vida, mas sim que Ele mesmo é a fonte de águas vivas. O grave engano que todos nós podemos cometer é substituir Deus por suas bênçãos. Quando isso acontece, o homem se torna o centro de todas as coisas, e Deus passa a ser buscado apenas como instrumento para satisfazer a vontade humana. No entanto, como fonte de águas vivas, não há vida sem Deus; longe de sua presença, só reina a morte. Não há como afastar-se dele e continuar vivo.

Da mesma forma, Deus é a única fonte da vida abundante. O texto menciona uma fonte, e não uma cisterna ou poço. Essa água não cessa de jorrar. É isto que Deus está dizendo a seu povo: "A vida abundante jorra para a eternidade". Só Deus é a fonte que satisfaz a alma humana, uma fonte de vida limpa, pura, eterna. Ao tentar abastecer-se de outras fontes, o ser humano apenas encontrará miragens do deserto, e continuará com sede.

O povo de Deus, porém, cometeu este grande mal: abandonou o Senhor, a fonte das águas vivas. É quando devemos nos indagar se mesmo dentro da igreja não há pessoas com sede, vivendo uma vida seca, buscando cisternas rotas.

Em terceiro lugar, *o povo de Deus cavou cisternas rotas que não retêm as águas* (Jeremias 2:13). Este foi o segundo mal: cavar cisternas rotas, que não retêm as águas, para substituir a presença viva de Deus.

Vamos tentar visualizar o seguinte quadro: imagine o povo de Judá em um grande vale. De um lado, tudo está seco, apenas areia do deserto. De outro, veem-se plantas luxuriantes, fontes cristalinas, campos frutuosos. Contudo, quando olhamos, ficamos estupefatos porque o povo se aglutina do lado seco, morto, cavando desesperadamente o chão duro, solado e pedregoso. Enfim, o povo suado e exausto encontra água. Porém, quando se aproxima, sedento, a água já se foi. A cisterna estava rachada, e todos continuaram com sede. Este é o quadro que o profeta expõe diante de nós: quando buscamos longe de Deus a satisfação para o nosso coração, o que encontramos é uma cisterna rachada que não tem água, que não satisfaz.

Será que estamos nos abastecendo nessa fonte inesgotável que é Deus? Será que temos bebido a largos sorvos dessa fonte que jorra abundantemente? Ou será que temos feito como o povo de Judá: abandonado o Senhor e cavado cisternas rachadas? Bem perto dessa época, o profeta Miqueias clamou ao povo: "Povo meu, diz o Senhor, povo meu, que te tenho feito? Por que te enfadastes de mim? Responde-me" (Miqueias 6:3). Muitos anos depois, Jesus conta que o filho pródigo se cansa da casa do pai e se enfastia de sua mesa, pedindo para ir embora a fim de experimentar o mundo. Porém, longe da casa do pai, as fontes eram cisternas rachadas, e o jovem quase morreu de sede. Não devemos nos deixar seduzir por artificialidades. Só Deus pode satisfazer o nosso coração. Hoje, trocamos Deus pelo prazer, pelo dinheiro, pelo sucesso, pelos ídolos modernos.

O homem pode cavar uma cisterna, jamais uma fonte. A cisterna é limitada, impura, imperfeita. Ela pode estar rachada. Israel abandonou o Senhor e se deixou seduzir por ídolos. Israel pensou: "O nosso Deus é muito exigente. Queremos uma religião que nos custe menos, que nos dê mais liberdade, que não nos cobre tanto. Queremos ser livres como os outros povos para fazermos tudo sem drama de consciência". E o povo trocou a verdade pela mentira e Deus pelos ídolos.

Aqueles, porém, que trocam Deus pelos ídolos alimentam-se de pó em vez de beber da fonte. Quem troca o Senhor por outras fontes começa a morrer de sede. Só o Senhor tem a água da vida. Só Ele pode matar a sede da nossa alma. Só Ele pode conclamar-nos: "Ah! Todos vós, que tendes sede, vinde às águas" (Isaías 55:1). Só Jesus pode convidar-nos: "Se alguém tem sede, venha a mim e beba. Quem crer em mim, como diz a Escritura, rios de água viva fluirão do seu interior" (João 7:37).

O profeta Jeremias conclui sua mensagem dizendo que, mesmo quando abandonamos o Senhor, Ele não nos abandona. Deus continuou pleiteando com o povo e com seus filhos (Jeremias 2:9). A noiva de Deus tinha desistido de Deus, mas Deus jamais desistiu de sua noiva. No versículo 9, é como se Deus dissesse: "Vocês me abandonaram, mas eu não vou abandonar vocês. Vocês se esqueceram de mim, mas eu não vou me esquecer de vocês. O amor de vocês esfriou, mas o meu amor por vocês, não". E Deus nos procura com sua imensa graça, clamando para que nos voltemos como nos tempos em que tínhamos um acendrado amor por Ele. Como um noivo cheio de ternura, Ele busca a igreja como noiva amada, sentindo saudade dos tempos em que ela lhe devotava profundo amor.

Mas nem sempre a igreja escuta a voz do amor. Por não escutar a voz do amor, Judá precisou receber o chicote da disciplina. Apenas quando foi para o cativeiro é que aquela nação se libertou da idolatria. Precisamos ouvir a voz do amor para que não tenhamos de experimentar a dor da disciplina. Porque somos filhos, se preciso for, Deus nos disciplinará para não perecermos para sempre.

E o chamado de Deus continua para nós. No versículo 14 do capítulo 3, Deus diz: "Convertei-vos [...] porque eu sou vosso esposo e eu vos tomarei". No versículo 1 do capítulo 4, Ele diz: "Se voltares [...] volta para mim e se tirares as tuas abominações de diante de mim, não andarás mais vagueando". Voltemos para o Senhor. Ele tem saudade de nós e apela ao nosso coração. Ele é a fonte das águas vivas. Abasteçamo-nos nele e experimentemos a vida plena que Ele preparou para nós. Jesus disse: "Aquele que beber da água que eu lhe der nunca mais terá sede; pelo contrário, terá dentro dele uma fonte a jorrar para a vida eterna (João 4:14). Deus é a fonte. Voltemos para Ele.

10

RESTITUIÇÃO: TOMANDO DE VOLTA O QUE O INIMIGO LEVOU

¹ Sucedeu, pois, que, chegando Davi e os seus homens, ao terceiro dia, a Ziclague, já os amalequitas tinham dado com ímpeto contra o Sul e Ziclague e a esta, ferido e queimado; ² tinham levado cativas as mulheres que lá se achavam, porém a ninguém mataram, nem pequenos nem grandes; tão-somente os levaram consigo e foram seu caminho.

³ Davi e os seus homens vieram à cidade, e ei-la queimada, e suas mulheres, seus filhos e suas filhas eram levados cativos.

⁴ Então, Davi e o povo que se achava com ele ergueram a voz e choraram, até não terem mais forças para chorar.

⁵ Também as duas mulheres de Davi foram levadas cativas: Ainoã, a jezreelita, e Abigail, a viúva de Nabal, o carmelita.

⁶ Davi muito se angustiou, pois o povo falava de apedrejá-lo, porque todos estavam em amargura, cada um por causa de seus filhos e de suas filhas; porém Davi se reanimou no Senhor, seu Deus.

⁷ Disse Davi a Abiatar, o sacerdote, filho de Aimeleque: Traze-me aqui a estola sacerdotal. E Abiatar a trouxe a Davi.

⁸ Então, consultou Davi ao Senhor, dizendo: Perseguirei eu o bando? Alcançá-lo-ei? Respondeu-lhe o Senhor: Persegue-o, porque, de fato, o alcançarás e tudo libertarás.

⁹ Partiu, pois, Davi, ele e os seiscentos homens que com ele se achavam, e chegaram ao ribeiro de Besor, onde os retardatários ficaram.

¹⁰ Davi, porém, e quatrocentos homens continuaram a perseguição, pois que duzentos ficaram atrás, por não poderem, de cansados que estavam, passar o ribeiro de Besor.

¹¹ Acharam no campo um homem egípcio e o trouxeram a Davi; deram-lhe pão, e comeu, e deram-lhe a beber água.

¹² Deram-lhe também um pedaço de pasta de figos secos e dois cachos de passas, e comeu; recobrou, então, o alento, pois havia três dias e três noites que não comia pão, nem bebia água.

¹³ Então, lhe perguntou Davi: De quem és tu e de onde vens? Respondeu o moço egípcio: Sou servo de um amalequita, e meu senhor me deixou aqui, porque adoeci há três dias.

¹⁴ Nós demos com ímpeto contra o lado sul dos queretitas, contra o território de Judá e contra o lado sul de Calebe e pusemos fogo em Ziclague.

¹⁵ Disse-lhe Davi: Poderias, descendo, guiar-me a esse bando? Respondeu-lhe: Jura-me, por Deus, que me não matarás, nem me entregarás nas mãos de meu senhor, e descerei e te guiarei a esse bando.

¹⁶ E, descendo, o guiou. Eis que estavam espalhados sobre toda a região, comendo, bebendo e fazendo festa por todo aquele grande despojo que tomaram da terra dos filisteus e da terra de Judá.

¹⁷ Feriu-os Davi, desde o crepúsculo vespertino até à tarde do dia seguinte, e nenhum deles escapou, senão só quatrocentos moços que, montados em camelos, fugiram.

¹⁸ Assim, Davi salvou tudo quanto haviam tomado os amalequitas; também salvou as suas duas mulheres.

¹⁹ Não lhes faltou coisa alguma, nem pequena nem grande, nem os filhos, nem as filhas, nem o despojo, nada do que lhes haviam tomado: tudo Davi tornou a trazer.

²⁰ Também tomou Davi todas as ovelhas e o gado, e o povo os levava adiante do outro gado, e dizia: Este é o despojo de Davi.

1Samuel 30:1-20

A VIDA CRISTÃ É, NA VERDADE, uma grande e renhida guerra, da qual ninguém está dispensado. É uma luta em que não há tréguas nem pausa. Nessa batalha também não existe campo neutro. Dessa forma, só há dois papéis para o ser humano nessa guerra: guerreiro ou vítima. Não podemos ensarilhar as armas nem fazer como a avestruz, que enfia a cabeça na areia e finge que a luta não existe. Isso não é possível.

Enfrentamos uma batalha contínua contra um inimigo real, porém invisível. A Bíblia diz que esse adversário é assassino, ladrão, destruidor, maligno; diz ainda que ele é a antiga serpente e que veio para roubar, matar e destruir. Essa descrição nos alerta para o tipo de inimigo que enfrentamos o tempo todo. E em Efésios 6:12 sabemos mais contra quem guerreamos: "Nossa luta não é contra o sangue e a carne, e sim contra *os* principados e potestades, contra *os* dominadores deste mundo tenebroso, contra *as* forças espirituais do mal nas regiões celestes".

Amigo leitor, devemos estar cientes dessa luta. Quando o inimigo ataca o povo de Deus, ele o faz tentando atingir cinco áreas específicas da vida do cristão: as finanças, o casamento, os filhos, a saúde e as amizades. E esse ataque é feroz; ele não conhece compaixão. Muitas vezes, ele obtém sucesso em sua investida e causa um terrível rombo em nossa existência. Por isso, quero meditar com você sobre este tema: "Tomando de volta o que o Inimigo levou". Se conhecermos o intento do adversário e os meios que ele usa, ficará mais fácil resistir a ele.

OS ALVOS DO INIMIGO

Sede sóbrios e vigilantes. O diabo, vosso adversário, anda em derredor, como leão que ruge procurando alguém para devorar (1Pedro 5:8).

Quando Satanás ataca os filhos de Deus, ele visa atingir cinco áreas específicas de nossa vida:

1. FINANÇAS

A Bíblia diz que os amalequitas vieram e saquearam Ziclague e levaram embora os rebanhos, os bens e colocaram fogo na cidade.

Muitas pessoas atualmente são saqueadas na área financeira. Encontram-se com o coração aflito, angustiado, pois têm pendências financeiras que não sabem resolver. Temos visto pessoas perderem, de uma tacada só, tudo aquilo que construíram com lágrimas e suor.

O Diabo sabe que, ao atacar essa área, ele atingirá a pessoa de maneira cruel e destrutiva.

2. O CASAMENTO

Davi e os seus homens vieram à cidade, e ei-la queimada, e suas mulheres, seus filhos e suas filhas eram levados cativos (1Samuel 30:3).

Esse texto bíblico nos diz que, entre os cativos, os amalequitas levaram as mulheres. Nos dias atuais, não existe uma área com tanta crise, com tanto estresse quanto a área do casamento.

Forças hostis e tenebrosas conspiram contra o casamento. Há uma orquestração do inferno para dinamitar os alicerces da família, com o firme propósito de desestabilizar e destruir essa instituição divina.

Muitos casamentos estão naufragando, vitimados pelo acidente trágico do divórcio, causado pela infidelidade, pela decepção e pela falência dos sonhos de uma vida feliz, deixando feridas profundas na vida dos filhos, que vivem o drama de serem filhos órfãos de pais vivos, afastados de seus pais quando mais precisam deles.

No ano de 2001, eu estava terminando o meu doutorado nos EUA. Na ocasião, eu escrevia um livro sobre casamento, divórcio e novo casamento. Fiquei alarmado quando consultei as estatísticas e os dados mais atuais sobre a questão da família na realidade dos Estados Unidos. A conclusão a que cheguei, pelas estatísticas, é de que 75% dos homens e 63% das mulheres até a idade dos 40 anos já foram infiéis ao seu cônjuge.

Em alguns países, o índice de divórcios já ultrapassou 50%. No final de 2003, uma revista brasileira de circulação nacional publicou que, nos últimos cinco anos, o índice de divórcio na terceira idade havia crescido 56%. Até algum tempo atrás, um casamento que durasse 15 ou 20 anos era considerado seguro. Atualmente, não existe mais tempo nem fase segura no casamento. Recentemente, conheci uma senhora que festejou as bodas de ouro — cinquenta anos de casamento. Depois da festa das bodas, ela fez as malas e foi embora de casa.

A família está em crise, o casamento está em crise.

Há alguns anos, quando se falava que uma moça iria se casar com um seminarista ou um pastor, era como se ela estivesse adquirindo um passaporte para um casamento seguro.

Outro dia, li que a classe que mais se divorcia na América não são advogados, nem engenheiros, nem médicos, mas a classe pastoral. Infelizmente, hoje em dia, casar com um pastor está se tornando um contrato de risco.

Estamos vivendo uma crise e, muitas vezes, até mesmo a classe pastoral, que deveria estar investindo na restauração das famílias, está vivendo o drama da crise da própria família.

A Bíblia diz que a família de Davi foi saqueada, e que as mulheres foram levadas cativas. Essa tem sido uma crise aguda no meio do povo de Deus: casamentos muitas vezes se esfacelando, vivendo de aparências, ou outros que chegam realmente à dissolução.

Um dos principais alvos do nosso arqui-inimigo é a família, o casamento. O inimigo sabe que, quando a família é desestabilizada, a igreja, a nação, a sociedade sofrem e também se desestabilizam.

3. OS FILHOS

> Davi e os seus homens vieram à cidade, e [...] seus filhos e suas filhas eram levados cativos (1Samuel 30:3).

Querido leitor, há um ataque concentrado do Diabo para atingir os nossos filhos. Torpedos mortíferos do inferno são lançados para atingir as crianças e os adolescentes, a fim de desestabilizar a família e arrebentar com a juventude. Estamos vivendo em uma sociedade que perdeu o parâmetro e o critério de absolutos. Vivenciamos uma realidade em que os filhos estão mandando nos pais; em que uma criança de cinco anos dá um "bico" na canela da mãe; os filhos gritam com os pais e os chantageiam. Não existem mais limites, e a rebeldia e a desobediência são fatos incontestáveis.

Eu li uma frase jocosa que diz que a loucura é hereditária: ela passa dos filhos para os pais. É a crise da família, a crise dos filhos. O inimigo ciranda com a juventude e leva cativos os filhos.

4. A SAÚDE

> Davi muito se angustiou [...] todos estavam em amargura, cada um por causa de seus filhos e de suas filhas... (1Samuel 30:6).

A Bíblia diz que Davi estava muito angustiado, e angústia é a antessala da doença, da enfermidade.

Há muitas pessoas angustiadas, ansiosas, sofrendo de depressão, sentindo a alma enferma, com as emoções profundamente machucadas e feridas. Essa tem sido a realidade de milhares e milhares de pessoas, até mesmo na igreja. Gente machucada e ferida.

5. AS AMIZADES

> Davi muito se angustiou, pois o povo falava de apedrejá-lo... (1Samuel 30:6).

Nesse versículo, observamos que os homens de Davi — seus aliados, que lutavam com ele, guerreavam por ele e morriam por ele — agora se insurgiam contra seu comandante e queriam apedrejá-lo.

Temos presenciado amizades históricas sendo rompidas; relacionamentos formados com tanta firmeza, agora abalados. De repente, aquele que caminhou com você, com quem você compartilhou sonhos e lutou lado a lado, agora se volta contra você. O amigo que, com você, chorou, se alegrou e celebrou atualmente está afastado de você e levantou uma barreira intransponível.

O ATAQUE

Como é que esse inimigo procura atacar o povo de Deus?

1. É IMPLACÁVEL

"Sucedeu, pois, que, chegando Davi e os seus homens ao terceiro dia a Ziclague, já os amalequitas tinham dado *com ímpeto* contra o Sul e Ziclague e a esta, ferido e queimado" (1Samuel 30:1 – grifo do autor).

Querido leitor, esse inimigo não brinca. Ele não dorme, não tira férias, não descansa. Diuturnamente, sete dias por semana, durante o ano inteiro, ele está ao seu derredor, procurando uma brecha, um flanco, uma situação em que possa penetrar pelas ventas da armadura para nos atacar, perturbar e provocar estragos na nossa vida.

E não é preciso ser um especialista para perceber no meio do povo de Deus muita gente com o semblante abatido e o coração triste. Podemos perceber que esse povo tem sido saqueado, roubado e espoliado, porque o ataque demoníaco é implacável. Há muita gente profundamente machucada por esse ataque terrível e furioso do inimigo. Muitas pessoas estão destruídas.

Certa feita, eu pregava numa casa em Vitória. Enquanto eu falava, uma mulher chorava desesperadamente. Quando terminei de pregar, fui conversar com ela para saber o que estava acontecendo. Ela me disse:

— Pastor, o Diabo destruiu a minha vida.

— O que a senhora quer dizer com isso? — perguntei-lhe.

— Eu tinha uma família, meu marido, dois filhos, bom salário, morávamos num bom apartamento, mas na nossa casa não havia paz. Certa noite, eu me levantei apavorada com o grito dos meus filhos. Percebi que meu marido não estava do meu lado. Corri em direção ao quarto das crianças, mas a porta estava trancada. Eu bati e a porta não se abriu. Então, consegui arrombar a porta e me deparei com um quadro horrível. O meu marido estava apunhalando os nossos próprios filhos. Quando entrei no quarto, ele enterrou o punhal no próprio peito e caiu sem vida ensanguentado sobre os corpos também ensanguentados dos meus filhos. Pastor, eu levei toda a minha família para o cemitério. O Diabo destruiu a minha família.

Eu conheço muitas famílias que têm sido destruídas pela fúria do inimigo; muitos casamentos acabados pela fúria dele; muita gente na lona, no chão, por causa da fúria do inimigo.

2. FERE E MACHUCA

Sucedeu, pois, que, chegando Davi e os seus homens, ao terceiro dia, a Ziclague, já os amalequitas tinham dado com ímpeto contra o Sul e Ziclague e a esta, *ferido* e queimado (1Samuel 30:1 – grifo do autor).

No arraial de Deus há muitas pessoas feridas e machucadas espiritualmente. Muitas pessoas que nunca superaram os traumas da infância, os abusos que sofreram quando crianças. Muitas pessoas que receberam uma palavra que entrou de forma torcida na sua mente, na sua alma, tornando-as doentes.

Certa ocasião, eu recebi em meu gabinete pastoral uma mulher muito triste, muito deprimida. Ela me disse:

— Pastor, eu fui abusada pelo meu pai desde criança. Ele me ameaçava, dizendo que, se eu contasse para minha mãe, ele a mataria. Eu vivia num cativeiro desesperador. Cresci, saí de casa e me casei com o primeiro pretendente que apareceu. Contudo eu não conseguia amar o meu marido, pois havia uma ferida aberta na minha alma, no meu coração.

Foram precisos longos meses de aconselhamento para que aquela mulher pudesse perdoar ao pai e, assim, restaurar o seu casamento.

Pessoas feridas, machucadas. Quantas pessoas estão assim: adoecidas pela mágoa, porque alguém as machucou, feriu, pisou, humilhou, envergonhou, e nunca conseguiram superar essa dor?

Numa tarde, um homem me procurou e disse:

— Pastor, eu quero que o senhor vá visitar a minha mãe.

A sua mãe, já com quase 80 anos de idade, encontrava-se deprimida. O homem prosseguiu:

— Minha mãe nunca foi feliz. Já a levamos a terapeutas, psicólogos, analistas, médicos de todas as especialidades. Ela já fez todo tipo de exame e nunca resolveu nada. Ela é uma pessoa triste, deprimida, acabrunhada, infeliz.

Eu fui àquela casa. Quando cheguei lá, surpreendentemente, aquela senhora disse:

— Eu quero ficar sozinha com o pastor. Quando todos saíram, ela falou:

— Pastor, eu sofro há 60 anos. Eu traí o meu noivo, e nunca contei isso para ele. Eu sou viúva há muitos anos, e nunca disse isso a ninguém. Mas esse pecado esteve tão vivo na minha mente nesses 60 anos como se eu o tivesse praticado hoje de manhã. Não tenho paz nem alegria. A minha vida é um inferno.

Eu confesso que chorei naquele dia com aquela mulher. Falei para ela da graça de Deus e do perdão de Jesus. Disse-lhe o que o Senhor podia fazer para libertá-la e tirar aquele peso do seu coração. Naquela tarde, ela se rendeu a Jesus. Eu tive o privilégio de acompanhá-la no restante de sua vida. Ela morreu feliz, sorridente, liberta, curada, restaurada pelo Senhor, mas esteve ferida 60 anos, debaixo do cativeiro.

3. O ALVO PREDILETO É A FAMÍLIA

> Davi e os seus homens vieram à cidade, e ei-la queimada, e suas mulheres, seus filhos e suas filhas eram levados cativos (1Samuel 30:3).

O texto bíblico diz que os amalequitas levaram cativos os filhos, as filhas e as mulheres. Existem muitas mulheres cativas, muitos maridos cativos, muitos filhos e filhas cativos. Tem muito cativeiro dentro da família do povo de Deus.

Há alguns anos, eu passei por uma experiência amarga com um jovem casal. O homem lidava com o louvor em uma igreja evangélica da nossa cidade. Esse moço abandonou a esposa, as duas filhas, divorciou-se e passou a se envolver com uma mulher umbandista. Ele não apenas se envolveu emocionalmente, mas começou a se envolver com todas as práticas da umbanda.

Muitas vezes fui visitá-lo e encontrei despacho de umbanda na sua sala. Eu conversava com ele e o exortava, mas ele não abria o coração para a graça de Deus.

Esse homem começou a ir para cemitérios a fim de fazer despachos. Um dia, eu contei para ele uma história: Em 1991, fui à África do Sul, em uma missão cristã onde havia acontecido um grande avivamento entre os zulus, em 1966. Na cultura dos zulus, quando um rapaz vai namorar uma moça, ele dá um lenço branco para ela. Se o namoro terminar, ela tem de devolver o lenço branco, pois ele é o símbolo do compromisso. Se a moça não devolver o lenço quando o namoro terminar, ela dará direito ao rapaz de abusar dela, pois estará dizendo que quer ser possuída por ele.

Quando eu me encontrava lá, um rapaz abusou de uma moça. A família pegou essa menina e a levou às autoridades. A primeira pergunta que as autoridades fizeram foi:

— Ela devolveu o lenço para ele?

— Não; ela não devolveu, responderam.

— Então não podemos fazer nada com esse jovem — disseram as autoridades.

Depois de contar essa história, eu disse para aquele rapaz:

— Você tem de devolver o lenço branco.

Os meses se passaram, e ele se afundou ainda mais na escravidão ao pecado. Então, um dia, ele me ligou e disse:

— Pastor, venha à minha casa, porque eu quero devolver o lenço branco.

Chegando lá, escolhi um sofá na frente dele e, quando me assentei, esse moço começou a tremer da cabeça aos pés e a suar.

Sua camisa ficou ensopada. E ele tremia. Eu perguntei:

— Você quer devolver o lenço branco?

— Eu preciso — ele respondeu.

— Você vai então arrumar uma caixa grande e vamos colocar dentro dela toda essa quinquilharia que você tem — disse-lhe.

E ele começou a trazer vela, roupa branca, patuás, colares e encheu a caixa com toda aquela quinquilharia.

— Não tem mais nada? — perguntei-lhe.

— Não, não tem mais nada — ele respondeu.

— Então vamos levar essa caixa para o quintal e pôr fogo — disse-lhe.

Depois de jogar um litro de álcool na caixa, ele riscou um fósforo, mas o fogo não pegou. Riscou o segundo fósforo, e nada. O rapaz deu uma gargalhada muito esquisita e disse:

— Não vai pegar fogo.

Eu lhe disse:

— Vai pegar fogo em nome de Jesus, porque quem vai riscar o palito de fósforo agora sou eu.

Na hora que eu risquei o palito de fósforo e o joguei, o fogo pulou longe. Ele deu um grito desesperado e caiu ao chão desacordado. Eu orei por ele e, pela graça de Deus, ele não apenas se levantou, mas se levantou liberto e restaurado pelo Senhor.

Ele estava cativo, prisioneiro. Há muitas pessoas que estão prisioneiras, que estão enroscadas num cipoal espiritual.

Há alguns anos, eu estava pregando numa grande igreja do nosso país. Quando terminei de pregar, um grupo de moços me pegou pelo braço, me levou para dentro de uma sala, e um rapaz petulante botou o dedo no meu nariz e, muito bravo, disse:

— Não podemos ouvir um pregador como o senhor. O senhor é um homem retrógrado. O senhor está pensando o quê? Nós somos jovens universitários. Qual é o problema de ir a boates, tomar umas cervejas ou dançar no sábado à noite? No domingo, estamos na igreja e está muito bom.

Olhei para aqueles moços e falei:

— Tenho duas coisas para lhes dizer. Só duas coisas: A primeira é 1Coríntios 10:31: "Portanto, quer comais, quer bebais ou façais outra coisa qualquer, fazei tudo para a glória de Deus". Se vocês forem para a boate para a glória de Deus, podem ir; se quiserem enterrar a cara na bebida, tem de ser para a glória de Deus. Se for para a glória de Deus, podem ir. Se querem ter um namoro sem-vergonha, tem de ser para a glória de Deus. Eu duvido que vocês consigam.

— Mas há outro teste — continuei — Colossenses 3:17: "E tudo o que fizerdes, seja em palavra, seja em ação, fazei-o em nome do Senhor Jesus, dando por ele graças a Deus Pai". Se vocês forem a uma boate, então digam: "Senhor, estou nesta boate, louvado seja o seu nome". Ou, então: "Estou em nome de Jesus neste namoro sem-vergonha; então, louvado seja o teu nome"; "Glória a Deus, porque estou aqui enchendo a cara". Eu duvido que vocês consigam.

Disse até logo para eles e fui embora. O que eu não esperava é que anos depois o Senhor me levaria àquela igreja novamente. Quando eu estava lá, uma mulher me fez a pergunta mais complicada que se faz para um pastor:

— O senhor se lembra de mim?

Puxei pela memória, e lhe disse:

— A senhora me perdoe, mas eu não me lembro.

— Eu sou a mãe daquele rapaz que colocou o dedo no nariz do senhor.

— O que aconteceu com o seu filho? — perguntei-lhe.

— Pastor, naquele dia que o senhor conversou com o meu filho, Deus mudou a vida dele. Meu filho tomou jeito de gente; hoje é um homem de Deus, ele se arrependeu.

Antes, porém, ele estava cativo. Mesmo dentro da igreja, ele estava cativo.

Há muitas pessoas cativas hoje.

4. JOGA UNS CONTRA OS OUTROS

Davi muito se angustiou, pois o povo falava de apedrejá-lo... (1Samuel 30:6).

Sabe qual é a artimanha do inimigo? É provocar o problema e depois fazer que as pessoas busquem o culpado. Marido contra mulher, mulher contra marido, líder contra líder, pastor contra pastor, filho contra pai, pai contra filho, sogra contra nora, nora contra sogra.

Estamos vivendo uma época em que os relacionamentos estão estremecidos porque as pessoas se voltam umas contra as outras.

Muitas vezes escuto: "O problema da igreja é fulano, é a família tal, se eles forem transferidos, se fossem para a glória, estaria resolvido o problema da igreja". Engano. A nossa luta não é contra sangue e carne, o seu problema não é o fulano, o beltrano, o sicrano. Não temos de lutar uns contra os outros, temos de nos unir para enfrentar o verdadeiro inimigo. Se fizermos do nosso aliado um inimigo, faremos do inimigo um aliado.

Foi o que aconteceu com os homens de Davi — eles buscavam lutar lutar contra Davi, e não contra os amalequitas.

Amado irmão, pare para analisar. Quantas vezes você tem lutado contra a sua mulher, vivendo um clima tenso no lar, quando podia estar abençoando sua esposa, orando por ela, encorajando-a.

Muitas vezes você declara guerra contra o seu marido, mas a sua luta não é contra ele. Ore por ele, abençoe e encoraje a vida dele.

Não adianta medir forças dentro de casa, pois assim estará fazendo o jogo do inimigo.

Precisamos identificar a verdadeira natureza dessa batalha que estamos enfrentando.

A FESTA NO ARRAIAL DO INIMIGO

E, descendo, o guiou. Eis que estavam espalhados sobre toda a região, comendo, bebendo e fazendo festa por todo aquele grande despojo que tomaram da terra dos filisteus e da terra de Judá (1Samuel 30:16).

Sabe o que está acontecendo aqui? O inimigo está festejando e celebrando a vitória sobre o povo de Deus. Eu acho que não tem clima para festa no inferno, mas o inimigo certamente celebra as vitórias que tem sobre o povo de Deus.

A pergunta que eu quero lhe fazer é: "Onde a sua vida está provocando festa: no arraial de Deus ou no território do inimigo?" Os amalequitas estão festejando porque saquearam o povo de Deus. Onde você está provocando festa? Quando você cede ao pecado, e deixa de andar segundo a vontade de Deus, o inimigo vem e encontra um flanco aberto na sua vida e rouba, e saqueia, e espolia a sua vida. E ele vai celebrar essa vitória sobre você.

Isso me lembra uma história bíblica tremenda (que se encontra em Juízes 13—16). É sobre um homem que era cheio do Espírito desde o ventre, um nazireu, consagrado a Deus. Um nazireu não podia cortar o cabelo, nem beber vinho, nem tocar em cadáver. Esse é o tipo de história que vale a pena recontar, pois também se encaixa perfeitamente aqui neste capítulo, embora eu já a tenha contato em outra capítulo anterior.

A Bíblia diz que Sansão, já rapaz, olhou para uma moça filisteia e disse para o seu pai:

— Papai, eu quero aquela mulher para mim.

O pai dele respondeu:

— Filho, mas tem tanta moça bonita aqui em Israel, e você vai logo querer se engraçar com uma mulher filisteia?!

— Papai, não tem papo, eu quero é aquela, porque só daquela eu me agrado.

Deixe-me dizer-lhe uma coisa, moço e moça solteiros. Não importa a idade que você tem, nem se seu pai é quadrado ou redondo, escute os seus pais. Eu nunca vi um filho ou uma filha desobediente que fosse bem-aventurado na vida. Eu nunca vi.

A Bíblia diz que Sansão não quis obedecer ao seu pai. Quando ele estava indo para a casa dessa mulher, um leão saltou sobre ele. Ele era um gigante, então pegou o leão, o rasgou, o jogou do lado do caminho e prosseguiu viagem.

No dia do casamento, ele se lembrou do leão e passou por lá. Na caveira do leão, havia um enxame de abelhas. Sansão pegou um favo de mel da caveira do leão morto e começou a chupar e ainda deu para o seu pai. Quebrou o primeiro voto ali. Ele não podia tocar em morto, em cadáver. Ele começou

RESTITUIÇÃO: TOMANDO DE VOLTA O QUE O INIMIGO LEVOU

a procurar doçura naquilo que estava podre. Há muita gente procurando prazer naquilo que está podre. Há muito jovem dizendo que lugar de jovem curtir a vida é na boate. Há muita gente dizendo que o jovem tem de curtir a vida porque a juventude é uma só. Há muito jovem cristão namorando em motel. Mas o lugar de o jovem curtir a vida é no altar de Deus, porque só na presença do Senhor há plenitude de alegria.

Não temos de seguir o padrão do mundo. Estou cansado de ver gente fazendo festa de 15 anos da filha ou festa de casamento e regando a festa com uísque. E dizem: "Mas o que vai acontecer se doutor fulano de tal ou se o deputado das quantas chegar à festa?". Toma água, toma refrigerante. Não temos de seguir a etiqueta do mundo não, temos de seguir a Palavra de Deus.

Sansão brincou com o pecado e foi procurar prazer naquilo que estava podre.

Diz a Bíblia, em Juízes 14:10, que Sansão deu uma festa por um detalhe: porque não quis ser diferente dos moços da sua época. Ele não teve coragem para ser diferente. Ele não teve coragem para dizer: "Eu não faço isso, eu não faço aquilo, porque eu sou nazireu, eu sou de Deus". O cristão tem de ter coragem de se posicionar, ele não tem de seguir a maioria, não tem de fazer alguma coisa porque todo mundo está fazendo. Ele tem de levar Deus a sério, tem de ser íntegro, piedoso, santo.

Sansão se corrompeu, negociou os valores divinos, relativizou os absolutos de Deus e caiu em opróbrio.

Uma moça cristã tem de ter a coragem de dizer: "Eu não vou para motel, o meu corpo é templo do Espírito Santo".

Um moço cristão tem de ter a coragem de dizer: "Eu vou me casar virgem, porque Deus quer que eu honre o meu corpo e o corpo daquela que há de ser a minha esposa".

O empresário cristão tem de ter a hombridade de dizer: "Eu não dou propina, eu não corrompo ninguém". Ele tem de ter a coragem para se posicionar como um homem de Deus.

Querido leitor, você precisa se posicionar em ser fiel a seu cônjuge. Não importa se está a 10 mil quilômetros de distância dele, o seu compromisso, acima de tudo, é com o Deus, a quem você serve.

Agora, Sansão, que já passou a brincar com o pecado, casa-se contra a vontade do seu pai. O seu casamento deveria ir para o *Guinness*, o livro dos recordes, porque nem lua de mel ele teve. Na própria festa de casamento, ele propõe um jogo estranho, e ele é enredado por essa situação e tem de sair da festa para matar 30 homens. Tem graça uma coisa dessas? Quando ele volta da matança, o sogro dele já havia dado a sua mulher para outro homem. Por causa disso, ele incendeia a campina dos filisteus e tem de matar mais mil homens.

Ele se refugia em Gaza e se deita com uma prostituta. Um homem que era cheio do Espírito Santo! Ele carrega os portões da cidade nas costas, e o pecado da cidade no coração. E agora vai deitar no colo de uma mulher que vai seduzi-lo. A Bíblia diz que ele foi tomado por uma impaciência de matar e abriu o coração e contou o seu segredo para ela, e o seu cabelo foi cortado.

Não brinque com o pecado, não. A Bíblia nos ensina que temos de nos sujeitar a Deus e resistir ao Diabo; não diz que temos de resistir ao pecado da carne, e sim fugir. Fuja! Esse negócio de dizer: "Eu sou forte, eu sei a hora que eu tenho de parar", é "furado". Não sabe coisa nenhuma. A Bíblia diz: "Fuja. Fuja". Um pouco hoje, um pouco amanhã; uma sedução hoje, uma sedução amanhã; uma intimidade hoje, uma intimidade amanhã; e a queda é iminente.

A Bíblia diz que, quatro vezes, Sansão propôs um enigma. Da primeira vez, Dalila diz: "Os filisteus vêm contra ti, Sansão". E Sansão fala: "Desta vez, eu me livrarei"; na segunda vez: "Desta vez, eu me livrarei"; na terceira: "Desta vez, eu me livrarei". Na quarta, ele ficou. Cuidado, meu filho! Você saiu da primeira, da segunda, da terceira, na quarta você fica. A Bíblia diz que quem brinca com o pecado é louco.

A Bíblia diz que pegaram Sansão — que significa "Sol" — vazaram-lhe os olhos, e ele ficou cego. Ele era um gigante, mas foi amarrado, impotente. Ele passou a dar voltas no engenho. Depois, levaram Sansão para o templo de Dagon, um ídolo. Lá fizeram chacota de Sansão, zombando do Deus dele e exaltando uma divindade pagã. O servo de Deus está provocando festa no arraial do inimigo porque brincou com o pecado.

Querido irmão, cuidado com essa situação. Onde a sua vida está provocando festa?

No capítulo seguinte, vou mostrar a fórmula para a reconquista daquilo que o Diabo levou. Os três primeiros capítulos foram pessimistas e apresentaram tristezas. Se eu parasse aqui, você iria ficar desesperado.

A RECONQUISTA

O que fazer quando percebemos que o inimigo está cirandando, roubando, saqueando, espoliando nossa vida, nossa saúde, nosso casamento, nossos filhos, nosso dinheiro, nossos amigos? O que fazer? O que Davi fez?

1. DAVI CHOROU

> Então, Davi e o povo que se achava com ele ergueram a voz e choraram, até não terem mais forças para chorar (1Samuel 30:4).

Davi nos ensina que existe uma hora em que é preciso aprender a chorar pela causa verdadeira. Há muita gente chorando diante dos melodramas da vida, mas não chora diante dos verdadeiros problemas da vida.

Quem chora está dizendo que alguma coisa está errada, que não pode se conformar com o caos, que precisa reagir diante da crise.

Qual foi a última vez que você chorou pela sua vida? Pelo seu casamento? Pelos seus filhos? Pelo seu ministério? Qual foi a última vez que você chorou pela igreja?

Nós precisamos pedir para Deus o dom das lágrimas, precisamos pedir um coração quebrantado. Um dos grandes dramas da igreja evangélica dos nossos dias é a dureza do coração. Os problemas acontecem, e achamos que não estão acontecendo, estamos nos conformando com eles. A família está em crise, o casamento está acabando e tapamos os ouvidos e fechamos os olhos e endurecemos o coração, quando devíamos nos prostrar e chorar diante de Deus.

Não sei se você já leu algum livro do pastor Jim Cymbala. (Queiram me perdoar se mais uma vez conto essa história.) Ele tem um ministério muito abençoado no Brooklin, em Nova Iorque. É uma igreja abençoada, crescendo. A esposa dele tem um ministério de música conhecido no mundo inteiro. Um dia, o pastor Cymbala chegou em casa e percebeu que sua filha primogênita estava endurecida para Deus, para o evangelho. E aquela adolescente disse para o seu pai:

— Papai, eu não quero saber de Deus; não quero saber de igreja, de família, vou para o mundo, vou curtir a vida.

Seu pai chorou, pediu, instou, mas nada resolveu. Ele pensou em largar o ministério. Aquela menina pegou a mochila, saiu porta afora e mergulhou nas sombras espessas do mundo. Um dia, um pastor amigo dele, da Flórida, ligou para ele e disse:

— Pastor, esquece essa menina, toca sua vida, toca seu ministério, ela não está nem aí para você.

Mas eu pergunto: Que pai desiste de uma filha? Que mãe desiste de um filho?

Certa noite, o pastor Cymbala estava dirigindo uma vigília na igreja, quando se levantou uma mulher e disse:

— Pastor, eu penso que nossa igreja nunca orou por sua filha como deveria orar; nunca pagamos o preço por sua filha.

Naquela vigília, aqueles irmãos pararam um pouco, deram as mãos e fizeram um círculo em volta dos bancos. E o pastor Cymbala diz em um de seus livros que naquela noite o templo se transformou numa sala de parto, de gemidos, de dores, de soluços, de gritos, de lamentos diante de Deus.

Quando ele chegou em casa, disse para sua esposa:

— Eu creio que Deus libertou a nossa filha esta madrugada.

Dois dias depois, a campainha tocou bem cedo. A mãe foi abrir a porta abrir, era a filha, que, soluçando, entrou porta adentro correndo, e foi aonde o seu pai estava, ajoelhou aos seus pés, pegou nas suas pernas e falou:

— Papai, me conte o que aconteceu há dois dias, de madrugada; me conte, por favor!

Ela disse que estava na sua cama e foi acordada pelo poder de Deus e tomada por uma profunda convicção de pecado.

— Papai, eu estou de volta para Deus, estou de volta para minha família e para a minha igreja.

Pais, talvez vocês precisem se levantar para chorar por seus filhos, e colocá-los no altar, como fazia Jó. Seus filhos são filhos da promessa e herança de Deus. Você não gerou filho para a morte, para o cativeiro, para povoar o inferno. Seus filhos são de Deus, não abra mão deles, em nome de Jesus.

É preciso chorar, é preciso pedir a Deus que nos dê um coração quebrantado.

Certa vez, William Booth, o fundador do Exército de Salvação, enviou alguns missionários para determinada região a fim de evangelizar. Depois de alguns meses de trabalho, um daqueles evangelistas escreveu ao pastor: "Tira-nos daqui. Este povo é muito duro. Aqui ninguém se converte, já tentamos todos os meios, já usamos todos os métodos e nada resolveu".

William respondeu: "Se vocês já usaram todos os métodos, experimentem chorar agora, experimentem chorar".

Eles entenderam a mensagem e começaram a buscar a Deus com lágrimas em favor daquele povo. E o avivamento começou a acontecer naquela região.

Creio que o avivamento se inicia quando a igreja começa a chorar, passa a buscar a Deus com o rosto em terra, e chega à conclusão de que os nossos recursos acabaram, mas os recursos divinos estão disponíveis para nós.

2. DAVI SE REANIMOU NO SENHOR

[...] Davi se reanimou no Senhor, seu Deus (1Samuel 30:6).

A crise era grande, eles haviam sido saqueados e roubados; seus bens foram levados; suas mulheres, seus filhos e suas filhas haviam sido tomados cativos. A Bíblia diz que a situação era caótica. Davi ficara não apenas sem seus bens, sem sua família, mas seus homens, seus amigos, estavam contra ele.

Quando tudo acabou, e Davi se encontrava no fundo do poço, no fim da linha, e não tinha a quem recorrer, ele se reanimou no Senhor seu Deus. Ele não se reanimou porque era forte, porque o inimigo era fraco, porque tinha muitos do lado dele, porque tinha estratégia, ele se reanimou em Deus apesar de tudo.

Quando tudo está terminado, em Deus ainda há esperança. Quando chega ao fundo do poço, com Deus ainda há chance. No final da linha, com Deus ainda está a restauração.

Se você se encontra em uma situação desesperadora, não desanime. Não importa a situação em que você vive — a crise que atravessa; a tempestade que assola a sua alma; o tipo de crise que a sua família enfrenta; até que ponto sua saúde esteja abalada; a condição financeira desacertada; seus filhos, dispersos; seus amigos contra você. Quero dizer-lhe, querido leitor, que há esperança para sua alma. Basta voltar-se para o Senhor, seu Deus, e reanimar-se nele.

No salmo 116 (que os estudiosos dizem ser de autoria do rei Ezequias), o salmista diz que laços de morte o haviam cercado, angústias do inferno haviam se apoderado dele, havia caído em tristeza e em angústia, estava nocauteado, mas quando tudo estava perdido, ele invocou o nome do Senhor e foi restaurado.

Amado irmão, volte-se para Deus. Talvez você esteja cogitando em abandonar a sua esposa, pensando em divórcio, já contratou o advogado, já tem uma audiência marcada. Mas há esperança para o seu casamento. Reanime-se no Senhor.

Quem sabe o seu filho se desviou do evangelho, está envolvido com drogas, vivendo de forma promíscua, e todos dizem que não há mais jeito, não resta esperança. Ou, talvez seu filho esteja atrás das grades. Contudo, se Deus agir, há jeito. Se o Senhor intervier, há esperança para sua alma. Reanime-se no Senhor, seu Deus.

RESTITUIÇÃO: TOMANDO DE VOLTA O QUE O INIMIGO LEVOU

Um dos testemunhos que mais marcaram a minha vida foi o de Sara, uma missionária. Seu pai era judeu. Ele era um homem muito culto, muito rico, dono de uma das maiores bibliotecas particulares do Brasil; mas ele era ateu, não acreditava em Deus.

Certo dia, ele deu um tiro na cabeça e ceifou a própria vida, deixando Sara, filha única, com nove anos de idade, com sede de conhecimento e sede de Deus. Aquela menina começou a procurar a Deus. E pensou: "No dia em que eu for batizada, eu vou encontrar a Deus". E ela procurou uma igreja onde pudesse ser batizada. Com muito custo, um padre concordou em batizá-la. Foi a maior frustração da vida dela. Ela não encontrou Deus no batismo. Ela saiu dali e foi para as Testemunhas de Jeová, entrou no salão do reino, e não encontrou Deus lá. Foi para o kardecismo, estudou a reencarnação e os livros de Alan Kardec, mas não encontrou Deus no kardecismo. Saiu dali e foi para o candomblé, fez pacto com os orixás, com os demônios, e não encontrou Deus no candomblé.

Ela estava com 14 anos e pensou: "A minha única saída é dar um tiro na cabeça, como fez o meu pai".

Foi nessa ocasião que ela ouviu o conselho de uma colega de escola para ir a uma igreja, numa conferência evangelística, que se realizaria na sexta-feira, no sábado e no domingo. Ela resolveu ir. Sara foi na sextafeira. Achou o culto maçante, cansativo. Ela pensou: "Se o negócio de ser cristão é isso aí, eu estou fora. Porém, quem sabe amanhã melhora?". Ela voltou no sábado e foi pior ainda. E a lógica dela mudou: "Eu vou voltar no domingo porque pelo menos a minha colega larga do meu pé". E ela voltou no domingo.

Enquanto o coral da igreja cantava, o Espírito Santo tocou o coração da Sara, e ela se rendeu a Jesus. Começava ali uma grande batalha, pois a sua mãe era umbandista, e passou a persegui-la. Sua mãe rasgava as suas Bíblias, queimava os seus livros evangélicos.

Com 18 anos, Sara foi expulsa de casa. Ela começou a orar: "Deus, eu quero um marido cristão, um homem comprometido com Jesus". E ela buscou a Deus. O Senhor ouviu a oração dela, e ela se casou com um homem cristão, um missionário. Ministério abençoado, a igreja crescendo. Tiveram dois lindos filhos.

Certo dia, seu marido lhe disse:

— Sara, estou indo embora de casa, conheci outra mulher, quero viver uma aventura, estou deixando você, nossos filhos e a igreja; estou deixando tudo para trás para viver uma aventura.

Sara começou a chorar. Então vieram os "amigos de Jó" e disseram o seguinte:

— Sara, larga esse homem. Esqueça-o. Você é jovem, bonita, inteligente. Refaça a sua vida.

Mas ela dizia: — Eu não tenho dúvidas de que foi Deus que me deu esse homem. Não posso abrir mão dele.

Ela chorava desesperadamente, sem nada mudar. Certo sábado à noite (a última audiência para o divórcio seria na quarta-feira seguinte), ela estava chorando. Então deu um estalo na cabeça dela e ela pensou: "E se foi o Diabo que tirou o meu marido de mim e eu nunca declarei guerra contra o Diabo e contra esta situação?".

Naquele momento, ela se recompôs, levantou-se e fez uma declaração que não tinha o costume de fazer: "Deus, eu quero declarar diante de ti e dos teus anjos que eu sou de Jesus, que fui lavada no sangue do Cordeiro. Quero declarar diante do Diabo e dos seus demônios que eu sou de Jesus, que os meus filhos são de Jesus, que o meu marido é de Jesus, porque foi comprado e lavado no sangue do Cordeiro. E eu quero declarar também a vitória do nome de Jesus na vida do meu marido e a salvação do meu casamento. E eu tomo posse desta vitória em nome de Jesus".

Depois que fez essa declaração, Sara foi dormir. No domingo de manhã, ela acordou para ir à igreja e encontrou uma carta debaixo da porta. Abriu a carta e viu que era do marido. E ele dizia: "Sara, nesta noite (na hora em que ela fez a declaração), aconteceu algo muito estranho. Eu estava em casa, e parece que escamas caíram dos meus olhos, e comecei a perceber que estava cego e embrutecido. Eu estou envergonhado, Sara, e profundamente triste pela minha loucura. Estou arrependido do meu erro. Por favor, me perdoe, me receba de volta; quero voltar para Deus, para você, para nossos filhos e restaurar nossa família". Naquele domingo, Deus estava restaurando a família de Sara.

Querido leitor, reanime-se em Deus, em nome de Jesus. Reanime-se: Não abra mão da vitória. Deus não chamou ninguém para o fracasso, para ser um derrotado, nem para ficar com a cara no pó. O Senhor nos chamou para sermos vencedores.

A Bíblia diz que Davi se reanimou, mas não foi na força da carne. Ele se reanimou e dobrou os joelhos, se reanimou e orou, se reanimou e buscou o Senhor. O que Deus promete é a vitória, e não a ausência de luta, não a ausência de batalhas. O Senhor promete chegada certa, não facilidade na caminhada.

3. DAVI CONSULTOU A DEUS

> Então, consultou Davi ao Senhor, dizendo: Perseguirei eu o bando? Alcançá-lo-ei? Respondeu-lhe o Senhor: Persegue-o, porque, de fato, o alcançarás e tudo libertarás (1Samuel 30:8).

Davi se prostrou, orou e buscou a Deus. A oração foi muito simples. Eu vou parafrasear: "Deus, estou levando de goleada do inimigo e vou aceitar isso passivamente? Vou aceitar passivamente a decretação da derrota na minha vida, ou vou fazer alguma coisa? Vou perseguir e alcançar os meus inimigos, ou vou sofrer esta derrota e ficar de braços cruzados e deixar por isso mesmo?"

Quando oramos, Deus responde; quando nos ajoelhamos, Deus age. Quando oramos, os céus se movimentam na nossa direção. E Deus respondeu: "Davi, persegue o bando, porque você vai trazer de volta tudo que eles lhe tiraram".

4. DAVI TOMOU TUDO DE VOLTA

> Assim, Davi salvou tudo quanto haviam tomado os amalequitas; também salvou as suas duas mulheres.

Não lhes faltou coisa alguma, nem pequena nem grande, nem os filhos, nem as filhas, nem o despojo, nada do que lhes haviam tomado: tudo Davi tornou a trazer.

Também tomou Davi todas as ovelhas e o gado, e o levaram diante de Davi e diziam: Este é o despojo de Davi (1Samuel 30:20).

Davi teve de enfrentar uma luta. A batalha foi renhida, porque 200 homens cansados ficaram para trás. Contudo, quem tem uma promessa de vitória é um gigante; quem tem uma palavra de Deus não desiste; quem tem uma promessa de bênção e vitória não abre mão de nada menos do que a vitória. Davi foi, lutou, venceu e trouxe de volta tudo aquilo que Deus havia lhe dado.

Querido leitor, o que foi que Deus lhe deu e que você perdeu no caminho? O que é que um dia você já teve e o inimigo saqueou da sua vida? Quem sabe você já leu a Bíblia com muito mais fervor do que tem lido hoje. Você perdeu o encanto pelas Escrituras. Hoje você pega a Bíblia como um livro qualquer; essa verdade não queima seu coração mais. Peça a Deus para restaurar esse fervor no seu coração.

Quem sabe você jejuava mais do que está jejuando hoje; não sabe mais o que é jejum; perdeu o encanto com Deus, não tem mais fome do pão do céu. Está tão acostumado com os manjares da terra que não sente mais o sabor do pão do céu. Peça a Deus para restaurar esse sabor na sua alma.

Quem sabe você já foi muito mais comprometido com a evangelização. Levava sempre um folheto no bolso, e tinha prazer em entregar um folheto, de dar um livro de presente, de entregar uma Bíblia para o vizinho, amigo, parente. Há quanto tempo não faz uma visita a alguém para falar de Jesus? Peça a Deus para restaurar o fervor da evangelização em seu coração.

Quem sabe você está como Eliseu, querendo derrubar árvore sem o machado; cabo sem o machado não vai resolver, o machado já foi para o fundo do poço, já perdeu a unção, e está tentando fazer a obra de Deus na força da carne. Prostre-se diante do Senhor. Peça-lhe para devolver-lhe a unção, para derramar óleo sobre sua cabeça, para que você possa fazer a obra

RESTITUIÇÃO: TOMANDO DE VOLTA O QUE O INIMIGO LEVOU

dele não com política, não com manejo, não com manobra humana, mas com graça, unção, poder e virtude do céu.

O que você precisa tomar de volta?

O que você precisa restaurar no seu casamento? Quem sabe você não trata mais sua esposa com dignidade, quem sabe não dá um presente para ela há muito tempo. Surpreenda sua mulher, abra seu coração, sua mão. Manifeste carinho por ela. Qual foi a última vez que você a elogiou, que a honrou, que olhou nos olhos dela e disse: "Querida, eu a amo. Você é muito importante na minha vida. Você é um presente de Deus na minha vida"?

Quem sabe o romantismo foi saqueado do seu casamento? Quem sabe hoje você trata sua esposa com amargura ou com palavras duras?

Mulher, qual foi a última vez que você valorizou seu marido e lhe disse: "Você é importante para mim, é precioso na minha vida, é o homem que o Senhor levantou para ser uma bênção na minha história"?

Um elogio vale mais do que mil críticas. Qual foi a última vez que você elogiou seus filhos ou que os beijou?

Há poucos dias, recebi no meu gabinete um homem de 55 anos de idade que me disse:

— Pastor, minha vida nunca foi para a frente, nunca fui um homem de sucesso, nunca consegui nada na minha vida, porque nunca soube o que é ser amado. Meu pai nunca me colocou no colo, nunca me deu um beijo.

Era um homem amargurado, de caminhos trancados porque nunca recebeu amor. Pai, mãe, abrace seus filhos, beije seus filhos, valorize-os. Às vezes o que amamos é o sucesso dos nossos filhos, e não os nossos filhos.

É aquele filho que chega em casa e diz: "Pai, eu tirei nove em Matemática". E o pai responde: "E quando você vai tirar dez, menino?". E o menino fica frustrado, pensando: "Eu nunca vou alcançar o patamar do meu pai, nunca vou realizar o sonho dele". Eu gosto daquela expressão que diz: "Filho, estou feliz que você tenha tirado nove em Matemática, mas quero dizer que, se você tivesse tirado zero ou levado bomba, eu o amaria do mesmo jeito, porque eu não amo apenas o seu sucesso, eu amo você, meu filho".

Nossos filhos estão precisando de amor. Às vezes, eles têm amigos do mundo por que não encontram espaço dentro de casa para que os pais os ouçam e os encorajem.

Às vezes, o filho pede: "Pai, o senhor pode me ajudar com o dever?" E a resposta do pai é: "Não tenho tempo; agora não posso". Daí a 5 minutos, o telefone toca e o pai ou a mãe fica 20 minutos no telefone. E o filho começa a pensar: "Eu não tenho o mesmo crédito com o meu pai e a minha mãe que o emprego tem, que o telefone tem, que o amigo tem, que todo mundo tem e eu não tenho".

O que está precisando ser restaurado na sua vida? Quem sabe a sua vida sexual já esteja apagada, e você não tem mais procurado satisfazer o seu cônjuge. A Bíblia diz que você não pode brincar com essa área, para que Satanás não o tente por causa da incontinência.

Quem sabe essa área foi afetada na sua vida, você tem entregado seu coração à amargura, ao ressentimento. Quem sabe tem discutido com seu cônjuge em vez de amá-lo. Tome de volta aquilo que Deus lhe deu.

MOISÉS, O PRECURSOR DE DAVI

Vou terminar reportando a um fato que me marca profundamente.

Está no livro de Êxodo, que, para mim, é o maior livro de batalha espiritual da Bíblia. Fala da libertação do povo. Faraó é o símbolo do Diabo; o Egito, o do mundo; e a libertação do povo, o da salvação. Fala de Deus quebrando o poder do Inimigo para libertar o seu povo, para ser um povo que vai celebrar o seu nome. Mas quando o povo de Israel estava para sair do Egito, o faraó tentou impedi-lo de quatro formas:

1. *Vocês querem servir a Deus? Tudo bem. Sirva a Deus no Egito mesmo. Não precisam sair, não* (Êxodo 8:25). Sirva a Deus no Egito mesmo! Sabe que proposta é essa? É a proposta do Diabo: "Você quer ser cristão? Tudo bem! Quer ser batizado? Tudo bem! Quer frequentar a escola dominical?

Tudo bem! Não precisa mudar de vida, não. Se o seu namoro era licencioso, continue; se traía a sua mulher, continue; se mentia nos seus negócios, continue mentindo; se era desonesto, continue. Você é cristão agora". Isso é proposta do Diabo.

O altar de Deus não pode ser levantado no Egito. Temos de servir a Deus em novidade de vida, temos de romper com o pecado, ser santos, pertencer totalmente a Deus. O Senhor não nos aceita divididos; ele quer o nosso coração.

Moisés disse: "Não, nós vamos sair. Nós somos de Deus".

2. *Vocês querem ir? Mas não vão muito longe, não* (Êxodo 8:28). Fiquem aqui por perto; vamos ser vizinhos. Quando sentirem saudades do Egito, façam um turismo por aqui. Fiquem aqui no fio da navalha, paquerando o pecado, flertando com a tentação. Quando sentirem saudade, venham para cá, comam o alho, a cebola, os melões, os pepinos do Egito.

Há gente vivendo dessa maneira, querendo agradar a Deus e ao Diabo, querendo servir a Deus e às riquezas, andar com Deus e ficar no mundo ao mesmo tempo, querendo servir a dois senhores ao mesmo tempo.

Amado irmão, se Deus é Deus, sirva a Deus. Não tenha o coração dividido, a família dividida, entregue tudo para Deus. Coloque sua vida no altar do Senhor.

3. *Vocês podem ir, mas os seus filhos ficam* (Êxodo 10:10,11). Faraó partiu para uma terceira proposta: "Os seus filhos vão ficar no Egito, o lugar de moço curtir a vida é no Egito, lugar dessa meninada é no Egito. Aqui há prazeres, diversão, vida fácil, tranquila, vida colorida. É aqui que eles têm de ficar".

Moisés, porém, disse: "Vamos sair, mas nossos filhos vão conosco. Eles são de Deus, são herança do Senhor. O lugar deles é na presença de Deus, servindo ao Deus vivo. Não vamos abrir mão de nossos filhos, estamos mais interessados na salvação deles do que no sucesso deles. Nenhum sucesso compensa o rompimento da relação deles com Deus. Vamos embora, todo mundo".

4. *Vocês podem ir embora, mas os rebanhos ficam* (Êxodo 11:24). Vocês servem a Deus, mas o dinheiro de vocês fica no Egito. Quanta gente vive assim; já converteu o coração, mas não o bolso. Quanta gente está roubando de Deus; é cristão, mas não é dizimista.

A Bíblia diz que onde estiver o nosso tesouro aí estará o nosso coração. Quem não acertou a vida financeira com Deus, que acerte logo. Não deixe o inimigo governar a sua vida financeira. Não deixe Faraó ser dono dos seus bens. Coloque os seus bens no altar de Deus. Se você não é dizimista, em nome de Jesus, saia desta maldição e venha para a bênção de Deus, pois Ele tem bênçãos abundantes para nos dar. Ele promete abrir as janelas do céu sobre a nossa vida. Faça a prova com Deus.

E Moisés dá uma resposta magnífica: "Faraó, nem uma unha sequer vai ficar no Egito, nem uma unha. Tudo que temos, tudo que somos, é de Deus, pertence a Deus e vai ser dedicado a Ele". Acho que uma unha serve para muito pouco, mas Moisés disse que nem uma unha ficaria no Egito.

Tudo que nós somos vai estar a serviço de Deus. Tome de volta. Não deixe nada na mão do inimigo. Nem uma unha sequer. Tome de volta o que Deus lhe deu!

CONCLUSÃO

O inimigo que nos persegue é realmente poderoso e cruel, mas o amor de Deus por nós é que nos confere a vitória nessa batalha.

> Em todas essas cousas, porém, somos mais que vencedores, por meio daquele que nos amou.
> Porque eu estou bem certo de que nem a morte, nem a vida, nem os anjos, nem os principados, nem as coisas do presente, nem do porvir, nem os poderes, nem a altura, nem a profundidade, nem qualquer outra

criatura poderá separar-nos do amor de Deus, que está em Cristo Jesus, nosso Senhor (Romanos 8:37-39).

Querido leitor, se você reconhece que Deus fez de você um vencedor, é hora de tomar de volta aquilo que o Senhor lhe deu. Deus quer restituir-lhe aquilo que foi tirado da sua vida. Não deixe nem uma unha sequer na mão do inimigo. Tudo o que você recebeu do Senhor pertence a você por direito.

Talvez você esteja precisando de restituição na sua vida financeira. Os amalequitas vieram e roubaram seus bens. Mas Deus pode restaurar suas finanças, em nome de Jesus.

Pode ser que sua saúde tenha sido abalada. Um diagnóstico sombrio, de uma doença grave, foi-lhe entregue pelos médicos. O Senhor pode devolver-lhe esse bem precioso.

Quem sabe a área afetada tenha sido sua família. Seu casamento está por um fio, a crise bateu à sua porta e você está aflito. Você olha para seu cônjuge, e o coração não pulsa, não há mais encanto, não há mais brilho no olhar. Deus, porém, ressuscita seu casamento, ele faz milagres. Ou pode ser que o alvo do inimigo tenham sido seus filhos. Deus pode levantá-los para serem vasos de honra, coluna do Santuário do Deus vivo, reparadores de brechas, pessoas que serão capacitadas pelo Senhor para ser bênçãos nesta nação. Deus pode trazer restauração plena para o seu lar.

Pode ser também que o ataque inimigo tenha feito romper uma amizade. Deus quer restaurar os relacionamentos.

Prezado leitor, seja qual for a área da sua vida que o inimigo tenha atacado, tome de volta aquilo que Deus lhe deu. O Senhor lhe dará a vitória.

PARTE 4

SOFRIMENTOS E CRISES

11

COMO PASSAR PELO VALE DAS PROVAS

36 Em seguida, foi Jesus com eles a um lugar chamado Getsêmani e disse aos seus discípulos: assentai-vos aqui, enquanto eu vou ali orar;
37 e, levando consigo a Pedro e aos dois filhos de Zebedeu, começou a entristecer-se e a angustiar-se.
38 Então, lhes disse: a minha alma está profundamente triste até à morte; ficai aqui e vigiai comigo.
39 Adiantando-se um pouco, prostrou-se sobre o seu rosto, orando e dizendo: Meu Pai, se possível, passe de mim este cálice! Todavia, não seja como eu quero, e sim como tu queres.
40 E, voltando para os discípulos, achou-os dormindo; e disse a Pedro: Então, nem uma hora pudestes vós vigiar comigo?
41 Vigiai e orai, para que não entreis em tentação; o espírito, na verdade, está pronto; mas a carne é fraca.
42 Tornando a retirar-se, orou de novo, dizendo: Meu Pai, se não é possível passar de mim este cálice sem que eu o beba, faça-se a tua vontade.
43 E, voltando, achou-os outra vez dormindo; porque os seus olhos estavam pesados.
44 Deixando-os novamente, foi orar pela terceira vez, repetindo as mesmas palavras.
45 Então, voltou para os discípulos e lhes disse: ainda dormis e repousais! Eis que é chegada a hora, e o Filho do homem está sendo entregue nas mãos de pecadores.
46 Levantai-vos, vamos! Eis que o traidor se aproxima.

MATEUS 26:36-46

HÁ DUAS VERDADES INQUESTIONÁVEIS, confirmadas, absolutas, inevitáveis. A primeira verdade é que todos os crentes, sem exceção, passam, ou estão passando, ou passarão pelo vale das provas.

A segunda verdade é que nem todos conseguem sair desse vale vitoriosos. O Senhor Jesus Cristo acabara de deixar o cenáculo, onde estivera ministrando ao coração dos seus discípulos. Desceu o monte Sião, cruzou o Vale do Cedrom, mergulhou nas fraldas do Monte das Oliveiras, no Jardim do Getsêmani. Diz o evangelista João que o traidor sabia onde Jesus estava, porque ele estivera naquele local muitas vezes.

Getsêmani era um lugar de oração, um lugar de refúgio, onde Jesus estivera na presença do Pai por muitas vezes. E que lugar era esse? Getsêmani significa lagar de azeite, prensa de azeite, onde as azeitonas eram esmagadas, pisadas, e prensadas para se extrair daí o produto precioso do azeite. E não foi em outro lugar, senão neste, onde Jesus entrara na mais titânica de todas as lutas. Ali Jesus mergulhara na batalha mais renhida.

Ali ele travou uma luta de sangrento suor porque estava pesando na balança do Getsêmani o destino da humanidade. Foi no lugar onde as azeitonas foram prensadas, esmagadas e pisadas que o Filho de Deus também foi moído pelas nossas iniquidades, onde o Filho de Deus foi golpeado pelo nosso pecado, onde o Filho de Deus entrou numa guerra tremenda, quando o seu suor se transformou em gotas de sangue, para sair dali vitorioso.

Foi num jardim que Adão perdeu o paraíso e haveria de ser num jardim que o Filho de Deus reconquistaria o paraíso. E eu queria que o leitor olhasse por essas quatro janelas da eternidade, que contemplasse por essas quatro frondosas oliveiras dos quatro evangelhos, para perceber o sentimento, o drama, que o Filho de Deus estava vivendo.

O traidor já havia sido possuído por Satanás. Pedro já tinha sido avisado de que negaria Jesus, a despeito da sua autoconfiança. Os sacerdotes, na calada da noite, já tramavam contra a vida de Jesus. Planos diabólicos estavam sendo costurados, mancomunados para levar Jesus Cristo à morte. E é nesse contexto que o leitor precisa aprender algumas lições com o Senhor Jesus Cristo. É preciso olhar para duas lições fundamentais nesse texto.

PROVAS QUE O CRENTE ENFRENTA NOS VALES DA VIDA

A primeira grande lição do texto em foco é que tipo de provas o crente enfrenta nos vales da vida.

1. TRISTEZA E A ANGÚSTIA

A primeira prova que o crente enfrenta é a tristeza e a angústia. Leia novamente o texto. Veja os versículos 37 e 38. Você pode imaginar esse fato? O Deus Todo-poderoso, o Deus encarnado, o Deus da glória, aquele que era a exata expressão do ser de Deus, aquele em cujo corpo residia toda a plenitude da divindade, aquele cuja face refletia a glória do Pai, agora está tomado, encharcado, dominado, completamente tomado e envolvido por uma angústia e uma tristeza terríveis e avassaladoras. E você, leitor, muitas vezes também está cruzando, já cruzou ou vai cruzar os vales da tristeza.

Jesus Cristo sentiu tristeza em outras ocasiões da sua vida. A Bíblia diz que Ele um dia estava em Betânia; seu amigo Lázaro estava morto, sepultado. Quando perguntou: onde o sepultastes? Mostraram o local para Ele e, diz a Bíblia, que Jesus chorou! Quantas vezes você já chorou pela enfermidade de um parente, quantas vezes já chorou pela perda de um ente querido, pela morte de um parente, quantas vezes já se entristeceu, quantas vezes a sua alma já se angustiou diante desse cenário sombrio da tristeza que dominou o seu coração, que acometeu a sua mente, que invadiu a sua alma, que açoitou o seu coração?

Dizem as Escrituras que certa feita o Senhor Jesus Cristo chegou ao Monte das Oliveiras, olhou para a cidade de Jerusalém e começou a chorar. E a Bíblia nos informa que foi um choro convulsivo. Quando Ele olhou, disse: "Jerusalém, Jerusalém, quantas vezes quis eu agasalhar-te debaixo dos meus braços, como uma galinha agasalha os seus filhotes, mas tu não quiseste". Quantas vezes você, leitor, já chorou e se entristeceu porque um amigo seu, porque um parente que se recusa terminantemente a ouvir a voz de Deus, recusa a graça de Deus? Quantas vezes você já chorou por um marido, por uma esposa, por um filho, por um pai, por um amigo, porque ele não querer a graça de Deus na vida dele? Agora, porém, Jesus está triste outra vez, num cenário bem diferente. Perceba o leitor, no texto, cinco degraus da tristeza de Jesus que foram se intensificando e avolumando; foram se agigantando.

Preste atenção! O primeiro degrau está no versículo 37, que afirma que Ele começou a entristecer-se e a angustiar-se. Era um sentimento íntimo, subjetivo, que Ele não havia compartilhado com ninguém. Talvez, amado leitor, a sua tristeza esteja assim: doendo, machucando, ferindo, e você está guardando a sua ferida lá no seu coração. Você está sofrendo calado, sozinho, sem compartilhar a dor com a pessoa mais íntima que você tem, carregando no peito o espectro dessa dor.

O segundo degrau, o segundo estágio da tristeza de Jesus, pode ser encontrado no versículo 38, quando Jesus diz: "Agora minha alma está profundamente triste até à morte". Agora Ele abre o seu coração. Agora Ele desabrocha a alma. Agora Ele não guarda a dor para si. Agora Ele conta para os outros. Agora Ele conta para os seus discípulos. Agora Ele compartilha a sua dor e não pode mais conter esse vulcão que está dentro dele. Agora Ele precisa deixar vazar pelos poros da sua alma, pelas janelas do seu coração, pelas comportas da sua vida essa tristeza que não pode mais ser contida. É uma tristeza muito grande, é uma dor muito profunda, é uma dor avassaladora.

Terceiro degrau dessa tristeza de Jesus está no versículo 39, quando ele chega diante de Deus, diante do seu Pai e diz: "Pai, se possível, passe de mim este cálice". É quando você chega diante de Deus com a sua dor, com a sua tristeza, com a sua angústia e diz: "Meu Deus me poupa desse negócio, Senhor. Meu Deus, se possível tira de mim essa dor, tira de mim essa angústia, tira de mim esse cálice.

Quarto degrau, veja o versículo 39, é quando o Senhor Jesus Cristo vai orar. Preste atenção! Deixando-os novamente, foi orar pela terceira vez, repetindo as mesmas palavras. O quarto degrau é quando você pede a Deus, pede a mesma coisa. É quando você insiste com Deus para tirar a dor e a angústia que assolam o seu coração.

E o último degrau dessa tristeza e angústia de Jesus está registrado em Lucas 22:44. A Bíblia diz que Jesus, nessa batalha com Deus, começou a suar, e seu suor se transformou em gotas de sangue. Agora reflita e questione-se: por que Jesus está triste, por que Ele está angustiado? Seria porque Judas o trairia, porque Pedro o negaria, porque a multidão o trocaria por Barrabás, porque Pilatos o entregaria, porque os soldados o crucificariam, ou porque os seus discípulos o abandonariam? Certamente a angústia e a tristeza que Jesus sentiu caracterizam-se por quatro aspectos distintos que podemos observar.

O primeiro aspecto é o aspecto temporal. Jesus estava profundamente consciente de que a hora dele havia chegado. *Aquela hora* que Ele dissera tantas vezes que não era chegada, agora Ele entendia: chegou a minha hora, o Filho será glorificado, agora o Pai glorificará o Filho e a glorificação do Pai seria por intermédio de sua morte. Ele não podia mais protelar aquele momento, era a hora de beber o cálice da morte no lugar dos remidos de Deus, dos escolhidos de Deus.

O segundo aspecto é o aspecto físico. Jesus ia ser entregue pelas mãos dos pecadores, Ele sabia o que fariam com Ele: iriam açoitá-lo, cuspir no seu rosto. O leitor já pensou sobre isso? O Criador do universo cuspido no rosto? Já pensou naquelas mãos que fizeram o universo sendo amarradas e pregadas numa cruz? Você já pensou no escárnio que fizeram dele amarrando as mãos dele, vendando os olhos dele e batendo com um caniço na cabeça dele dizendo: "Profetiza, profetiza, ó filho do homem!"? Já pensou no escárnio em colocar uma coroa de espinho e forçá-la junto à sua fronte até que a sua cabeça fosse rasgada para que a sua fronte fosse furada e saísse sangue? Jesus sabia a tortura, o sofrimento, o suplício, a dor horrenda, o martírio terrível que Ele enfrentaria.

Terceiro aspecto da agonia de Jesus é o aspecto moral. A Bíblia diz que Ele foi crucificado como malfeitor; como alguém que se insurgiu contra César, como alguém que se insurgiu contra a religião judaica, sendo um blasfemo. Imagine a dor moral de Jesus, em ser suspenso naquela cruz entre dois ladrões, entre dois salteadores, sendo considerado como um deles, Ele, um benfeitor da humanidade; Ele, que é o salvador do mundo?

Há, porém, um quarto aspecto desse sofrimento de Jesus que é o aspecto espiritual. Por que é que Jesus sofreu? É porque a sua alma imaculada e santa estava sendo borrifada pelo meu e pelo seu pecado. A Bíblia diz que aquele que não conheceu pecado, Deus o fez pecado por nós. A Bíblia diz que aquele que é bendito eternamente, foi feito maldição por nós. A Bíblia diz que o veneno letal da antiga serpente — Satanás, que é o pecado —, é que está envenenando a vida do crente, que está sufocando a sua vida; esse mesmo veneno foi lançado sobre o Filho de Deus. E todo aquele que olhar para Jesus será salvo. Louvado seja o Senhor. Essa é a angústia que dominou o coração do Senhor Jesus Cristo. Caro leitor, como você tem passado pelo vale das tristezas?

2. SOLIDÃO

A segunda prova que o crente enfrenta no vale da prova é a solidão. Perceba no versículo 39 que o Senhor Jesus Cristo agora vai orar sozinho. Adiantando-se um pouco, não tinha ninguém mais com Ele. Esse fato ensina que nas provas da vida, muitas vezes, você, leitor, vai ficar sozinho! Não tem jeito! Sozinho! E você vê essa situação na vida de Jesus. O evangelista João diz que a multidão que o acompanhava o deixa, o abandona. Agora, um dos discípulos se desgarra do rebanho: Judas sai, possuído por Satanás. Jesus entra com os onze discípulos no Getsêmani, deixa oito para trás, caminha mais um pouco com três, mas quando Ele tem de beber o cálice da dor, do sacrifício vicário, Ele está sozinho. Jesus disse muitas coisas para a multidão; quando Ele falou do traidor, só falou para os onze. Quando Ele falou da sua profunda angústia, só falou para os três: Pedro, Tiago e João. Porém quando Ele se prostrou diante do Pai e disse: "Pai, passa de mim esse cálice", Ele estava sozinho! Com certeza, caro leitor, todo crente fiel também vai cruzar o vale das provas sozinho.

Quando Paulo estava preso numa masmorra, ele disse: "todos me abandonaram, todos". Ele estava sozinho no vale da solidão! Quando João foi isolado na Ilha de Patmos para trabalhos forçados, por ordem de Domiciano, ele estava enfrentando o seu vale da solidão sozinho. Quando Jó foi açoitado pela dor, abandonado por sua mulher, criticado e acusado levianamente pelos seus amigos, ele sofreu o seu calvário, experimentou o seu Getsêmani sozinho.

E você, querido leitor, como tem enfrentado o seu vale da solidão? Com certeza você vai ter de passar pelo vale da solidão. Ninguém pode passar com você, muitas vezes.

3. INGRATIDÃO

A terceira prova, caro leitor, é o vale da ingratidão. Jesus investiu na vida de Judas, lembra-se disso? Jesus andou com esse homem, Jesus ensinou esse homem, Jesus ministrou ao coração dele. Jesus o escolheu para ser o tesoureiro do grupo apostólico, cargo de estrita confiança. Jesus lavou os pés dele e o amou. Jesus demonstrou sincera amizade por ele quando molhou o pão e o deu a ele. Isso era um símbolo de amizade, de comunhão, de amor. Jesus o chamou de amigo. No entanto, a despeito de investir tanto na vida desse homem, ele vendeu Jesus por cobiça, traindo-o com um beijo. Na caminhada da vida, caro leitor, você vai enfrentar muitas vezes a ingratidão. Dentro de casa, na sua família, do seu marido, da sua esposa, de seu pai, de seus filhos, de seus amigos. Gente que você investiu tempo, que dedicou atenção, que você deu amor, que você doou a própria vida, o próprio sangue, que vai se voltar contra você, que vai falar mal de você, que vai criticar você, que vai pisar você, que vai escarnecer de você, que vai entregar você.

Você certamente conhece aquela história antiga quando César Augusto encontrou um homem na sarjeta, Brutus. César Augusto levantou esse homem, ergueu esse homem do pó, da cinza, do opróbrio e investiu na vida dele. Fez dele um grande homem, fez dele um nobre, fez dele um dos homens mais famosos do império. Porém, de repente, o senado romano conspira contra César Augusto. E num dia fatídico o próprio senado apunhala César Augusto e o mata. E no meio da súcia criminosa que conspira contra César Augusto estava Brutus, também o apunhalando. E César Augusto se volta para os seus algozes e expondo a traição de Brutus, diz: "Até tu, Brutus?". Quantas vezes, aqueles a quem você ajudou, aqueles a quem você abençoou, aqueles a quem você fez de tudo para levantá-los poderão se levantar contra você! Não foi diferente com Jesus Cristo. Nos vales das provas nós enfrentamos ingratidão.

COMO VENCEMOS AS PROVAS NO VALE

Caro irmão, o segundo ponto da mensagem é o aspecto mais positivo. A segunda lição é como são vencidas as provas no vale. Como ficou claro, não há dúvida de que o crente vai ser provado. O negócio é saber como vencer as provas, como sair lá na frente, como triunfar nas crises. Jesus nos ensina, caro irmão, que as provas no vale são vencidas por meio da oração. Você pode ver nos versículos 39 a 44. Caro leitor, o que acontece, via de regra, quando as pessoas são provadas? As reações são as mais diferentes. Tem muita gente que começa a murmurar. Tem muita gente que começa a dizer: onde está Deus? Tem muita gente que se revolta contra Deus, como a mulher de Jó. Outras pessoas se escandalizam com Deus, deixam de falar com Deus, deixam de ler a Bíblia, deixam de frequentar a igreja, deixam de buscar a face do Senhor. Jesus nos ensina uma coisa tremenda! Na hora da prova, a única maneira de você vencer é buscando a Deus em oração. E mais uma vez eu quero que você olhe para Jesus, para ver como é que Ele orou.

A vida de oração do crente, via de regra, está lá embaixo. A média de oração do povo de Deus não passa, geralmente, de quinze minutos por dia! E se você deseja ser vitorioso nas provas, tem de olhar para Jesus e ver como Ele orou. E há aqui cinco características da oração de Jesus que você tem de observar.

1. HUMILHAÇÃO

A primeira característica da oração de Jesus é humilhação. Diz a Bíblia que Ele se prostrou com o rosto em terra. Ele se humilhou. Pense nisto: o Deus eterno de joelhos! Imagine o seguinte: Ele, que é o Deus dos deuses, com o rosto em terra, prostrado. Então, como eu e você, que somos barro, não devemos orar na hora da crise?

2. INTENSIDADE

A segunda característica da oração de Jesus é intensidade. Diz a Bíblia em Lucas 22:44 que Jesus orou, e orou com tamanho fervor, com tamanha intensidade, com tamanho investimento de alma que o seu suor se transformou em gotas de sangue. Com que intensidade você ora, caro irmão? Com que intensidade você busca a Deus, com que intensidade você entra na guerra, no conflito, na batalha, lutando em oração?

3. PERSEVERANÇA

A terceira característica da oração de Jesus é perseverança. Ele orou uma vez, Ele orou uma segunda vez e Ele orou uma terceira vez. E se você examinar detidamente o texto vai ver que haverá uma progressão na oração de Jesus. Ele disse: "Senhor, passa de mim este cálice". Na segunda vez Ele disse: "Meu Deus, se não é possível, então faça-se a tua vontade". E na terceira vez Ele disse: "Meu Deus, seja feita a tua vontade". Não se trata de alguém que ora e que luta com Deus para que a vontade de Deus mude, mas de alguém que entra na guerra para que a vontade de Deus se cumpra na sua vida. Muitas vezes, nossas lutas são para que a nossa vontade prevaleça; mas o que é importante, querido, é se sujeitar à vontade de Deus. Não há da parte do Senhor nenhuma ação de decretar nada para Deus. Não se vê Jesus Cristo dizendo para Deus: eu não aceito o sofrimento, eu não aceito esse cálice. Só se vê Jesus prostrado, humilhado, com o rosto em terra, com o rosto no pó, dizendo: "Meu Deus, seja feita a tua vontade".

4. VIGILÂNCIA

A quarta característica da oração de Jesus, irmão, é a vigilância. Veja no versículo 41 que Jesus exorta os discípulos dizendo: "Vigiai e orai, para que não entreis em tentação". Jesus alerta os discípulos para vigiar e orar. Caro irmão, na hora da prova, se você não vigiar, se você não orar, você pode cair. E há aqui, querido irmão, algumas coisas sobre vigilância que impressionam. Primeira, os discípulos não vigiaram, eles dormiram na batalha. Quem não vigia nem ora, pode a situação estar pegando fogo, não entende o que está acontecendo. Ele dorme. Segunda, porque não vigiaram, diz a Bíblia, eles não sabiam o que responder. Quem não ora não tem palavra nenhuma para dizer. Na hora do conflito, na hora da luta, na hora da batalha, na hora em que a situação exige uma palavra de ânimo, de encorajamento, não há nada a oferecer, não há como abençoar, não há palavra de conforto para confortar.

Se não há intimidade com Deus, se não está bebendo das fontes, da graça do Senhor, não sabe o que falar. Terceira, eles não vigiaram, ficaram com medo e fugiram. Quarta, eles não vigiaram, Pedro reagiu pela carne, pegando a espada e cortando a orelha do servo do sumo sacerdote. Quando não há vigilância, é possível que você não entenda a natureza da luta, da batalha que está se travando.

5. SUBMISSÃO À VONTADE DO PAI

Caro irmão, a oração do Senhor Jesus Cristo tem uma quinta característica: a submissão à vontade do Pai. A oração, é necessário entender isto, não é para que a vontade do homem seja feita no céu. A oração é para que a vontade do Pai seja feita na terra. "Faça-se a minha vontade, e não a tua" transformou, lá no Éden, o paraíso num deserto. Por outro lado, "faça-se a tua vontade, e não a minha" transformou o deserto da humanidade no jardim da redenção. Como é que você tem orado quando passa pelos vales da prova? O que você tem feito no vale da prova?

Primeiro, você deve orar; vença por meio da oração. Segundo, no vale das provas, triunfe por meio da confiança em Deus. Leia Marcos 14:36.

Quando Jesus se dobrou, se ajoelhou, se prostrou para orar, Ele disse: "Aba, Pai". E esta palavra, *Aba*, contém e encerra um oceano de significados. Não era uma palavra empregada para se dirigir a Deus. Era uma palavra que uma criancinha, tenra, usava para se dirigir a seu pai. Quando Jesus disse: "Aba, Pai", Ele estava sabendo que o seu Deus era o seu Pai; que o seu Pai era o seu Deus. Que a sua vida estava nas mãos não de um Deus distante, estranho, indiferente, mas nas mãos do seu Pai. Saiba disso, irmão, quando você estiver passando pelas provas: Deus não vai permitir que você verta uma lágrima sequer inutilmente. Deus não é sádico, Deus não é carrasco, Deus é amor, Deus é bondade, Deus é misericordioso, Deus ama você muito mais do que você e eu possamos amar os nossos filhos. Deus não tem prazer em ver os seus filhos sofrendo.

Quando Deus permite você passar pelos vales das provas, saiba que Ele está no controle, que Ele está no comando, que Ele é seu Pai querido, que você pode se agasalhar no seu colo e nos seus braços. Pode confiar nele. Pode dizer como o salmista: "Bondade e misericórdia certamente me seguirão todos os dias da minha vida". E eu vou, enfim, habitar na casa do Senhor para todo o sempre. Terceiro, irmão, o que fazer quando estiver passando pelo vale das provas? Busque solidariedade. Veja o versículo 38 do texto lido. Jesus disse aos discípulos: "A minha alma está profundamente triste até a morte; ficai aqui e vigiai comigo". Isso é lindo! Jesus mostra aqui a sua perfeita humanidade. Quando entrou naquele jardim, Ele buscava duas coisas intensamente: comunhão humana e comunhão divina. Meu amado, nos momentos de prova, você precisa de alguém do seu lado, não queira curtir a sua dor sozinho, não queira viver isolado. Há momentos em que você tem de passar sozinho mesmo, mas há momentos em que você precisa de alguém do seu lado. E é maravilhoso ver como Jesus agiu nesse momento, Ele não pediu nada aos discípulos; Ele não queria ouvir nada dos discípulos. A única coisa que Ele pede aos discípulos é o seguinte: "fiquem aqui e vigiai comigo". Quando você está passando por um momento de dor, às vezes nem é hora de você ficar escutando muitos discursos, muitos sermões, muita exortação, não!

Quando você está passando por um momento pelo vale de dor, não é hora das pessoas encherem você de questionamentos teológicos, como fizeram os amigos de Jó. Quando você está passando por um momento de dor, a coisa mais importante é que alguém vá até você e pelo menos fique do seu lado, que alguém esteja com você. E foi isso que Jesus pediu: fiquem comigo, vigiem comigo, estejam do meu lado. O que é triste, irmão, é que muitas vezes quando um filho de Deus começa a passar por um momento difícil, o povo de Deus foge, todo mundo foge. É muito mais confortante estar perto de pessoas que tudo esteja bem com elas. Alegre, feliz, com saúde, ganhando muito dinheiro, é uma maravilha. Agora, o Senhor Jesus ensina que quando alguém está passando pelo vale da dor é hora de se aproximar dessa pessoa, é hora de ficar perto dela, é hora de ministrar a graça de Deus, o consolo do Espírito Santo ao seu coração.

Quando Paulo estava preso em Roma, é gratificante olhar essa situação. Veja o que o grande apóstolo disse: "traz, por favor, o João Marcos, para ficar aqui comigo". Aquele jovem que um dia eu dispensei na viagem missionária, traz esse homem, eu preciso dele. Ele me é útil agora. Aquele grande gigante escreve para o seu filho Timóteo dizendo: Timóteo, venha depressa, meu filho, venha depressa. Venha antes do inverno, venha ficar comigo, meu filho; eu estou precisando de alguém do meu lado. Precisamos de solidariedade, irmãos. Quarto, quando você passa pelo vale da prova, você precisa atravessar esse vale corajosamente, pela coragem. Veja o versículo 46 do texto, ao terminar de orar Jesus diz: "Levantai-vos, vamos! Eis que o traidor se aproxima". A reação de Jesus não é escapar, não é fugir, a reação de Jesus é enfrentar.

E sabe por que Jesus tem coragem de enfrentar? Porque Ele passou o tempo orando, por isso Ele não se acovardou como os discípulos, porque Ele estava na presença do Pai. Agora é hora de ação, de enfrentamento. Irmão, oração não é preparação para a fuga dos problemas. Oração é para enfrentamento dos problemas, a fim de vencê-los. Sem oração você foge, meu filho, quando a coisa aperta. É preciso orar, irmão. Foi por isso que

COMO PASSAR PELO VALE DAS PROVAS

Jesus orou. E porque Ele orou, levantou-se e disse: "Vamos enfrentar o inimigo, porque ele já está se aproximando". Ele não fugiu nem se acovardou.

Finalmente, em último lugar, como passar pelos vales da prova? O vale da prova é lugar para receber a consolação de Deus. Aleluia! Lucas registra que quando Jesus estava lá suando gotas de sangue um anjo dos céus, um anjo de Deus, desceu e veio consolá-lo. Há duas coisas importantes que você precisa saber. Quando você estiver passando por um vale de provas, Deus poderá fazer duas coisas por você. Primeira, Ele poderá lhe dar livramento, como deu livramento a Daniel na cova dos leões; como deu livramento aos amigos de Daniel na fornalha ardente; como mandou um anjo para romper as cadeias da prisão máxima de Herodes e tirar Pedro de lá. Segunda, Deus também pode fazer outra coisa no vale das provas: Ele pode fazer o que fez com Paulo quando este estava com um espinho na carne. Paulo disse: "Meu Deus tira de mim esse espinho; meu Deus tira de mim esse espinho; ó meu Deus, tira de mim esse espinho". E então pode escutar Deus falando com ele: "Não, meu filho, eu não vou tirá-lo, mas eu vou lhe dar a minha graça. Eu não vou remover o problema; eu vou dar força para você enfrentá-lo e vencê-lo. A minha graça lhe basta". Jesus chegou para o Pai e disse: "Pai, se possível passa de mim este cálice". E o Pai não passou o cálice, mas mandou um anjo para consolá-lo, A fim de que Cristo bebesse o cálice vitoriosamente. Meu amado, é absolutamente seguro que Deus pode confortar o seu coração nas horas das provas. Tiago diz no capítulo 1, versículo 2, da sua carta: "[...] tende por motivo de toda alegria o passardes por várias provações". E é muito bonita a palavra *várias* no grego, que significa provações de todas as cores. A palavra *várias* ali significa todas as cores, multicoloridas. O pastor Jeremias, em uma fita de vídeo ensinando sobre esse texto, afirma que tem provação de toda cor. Tem provação que é rosa clarinho, igual esmalte de noiva. Ele disse que toda noiva passa um esmalte rosa clarinho assim. Tem provação que é rosa clarinho. Tranquila, dá para vencer, dá para saltar por cima, dá para enfrentar. Já outra prova é rosa choque, a coisa já não é tão mais fácil assim. Já é mais complicado. Há outra prova que é vermelha, cor de sangue, de dor. A outra prova é roxa, quando a situação fica apertada, difícil. A outra prova é escura como a noite tenebrosa, é luto, é solidão. Deus permite muitas vezes que nós enfrentemos toda sorte, toda cor de tribulação.

Mas a Bíblia diz em 1Pedro 5:10 que o Deus de toda graça nos dá assistência. E a expressão "toda graça" é a mesma expressão que se encontra em Tiago 1:2, "de toda cor". Sabe o que isso significa? Que para cada cor de tribulação que você enfrentar Deus tem uma cor de graça para lhe conceder. Se você enfrentar uma tribulação rosa clarinho, Deus tem uma graça rosa clarinho para lhe dar. Se você enfrentar uma tribulação tipo rosa choque, Deus tem uma graça suficiente para você enfrentá-la. Se você enfrentar uma tribulação escura como a noite tenebrosa, Deus vai lhe dar graça para passar por ela.

Louvado seja o Senhor. Ele é o Deus de toda consolação. Jesus entrou no Getsêmani profundamente triste e saiu do Getsêmani absolutamente consolado para enfrentar a cruz. Como você tem saído das provas da vida: derrotado ou vitorioso?

Deus está neste lugar, como estava no jardim do Getsêmani. Ore a Ele nesse instante. Há muitos que têm enfrentado muitas lutas, muitas provas. Às vezes você está como Jesus, começando a entristecer-se e começando a se angustiar. Talvez você não tenha contado nada para ninguém ainda, mas está doendo muito. Quem sabe o seu relacionamento em casa, no seu lar não está bom, não está do jeito que você sonhou nem do jeito que você quer, mas você não tem condições nem de compartilhar com seu marido, com sua esposa. Talvez a situação esteja tensa entre você e seus filhos. Você não sabe o que fazer, você está angustiado e triste, muito triste! Quem sabe haja um problema na sua saúde, um problema financeiro, a iminência de ser mandado embora da sua empresa, ou você esteja desempregado, não tendo uma saída para você. O país fala em crise, o mundo fala em arrocho, em recessão, parece que tudo está muito sombrio para o seu coração. Tristeza, angústia! Quem sabe você já até mesmo extravasou a sua tristeza, compartilhou isso para outras pessoas. Ainda assim está doendo demais, doendo muito! E você vai dizer: "A minha alma está profundamente triste até à morte". Tristeza angustiosa mesmo! E Deus está aqui, e Ele conhece o seu coração. As lutas são inevitáveis, irmão. E você tem de passar pelas provas da tristeza, pelas provas da solidão, pelas provas da ingratidão. Mas Deus pode lhe dar força para orar, para confiar. Deus pode lhe dar força para buscar solidariedade. Deus pode lhe dar força para buscar, Ele pode consolar você e lhe dar vitória.

Ore a Deus por um tempo de consolação, por um tempo de refrigério, por um tempo de visitação de Deus na sua vida. Deus é o Deus de toda consolação, é o Pai de misericórdia, é o Deus que age. E quando Ele não remove o problema, a dor, é porque Ele tem um plano maravilhoso e eterno, e ele vai lhe dar graça para enfrentar a sua luta. Deus é poderoso para fazer infinitamente mais do que pedimos ou pensamos. Ele conhece a sua dor, Ele conhece o seu problema, Ele conhece a sua necessidade, Ele conhece a sua vida. Ele é Pai. Você pode dizer: "Aba, Pai, querido paizinho, tu conheces a minha vida, tu sabes o que eu estou precisando nesta noite".

Fale com o seu Deus. Há momentos em que você precisa abrir o seu coração para o Senhor. Faça o que Jesus Cristo fez lá no Getsêmani, exponha a sua dor para Deus. Diga a Ele o que está passando no seu coração.

> Ó Deus bendito, ó Deus de toda glória, Pai do nosso Senhor Jesus Cristo, tu conheces a vida do teu povo. Tu conheces o nosso passado, o nosso presente, o nosso futuro. Tu sabes, ó Pai, que muitas vezes o nosso coração, à semelhança de Jesus, tem ficado triste. Tantas vezes entramos num beco de opressão, somos encurralados de todos os lados. Não vemos saída, não vemos resposta, não vemos solução, não vemos alternativas. Parece que o mundo desaba sobre a nossa cabeça. A tristeza e a angústia tomam conta de nós. Muitas vezes, meu Deus, a vigília da solidariedade se transforma no sono da fuga, e aqueles que deviam estar ao nosso lado para nos consolar e sustentar as nossas mãos desistem de nós. Precisamos de ti. Porque, muitas vezes, até mesmo a ingratidão, até mesmo aqueles mais achegados a nós nos viram as costas. Tem misericórdia de nós,

Senhor, e nos assiste em nossa fraqueza. Consola o nosso coração e nos ensina a orar.

Quando a luta chegar, dobra o nosso coração e os nossos joelhos. Dá-nos confiança para olhar para ti e te chamar de Aba, Pai. É bom saber que a nossa vida está nos braços do Deus vivo, do Deus eterno, do Deus soberano, do Deus que é nosso Pai, que nos ama com amor eterno.

Senhor, ajuda-nos, para que nessas horas difíceis das provas alguém fique do nosso lado. Nós somos humanos, tu bem sabes, precisamos de um amigo, de um braço estendido para nós, de alguém que nos acaricie, e nos toque, e nos encoraje. Quem sabe tu fiques do nosso lado sem falar uma palavra sequer, mas estejas do nosso lado. Meu Deus, dá-nos ânimo para não fugir, mas para enfrentar as lutas como Jesus enfrentou.

Ó Deus, manda o conforto do Espírito Santo para nós, manda o teu anjo para nos consolar. Mas, mais do que isso, tu já mandaste o teu Espírito, o divino Consolador, o supremo Consolador. Louvado seja o teu nome porque Ele está conosco e em nós. E Ele nos assiste em toda nossa fraqueza. Senhor, sustenta o teu povo, refrigera o coração dele e consola a alma de cada um dos teus servos.

Meu Deus, se existe alguém enfermo, cura-o se for a tua vontade. Manifesta o teu poder se quiseres. Ó meu Deus, tu podes fazer isso, libertando da enfermidade, da opressão, do medo, do desespero, do temor do amanhã, do temor da crise, do temor do desemprego, do temor da doença, do temor do abandono.

Ó Pai, sustenta o teu povo, consola a tua igreja. Derrama o bálsamo do Espírito Santo sobre o teu povo. E que o leitor, ao cruzar pelo vale das provas possa sair desse vale vitorioso, para a glória do teu nome. Que o teu povo, meu Deus, passe pelas águas, passe pelo rio, passe pelo fogo vitoriosamente, que o teu povo transforme esses vales em verdadeiros mananciais para a glória do teu nome.

Louvado seja o teu nome, Senhor.

No nome bendito do nosso amado Jesus Cristo. Aleluia. Amém.

12

COMO TRANSFORMAR O SOFRIMENTO EM TRIUNFO

¹ Ora, tendo Cristo sofrido na carne, armai-vos também vós do mesmo pensamento; pois aquele que sofreu na carne deixou o pecado, ² para que, no tempo que vos resta na carne, já não vivais de acordo com as paixões dos homens, mas segundo a vontade de Deus.

³ Porque basta o tempo decorrido para terdes executado a vontade dos gentios, tendo andado em dissoluções, concupiscências, borracheiras, orgias, bebedices e em detestáveis idolatrias.

⁴ Por isso, difamando-vos, estranham que não concorrais com eles ao mesmo excesso de devassidão, ⁵ os quais hão de prestar contas àquele que é competente para julgar vivos e mortos; ⁶ pois, para este fim, foi o evangelho pregado também a mortos, para que, mesmo julgados na carne segundo os homens, vivam no espírito segundo Deus.

⁷ Ora, o fim de todas as coisas está próximo; sede, portanto, criteriosos e sóbrios a bem das vossas orações.

⁸ Acima de tudo, porém, tende amor intenso uns para com os outros, porque o amor cobre multidão de pecados.

⁹ Sede, mutuamente, hospitaleiros, sem murmuração.

¹⁰ Servi uns aos outros, cada um conforme o dom que recebeu, como bons despenseiros da multiforme graça de Deus.

¹¹ Se alguém fala, fale de acordo com os oráculos de Deus; se alguém serve, faça-o na força que Deus supre, para que, em todas as coisas, seja Deus glorificado por meio de Jesus Cristo, a quem pertence a glória e o domínio pelos séculos dos séculos. Amém!

¹² Amados, não estranheis o fogo ardente que surge no meio de vós, destinado a provar-vos como se alguma coisa extraordinária vos

estivesse acontecendo; ¹³ pelo contrário, alegrai-vos na medida em que sois coparticipantes dos sofrimentos de Cristo para que também, na revelação de sua glória vos alegreis exultando.

¹⁴ Se, pelo nome de Cristo, sois injuriados bem aventurados sois, porque sabre vós repousa o Espírito da glória e de Deus.

¹⁵ Não sofra, porém, nenhum de vós como assassino, ou ladrão, ou malfeitor; ou como quem se intromete em negócios de outrem;

¹⁶ Mas, se sofrer como cristão, não se envergonhe disso; antes, glorifique a Deus com esse nome.

¹⁷ Porque a ocasião de começar o juízo pela casa de Deus é chegada; Ora, se primeiro vem por nós, qual será o fim daqueles que não obedecem o evangelho de Deus?

¹⁸ E, se é com dificuldade que o justo é salvo, onde vai comparecer o ímpio, sim, o pecador?

¹⁹ Por isso, também os que sofrem segundo a vontade de Deus encomendem a sua alma ao fiel Criador na prática do bem.

1PEDRO 4

CARO LEITOR, ESTOU CONVENCIDO e absolutamente seguro de que você certamente está com o coração apertado; estou convencido de que você está passando por momentos amargos e difíceis; estou convencido de que você tem chorado durante as noites, noites longas, e a sua alma está apertada, aflita. Estou convencido de que você está passando por um vale sombrio de dor. Parece que isso não combina muito com o espírito da nossa época. Porque a nossa época parece buscar desenfreadamente o prazer, a felicidade, como fim último da vida. Talvez você pergunte por que um crente sofre? Será que é porque está em pecado? Será que é Deus quem está castigando? Será que ele sofre porque não tem fé? Será que ele sofre porque não sabe reivindicar os seus direitos espirituais? Estou convencido daquilo que John Blanchard afirmou certa feita, que Deus prefere que tenhamos uma dor santa a um prazer profano.

Porém as perguntas que talvez ainda se levantem hoje do seu coração sejam: "Se existe sofrimento será que Deus existe? Se Deus é bom, por que é que Ele permite sofrimento? Se Deus é justo, por que pessoas boas sofrem?". Observe o texto citado que diz que este mundo está marcado pelo sofrimento. Nós estamos carimbados, tatuados pelo sofrimento. A Bíblia diz que a natureza geme, que a igreja geme, e geme de dores. É bem verdade que algum tipo de sofrimento que você vive não é aquele sofrimento que dói na carne, mas dói na alma. Talvez não seja um sofrimento que você possa aliviar com remédio, com analgésico, mas é um sofrimento que consome você, que aflige a sua alma, que esmaga o seu peito, que amassa suas emoções. É a ansiedade, é a solidão. É a perda de um relacionamento significativo, é o luto, é a enfermidade, é a crise que chega sem pedir licença e arromba a porta e não quer ir embora; é o casamento que se desfaz, é o sofrimento emocional que abrange muitas vezes sua mente, as suas emoções, o seu corpo e a sua alma.

QUESTÕES FUNDAMENTAIS SOBRE O SOFRIMENTO

Quero convidar você hoje para olhar alguns aspectos do sofrimento, aqui e à luz desse texto; mas, ainda preliminarmente, quero levantar cinco questões fundamentais sobre o sofrimento.

A primeira verdade é: não há na Bíblia qualquer promessa de que Deus vai sempre nos poupar do sofrimento; não temos essa promessa. Vida cristã não é vida indolor. Aliás, Agostinho disse, e precisamos concordar com ele, que Deus só teve um filho na terra sem pecado, mas nenhum filho sem sofrimento. A Palavra de Deus diz que vamos passar por rios, por ondas revoltas e pelo fogo. A mesma Bíblia que diz "O Senhor é meu pastor e nada me faltará" também diz que vamos passar pelo vale da sombra da morte.

A segunda verdade que eu quero lhe dizer é que Deus trabalha nas circunstâncias dolorosas da nossa vida e as canaliza para o nosso bem. Esta é uma das verdades mais consoladoras da Escritura: a nossa dor não está alheia ao olhar benevolente de Deus. O sofrimento que você passa não está escondido do olhar penetrante de Deus. O seu sofrimento não está fora do controle de Deus. A Palavra de Deus nos diz que todas as coisas cooperam para o bem daqueles que amam a Deus. E ainda quando os homens intentam o mal contra você, ainda quando as circunstâncias adversas conspiram contra a sua alma, a Bíblia diz que Deus reverte essas situações em bênção e benefícios para a sua vida. As mais fortes almas têm emergido do sofrimento, e os caracteres mais maciços estão cheios de cicatrizes.

A terceira verdade preliminar que quero afirmar é que Deus transforma as circunstâncias adversas em benefício para nós. Amado, há uma verdade que professamos que precisa não fazer parte apenas dos nossos manuais de teologia e dos nossos credos confessionais, mas precisa se converter em prática, em vida no nosso dia a dia. E essa verdade é a seguinte: Deus está no controle da nossa vida; nenhum fio de cabelo da nossa cabeça pode cair sem que Ele saiba e permita. Nada acontece conosco que venha fugir ao controle e ao domínio de Deus. O apóstolo Paulo, escrevendo aos Filipenses, disse: "Eu quero que vocês saibam, meus irmãos, que as coisas que me aconteceram têm antes contribuído para o progresso do evangelho". Que coisas? Que coisas são essas? Ele mesmo nos diz, a sua perseguição em Damasco, a sua rejeição em Jerusalém, o seu esquecimento em Tarso, o seu apedrejamento em Listra, o seu açoite em Filipos, a sua expulsão de Tessalônica e Bereia, a zombaria que sofreu em Atenas, o escarnecimento em Corinto, as lutas em Éfeso, a prisão em Jerusalém, as acusações em Cesareia, o naufrágio na viagem para a Itália, a picada de uma cobra em Malta e a sua prisão em Roma. Ele disse que essas coisas adversas que lhe aconteceram não fugiram do controle de Deus, mas contribuíram para o seu bem.

A Palavra de Deus nos diz no salmo 84 que Deus transforma os nossos vales áridos em mananciais na nossa vida.

A quarta verdade preliminar que quero lhe dizer é que mesmo que as circunstâncias não mudem, Deus continuará sendo o motivo da sua alegria. Não é verdade, irmãos, que podemos afirmar para alguém que está sofrendo para acalmar-se, porque a coisa vai melhorar. Quero lhe dizer que muitas vezes nada muda, pelo menos na dimensão do lado de cá da sepultura. Quero lhe dizer, porém, que a perspectiva do cristianismo não é apenas para agora. Aqui Paulo diz: "se a nossa esperança em Cristo se limitar apenas a essa vida, somos os mais infelizes de todos os homens". A nossa esperança não está aqui, a nossa consolação final não é aqui, a nossa recompensa final não é aqui. E Habacuque nos diz: "Ainda que o fruto da oliveira venha a mentir, ainda que não tenha gado no curral, ainda que não haja fruto na vide, ainda que tudo ao meu redor pareça estar seco e sem vida, eu ainda me alegrarei no Deus da minha salvação".

A última verdade preliminar que quero afirmar antes de entrar nesse texto, amigo, é que podemos nos alegrar nas nossas próprias tribulações. Eu lhes confesso que isso parece masoquismo, isso parece contraditório, paradoxal. Como é que alguém pode alegrar-se no sofrimento? Como é que alguém pode exultar sabendo que a tribulação produz experiência, perseverança e profundo relacionamento de intimidade com Deus? A Bíblia diz isso. Gloriamo-nos nas tribulações, sabendo que a tribulação produz perseverança, a perseverança experiência, e a experiência esperança, e a esperança não confunde. A Bíblia diz: "Meus irmãos, tende por motivo de toda alegria o passardes por várias provações; sabendo que a provação da vossa fé, uma vez confirmada, produz perseverança". Então, amigo, à luz desse texto vamos aprender algumas coisas.

O PROPÓSITO DO SOFRIMENTO

Primeiro, o propósito do sofrimento na vida do crente. Se você está sofrendo, por que você está sofrendo? Qual é a razão? Qual é o motivo? Qual é o propósito?

I. VENCER O PECADO

O sofrimento nos ajuda a vencer o pecado. "Ora, tendo Cristo sofrido na carne, armai-vos também vós do mesmo pensamento, pois aquele que sofreu na carne deixou o pecado." Meu amado, o sofrimento faz que o pecado perca o seu poder em nossa vida. Enquanto o sofrimento endurece o ímpio e o torna alguém insolente contra Deus, o sofrimento, para o cristão, o amolece, e ele se derrete diante de Deus, como barro pronto a ser moldado pelas mãos do divino oleiro. O que a Bíblia está dizendo é que o sofrimento de Cristo Jesus nos ajuda como crentes a enfrentarmos o sofrimento com a mesma disposição. Ele é o nosso exemplo no sofrimento, Ele aprendeu pelas coisas que sofreu. O sofrimento, quando chega à nossa vida, nos faz desmamar do mundo, e nos mostra que os atrativos, os encantos, os prazeres, os deleites do mundo são nada. O sofrimento nos leva ao amadurecimento espiritual, a romper com o pecado, a nos voltarmos para Deus, a buscarmos refúgio em Deus, a depositarmos a nossa confiança em Deus. Quando você está passando por uma nuvem de sofrimento, por um vale de dor, todos os encantos do mundo perdem a atração para a sua alma. Nesse momento de dor, nesse momento de sofrimento, só Deus o consola, só Deus lhe refrigera a alma, só Deus lhe satisfaz.

2. TESTEMUNHAR DE CRISTO

O sofrimento nos ajuda a testemunhar de Cristo Jesus. O versículo 4 diz: "Por isso, difamando-vos, estranham que não concorrais com eles ao mesmo excesso de devassidão". Sabe o que está acontecendo aqui? A Bíblia está dizendo o seguinte: o mundo está olhando para você. Quando o mundo olha para você passando por um sofrimento, passando por uma angústia, por uma provação, por um vale de dor, o mundo não entende a sua atitude, o mundo não entende a sua reação. Ele não pode compreender como é que você, na hora da dor, não blasfema.

Como é que você, na hora da dor, não se insurge contra Deus? Como é que você não se revolta contra Deus: como é que, na hora da dor, você não se decepciona com Deus? Como é que você, na hora da dor, continua sendo piedoso, buscando a Deus, andando com Deus? Então, essa atitude sua é um testemunho. Diz a Bíblia que Jó, quando estava prostrado na cinza, depois de perder os seus bens, os seus dez filhos, ele adorou a Deus dizendo: "O Senhor Deus o deu, o Senhor o tomou, bendito seja o nome do Senhor". Não há testemunho mais eloquente do que uma pessoa glorificar a Deus no sofrimento. Eu volto os meus olhos para o apóstolo Paulo açoitado, execrado, jogado no cárcere interior de uma prisão romana; em Filipos, diz a Bíblia que ele cantava à meia-noite. Isso certamente provocou uma profunda reação na vida daquelas pessoas. Eu observo a experiência de Estêvão, apedrejado, experimentando uma das mortes mais dolorosas e sofridas, diz a Bíblia que os seus algozes olharam para ele, e o seu rosto brilhava e resplandecia como o de um anjo. Também observo o Senhor Jesus Cristo em sangue na cruz, ainda destilando palavras de ternura e de compaixão aos seus exatores, dizendo: "Pai, perdoa-lhes porque não sabem o que fazem". Amado irmão, na dor, Deus pode usar você para testemunhar com mais poder e com mais eloquência.

3. O SOFRIMENTO NOS AJUDA A MANIFESTAR UM TERNO AMOR PELOS IRMÃOS (VERSÍCULOS 7 A 9)

Nos versículos 8 e 9, Pedro diz: "Acima de tudo, porém, tende amor intenso uns para com os outros, porque o amor cobre multidão de pecados. Sede, mutuamente, hospitaleiros, sem murmuração". E até o versículo 10 ele diz ainda sobre servir uns aos outros com o dom que você recebeu. Sabe de uma coisa, querido? O sofrimento nos torna sensíveis. Tenho visto isso. Conheci tanta gente dura, com o coração muitas vezes fechado, insensível à necessidade do próximo, incapaz de chorar com aqueles que estão agonizando na dor. De repente, essas pessoas endurecidas foram provadas também; o sofrimento chegou também para elas. E elas mudaram a concepção da vida, elas mudaram a maneira de olhar para os outros, elas mudaram a concepção de olhar a vida e olhar o próximo. Sabe por quê? Porque o sofrimento nos torna sensíveis, tolerantes, amáveis, generosos com os outros. O sofrimento nos faz abrir o coração, o sofrimento nos faz abrir a nossa casa, o sofrimento nos faz abrir o nosso bolso para o próximo que está sofrendo. Na verdade, o sofrimento nos torna mais solidários. É verdade, ele nos torna mais solidários. Estudem a história e vocês notarão que as maiores causas sociais e humanitárias surgiram de gente que passara por momentos amargos na vida, por feridas na alma, que depois de enfrentar um sofrimento atroz disse: "Eu quero fazer da minha vida doravante uma bandeira de luta por essa causa pela qual sofri".

Agora, vamos ver o segundo ponto da nossa meditação. Quais são as atitudes do crente em relação ao sofrimento? Quais são as atitudes? Você que, talvez, está com o coração abatido, como é que você vai reagir diante dessa situação? Em primeiro lugar, o crente precisa entender que o sofrimento não é incompatível com a vida cristã. Versículo 12: "Amados, não estranheis o fogo ardente que surge no meio de vós, destinado a provar-vos, como se alguma coisa extraordinária vos estivesse acontecendo". Querido irmão, se você está passando por um sofrimento, você está no caminho. A Bíblia diz assim que todo aquele que quiser viver piedosamente em Cristo, esse vai ser perseguido. Por isso diz a Palavra: "Irmãos, não vos maravilheis se o mundo vos odeia". E o apóstolo Paulo diz: "Importa-vos entrar no reino de Deus por meio de muitas tribulações".

Então, se você está sofrendo, não estranhe isso, não pense que você é uma exceção, não pense que isso é algo extraordinário, não pense que você é uma ilha, que está sofrendo sozinho. Não. Essa é a história do povo de Deus. O sofrimento é um legado, uma herança do povo de Deus. O apóstolo Paulo chegou a dizer aos filipenses que Deus nos deu a graça não apenas de crer em Cristo, mas também de sofrer por Cristo. É uma graça, um privilégio. Segundo lugar, o crente precisa entender que o sofrimento é para nos provar e não para nos destruir. Você nota isso no próprio versículo 12: "destinado a provar-vos". É muito importante entender isso, queridos irmãos, porque, às vezes, nós chegamos a pensar que Deus perdeu o controle e que Deus não sabe o que está fazendo conosco, ou que Deus está longe ou indiferente à nossa dor, e nós estamos abandonados ao relento, ao léu, à nossa sorte e infortúnio. Não, absolutamente não.

Quando Deus joga você na fornalha, Deus desce com você à fornalha. Ele é o quarto homem da fornalha. E esse texto nos diz que o fogo ardente da fornalha não é para destruir você, mas para queimar a escória, tirar o que não presta, para tornar você mais limpo, mais puro, mais digno, mais valoroso para Deus. Sabe de uma coisa? No passado, o ourives quando colocava o metal, o ouro, no cadinho, o objetivo maior do ourives era tornar o metal tão puro a ponto de a face dele resplandecer no metal, refletir no metal. Então esse metal estava puro. Sabe o que Deus faz conosco? Ele nos permite passar pelo sofrimento para que nós possamos refletir a imagem de Jesus na nossa vida, que aprende pelas coisas que sofre. É bem verdade que Satanás, nosso arqui-inimigo, tenta explorar o sofrimento na nossa vida.

E a Bíblia diz que Satanás queria destruir Jó. Deus, porém queria aperfeiçoar Jó. A Bíblia diz que Satanás botou um espinho na carne do apóstolo Paulo para esbofeteá-lo, mas Deus permitiu o espinho na carne de Paulo para tirar dele qualquer vaidade, para torná-lo um homem humilde, pronto para ser um vaso de honra para toda boa obra. O Diabo tenta para nos destruir e nos derrubar; Deus nos prova para nos fortalecer e nos purificar. Em terceiro lugar, o crente precisa entender que é possível enfrentar o sofrimento com exultante alegria. Preste atenção no versículo 13: "Pelo contrário", diz Pedro, "alegrai-vos na medida em que sois coparticipantes do sofrimento de Cristo". Só um cristão pode crer nisso, experimentar isso. A Palavra nos diz que nós nos alegramos não pelo sofrimento. Não é que a gente gosta de sofrer, ninguém gosta de sofrer. Todos nós lutamos bravamente contra a dor; todos nós. Todos nós nos esforçamos na medida das nossas forças para nos livrarmos da dor. Todos nós nos esforçamos na medida da nossa força para contornarmos a estrada do sofrimento e, se nós a cruzarmos, nós queremos logo sair dela. E não é errado isso.

Por que então nos alegramos no sofrimento? É porque Deus está trabalhando no sofrimento para produzir algo extraordinário na nossa vida. Jesus Cristo disse: "Bem aventurados sois quando vos injuriarem e vos perseguirem e, mentindo, disserem todo mal contra vós. Alegrai-vos e exultai porque grande é o vosso galardão no céu". O apóstolo Paulo, quando estava na antessala do seu martírio, e eu fico pensando nesta cena: um homem, que certamente deve ter sido o homem mais extraordinário da história da igreja, talvez ninguém fez para o reino de Deus o que aquele homem fez, talvez ninguém teve a ousadia que ele teve, talvez ninguém ouviu coisas tão profundas da parte da inspiração do Espírito Santo como ele ouviu, e escreveu, e pregou, e ensinou.

Esse homem que percorreu o mundo, que plantou igrejas, que levou milhares a Cristo, esse homem que carregava no corpo as marcas do Senhor Jesus está acabando seus dias numa masmorra romana, insalubre, escura, acorrentado, ele está sentindo frio, não tem um amigo por perto e poderia estar mofando naquela cela escura e fria, encharcando o seu peito de revolta, de tristeza, de decepção; esse homem poderia estar completamente revoltado com a circunstância e com a situação. Quem sabe, talvez, até contra Deus. Esse homem, porém, escreve a sua última carta, quem sabe já na hora de ir para o patíbulo, para a guilhotina, e diz assim: "O tempo da minha partida é chegado. Eu combati o bom combate, eu completei a carreira, eu guardei a fé. Já agora a coroa da justiça me está guardada. E não apenas para mim, mas para todos quantos amam a vinda do Senhor Jesus". E ele conclui essa carta, dizendo: "A ele, ao Senhor, seja a glória pelos séculos dos séculos".

Por que ele fez isso? Porque entendeu que todas as coisas cooperam para o bem daqueles que amam a Deus. Às vezes, no momento, você não está discernindo; às vezes, no momento, eu não consigo discernir. Às vezes, no momento, nós estamos completamente envoltos no manto escuro, no manto pesado, denso, de dor, de sofrimento e parece que a noite é interminável, parece que as lágrimas se recusam a secar, parece que a dor se recusa a ceder. Deus, no entanto, continua no controle, e Ele vai conduzir isso para o seu bem maior e para a glória do próprio nome dele. Pedro diz que, quando Cristo chegar, você poderá experimentar uma alegria indizível e cheia de glória.

Quarto lugar, irmãos, como é que o crente enfrenta o sofrimento? O crente precisa entender que o sofrimento nos une profundamente ao Senhor Jesus. Versículo 13, Pedro ainda diz: "Pelo contrário, alegrai-vos na medida em que sois coparticipantes dos sofrimentos de Cristo, para que também, na revelação da sua glória, vos alegreis exultando". Preste atenção em três coisas. O sofrimento para o crente significa partilhar dos sofrimentos passados de Cristo. E eu preciso esclarecer, deixar isso absolutamente claro, que nós não participamos do sofrimento vicário de Cristo. Não, esse sofrimento foi só dele; esse sofrimento foi único, esse sofrimento não foi compartilhado com ninguém. Só Jesus pôde morrer na cruz, só Jesus pôde suportar o peso da iniquidade do nosso pecado. Ele morreu sozinho como cordeiro de Deus, levando sobre si o nosso pecado, a nossa enfermidade, a nossa dor. Mas, quando você hoje sofre, você se identifica com o sofrimento de Cristo; alegra-se por ter sido considerado digno de sofrer pelo nome de Cristo. E você então tem a graça de crer em Cristo, mas de padecer por Ele. Mas ainda o sofrimento do crente significa comunhão com o Cristo que está presente conosco.

Querido irmão, Jesus nunca vai mandar você para a fornalha sem ir com você para lá. Ele nunca vai mandar você para o rio caudaloso, sem passar por ele com você. Ele nunca vai permitir que você desça a um poço mais profundo do que a graça e a misericórdia dele. Ele está com você, disse Ele: "Eu estarei convosco todos os dias. Eu estou convosco todos os dias, até a consumação dos séculos"; mas o sofrimento do crente significa partilhar da glória futura de Cristo. Que coisa sublime, agora tem dor mesmo.

Agora a gente se reúne, com lágrimas nos olhos, para um culto fúnebre. Agora a gente vê uma criança nascer doente e aleijada. Agora a gente vê uma criança nascendo cega. Agora a gente vê uma criança sendo ceifada por uma bala perdida. Agora você vê um tsunami matando milhares e milhares de pessoas. Agora você vê uma onda do mar engolindo uma cidade, ceifando milhares de pessoas. Agora você vê sofrimento e dor. Mas a Bíblia diz que o sofrimento do tempo presente não pode ser comparado com as glórias por vir a ser revelada em nós. A nossa leve e momentânea tribulação produzirá para nós eterno peso de glória, acima de toda comparação. A Bíblia diz que haverá o dia em que Deus vai enxugar dos nossos olhos toda lágrima e a morte não existirá. Não haverá nem luto, nem pranto, nem dor, porque as primeiras coisas terão passado. Como é que você vai enfrentar o sofrimento?

Quinto lugar, Pedro diz que o crente precisa entender que o sofrimento nos leva a glorificar a Deus. Olhe comigo, por favor, o versículo 14: "Se, pelo nome de Cristo, sois injuriados, bem aventurados sois, porque sobre vós repousa o Espírito da glória e de Deus". Versículo 16: "Mas, se sofrer como cristão, não se envergonhe disso; antes glorifique a Deus com esse nome". O que Pedro está dizendo? Quando você está passando por um sofrimento, em vez de murmurar, reclamar e se tornar amargo e azedo; em vez de você se encolher picado pelo veneno da autopiedade, você diz no sofrimento: "Deus, bendito seja o teu nome; eu não estou entendendo, Senhor; está doendo, Deus; tu bem sabes que está doendo. Mas glória ao teu nome". A Bíblia diz que o espírito da glória repousa sobre você. A Bíblia diz que vem um poder especial da graça de Deus sobre a sua vida. A Bíblia diz que Deus renova as suas forças. E é por isso, querido irmão, que os cristãos primitivos cantavam, saíam das prisões, dos açoites, sorrindo e cantando. É por isso que o poeta inglês disse que por trás de toda providência carrancuda esconde-se uma face sorridente. Os cisnes cantam mais docemente quando estão sofrendo. Às vezes, as canções mais lindas, as mais profundas, as mais doces aos ouvidos de Deus são aquelas que brotam como sacrifício de louvor. O sofrimento não é sem motivo e sem causa na nossa vida, querido.

Eu observo a experiência do puritano inglês John Bunyan. Esse homem perdeu a mãe muito cedo, depois perdeu a sua esposa. Sua filhinha mais velha, primogênita, nasceu cega. Por pregar o evangelho, ele foi preso, em Bredford, e por quatorze anos ficou atrás das grades. Num tempo de muita pobreza, o que mais cortava o seu coração era ver a sua filhinha mais velha cega, numa penúria. Alguém podia olhar para aquele homem e dizer que ele era uma escória humana, fadado ao fracasso, à miséria, à derrota. Porém Deus permitiu um sofrimento tão agônico na vida de John Bunyan para que na experiência da dor brotasse do ventre da crise uma das mais ricas mensagens que o mundo já recebeu, o livro *O peregrino*.

Às vezes, você escuta um testemunho como eu escutei do Ronaldo Litório, um jovem missionário, e fica perguntando: Deus, por que é que um moço tão consagrado como esse tem de sofrer 28 malárias? Por que um jovem tão crente desses, piedoso, tem de enfrentar uma tuberculose óssea? Por que o Senhor permite que um rapaz desses seja envenenado? Por que o Senhor permite que um moço desses, que passou anos traduzindo a Bíblia e, com toda a alegria levando essa Bíblia para um povo ser atacado por abelhas, a ponto de quase chegar ao coma? Por que Deus permite que você sofra? Sabe por que, queridos? Para que esse sofrimento seja instrumento de benção na vida de milhares de pessoas. Isso é bagagem espiritual, isso é acervo espiritual. E ele pode dizer, e você pode dizer depois do sofrimento, eu sei que o meu Deus vive, eu sei que Ele vive, eu sei que Ele é verdadeiro. Eu sei que o Senhor salva não com espada, não com cavalos, não com carros, mas o Senhor salva pela sua mão forte e poderosa.

Deus permite você passar pelo sofrimento para que esse sofrimento seja bálsamo na vida de tantos outros. A Bíblia diz o seguinte: "Bendito o Deus e Pai de nosso Senhor Jesus Cristo, Pai de misericórdias, aquele que nos consola em toda nossa tribulação para que nós possamos consolar outros que estiverem passando pelas mesmas angústias". Deus não quer que você seja apenas um receptáculo da consolação, Deus quer que você seja um canal da consolação. E não há possibilidade de você ser um consolador a não ser que você tenha sido consolado. E é impossível que você tenha sido consolado, a não ser que você tenha passado pelo sofrimento.

Sexto lugar, o crente precisa aprender a avaliar o sofrimento. Versículo 15, preste atenção. Pedro diz assim: "Não sofra, porém, nenhum de vós como assassino, ou ladrão, ou malfeitor, ou como quem se intromete em negócios de outrem". Preste atenção, querido irmão, que nem todo sofrimento é da vontade de Deus. Versículo 19 diz: "Por isso, também os que sofrem segundo a vontade de Deus...". Nem todo mundo que padece sofre segundo a vontade de Deus. E nem todo sofrimento glorifica a Deus. Versículo 16: "Mas, se sofrer como cristão, não se envergonhe disso; antes, glorifique a Deus". Há sofrimento provocado pelo próprio homem. Às vezes, a nossa vida é que atrai algum tipo de sofrimento pelo qual não precisaríamos passar. A desobediência produz sofrimento; o pecado produz sofrimento.

Pedro diz aí: "Não sofra nenhum de vós como assassino". Respeite a vida do outro. Não sofra como ladrão. Respeite o bem do outro. Não sofra como malfeitor. Respeite a honra do outro. Não se intrometa em negócios de outrem. Não interfira na vida de outrem. Porque se você fizer isso você vai sofrer e sofrer por consequência dos seus próprios atos.

E eu queria terminar com dois pontos apenas. Terceiro ponto deste livro com dois subpontos: a paciência do crente em relação ao sofrimento. Como é que nós vamos agora lidar com isso? Como é que nós vamos ter paciência para enfrentar isso? Primeiro, devemos entregar-nos a Deus. Versículo 19: "Por isso, também os que sofrem segundo a vontade de Deus encomendem a sua alma ao fiel Criador". A palavra "encomendar" significa depositar em confiança. Pedro está dizendo o seguinte: "Você está sofrendo, irmão? Entrega a sua vida para Deus. Descansa nele sabendo que Ele está no controle, que Ele sabe o que está fazendo. Seu sofrimento não é desconhecido por Deus e não está fora do controle dele". O que Pedro está dizendo é: descansa em Deus, põe a sua vida em Deus, sabendo que Ele é fiel e é soberano. Descansa nele. Confia nele, confia nele. Faça o que Habacuque fez: eu não vou olhar para a situação. Se a situação não mudar, eu vou me alegrar em Deus. Eu vou me alegrar em Deus. Ele é o meu refúgio, Ele é a minha fortaleza, é nele que eu confio. A minha vida está posta na mão dele.

E segundo, para terminar, continue praticando o bem. Às vezes, quando a gente está passando por um sofrimento, a gente corre um grande risco de encolher as mãos, de pensar só em nós, de sermos tomados pelo sentimento da autocompaixão. Meu amado irmão, se você está sofrendo continue fazendo o bem. Continue semeando, ainda que com lágrimas. Continue amando, ainda que você seja rejeitado. Continue abençoando, ainda que você seja amaldiçoado. Continue orando, ainda que você seja perseguido. Continue fazendo o bem. Continue com as mãos estendidas.

John Blanchard disse que muitas vezes nós vemos mais através de uma lágrima do que através de um telescópio. Às vezes, quando você chora, você pode enxergar mais longe. A lágrima limpa os olhos da alma. E você passa a ter uma visão mais profunda de Deus e da vida. A alma não teria arco-íris se os olhos não tivessem lágrimas. C. S. Lewis dizia que Deus sussurra no prazer, mas Deus grita conosco na dor. Grita conosco na dor. Quero lhe dizer, querido, que o calvário é a grande prova de que Deus é poderoso para transformar o sofrimento em triunfo. Deus é poderoso para transformar o seu sofrimento em triunfo. Encomende a sua alma para Deus, encomende a sua vida para Deus. E descanse na fidelidade de Deus.

Vamos orar. Deus conhece a dor que está pulsando no seu coração. Quem sabe você está com uma dor profunda em relação aos seus filhos: onde eles estão? Como eles estão? Você não consegue mais administrar isso, você não tem o controle dessas coisas. Isso aflige o seu peito. Quem sabe você está com a alma ferida, quem sabe você não tem dormido bem, o seu coração está cheio de ansiedade porque parece que a situação se torna mais grave à medida que o tempo passa. Mas meu querido, em nome de Jesus, se você não pode administrar a situação, encomende a sua alma ao Senhor. Ponha a sua vida nas mãos de Deus. Ele sabe o que você está sofrendo, Ele sabe onde você está, Ele sabe como você está. Ele sabe o quanto está doendo na sua alma. E esse Deus quer que você glorifique a Ele no sofrimento, quer que você o conheça profundamente no sofrimento, quer que você seja instrumento de benção na vida de outras pessoas, pelo sofrimento.

Que você glorifique a Jesus pelo seu sofrimento. O que Deus quer é que o seu coração se derrame, se derreta e não endureça. Ouça Deus falando com você. Às vezes, Deus está gritando com você. Ouça a voz de Deus. Às vezes, você está sofrendo por erro seu, por pecado seu, por rebeldia do seu próprio coração. Em nome de Jesus, volte-se para o Senhor para que esse sofrimento seja removido da sua vida.

> Ó Deus bendito, Deus de toda a graça, venha sobre nós nesta noite com doces consolações do teu Espírito, Senhor. Tira de sobre nós todo espírito angustiado, meu Deus. Tu sabes que há pessoas angustiadas, aflitas. Consola esses corações, refrigera

essas almas, ó Deus. Traz sobre nós o alento do Espírito, traz sobre nós a cura celestial. Toca-nos com a tua mão de poder e dá-nos discernimento e entendimento no sofrimento da tua presença conosco, do teu propósito glorioso em nossa vida. Levanta os nossos olhos para aquela consolação eterna que receberemos na glória. Edifica a tua igreja, Senhor. Manifesta-te a nós com poder, bondade e benignidade. Em nome de Jesus. Amém.

13

SE DEUS NOS AMA, POR QUE SOFREMOS?

¹ Se é necessário que me glorie, ainda que não convém, passarei às visões e revelações do Senhor. ² Conheço um homem em Cristo que, há catorze anos, foi arrebatado até ao terceiro céu (se no corpo ou fora do corpo, não sei, Deus o sabe) ³ e sei que o tal homem (se no corpo ou fora do corpo, não sei, Deus o sabe) ⁴ foi arrebatado ao paraíso e ouviu palavras inefáveis, as quais não é lícito ao homem referir. ⁵ De tal coisa me gloriarei; não, porém, de mim mesmo, salvo nas minhas fraquezas. ⁶ Pois, se eu vier a gloriar-me, não serei néscio, porque direi a verdade; mas abstenho-me para que ninguém se preocupe comigo mais do que em mim vê ou de mim ouve. ⁷ E, para que não me ensoberbecesse com a grandeza das revelações, foi-me posto um espinho na carne, mensageiro de Satanás, para me esbofetear, a fim de que não me exalte. ⁸ Por causa disto, três vezes pedi ao Senhor que o afastasse de mim. ⁹ Então, ele me disse: A minha graça te basta, porque o poder se aperfeiçoa na fraqueza. De boa vontade, pois, mais me gloriarei nas fraquezas, para que sobre mim repouse o poder de Cristo. ¹⁰ Pelo que sinto prazer nas fraquezas, nas injúrias, nas necessidades, nas perseguições, nas angústias, por amor de Cristo. Porque, quando sou fraco, então, é que sou forte.

2Coríntios 12:1-10

NÃO É SIMPLES NEM fácil conjugar amor de Deus com sofrimento. No entanto, meditar sobre esse tema faz-se necessário, sobretudo quando passamos por lutas, privações e problemas de toda ordem: pessoais, familiares e espirituais. É quando clamamos a Deus: "Por que, estou passando por isso?

Por que desse jeito, por que essa dificuldade? Se tu és Todo-poderoso, por que não me poupas desse problema? Se tu me amas, por que estou sofrendo desse jeito?" Tais indagações não são novas. Quando Lázaro quedou-se enfermo, suas irmãs, Marta e Maria, mandaram um recado urgente para Jesus: "Senhor, está enfermo aquele a quem amas" (João 11:3). Ao receber a notícia, Jesus demorou ainda dois dias onde estava e, quando chegou à aldeia de Betânia, Lázaro já estava morto e sepultado havia quatro dias. Os judeus chegaram a questionar: Se Jesus amava tanto essa família, por que não impediu que esse homem morresse? (João 11:37). Talvez as pessoas que estão à nossa volta nos questionem no mesmo sentido: "Se Deus ama tanto você, por que Ele permite que você passe por essa luta? Se Deus se importa com você, por que você está vivendo esse drama?". Alguém já disse que a vida é uma professora implacável, pois primeiro dá a prova, depois a lição. Voltando a nos referir a C. S. Lewis: Deus sussurra em nossos prazeres, mas grita em nossas dores.

O EXEMPLO DE PAULO

Ao tratar do problema do sofrimento, Paulo não falou como um teórico. Ele enfrentou prisões, açoites e cadeias. Foi açoitado cinco vezes pelos judeus, recebendo ao todo 196 açoites. Por isso, chegou a dizer aos gálatas: "Quanto ao mais, ninguém me moleste; porque eu trago no corpo as marcas de Jesus" (Gálatas 6:17). Paulo foi fustigado com varas e também apedrejado. Ele passou fome, sede e frio. Ele enfrentou três naufrágios e também perigo de rios e desertos. Ele foi perseguido em Damasco, rejeitado em Jerusalém, esquecido em Tarso, apedrejado em Listra, preso em Filipos, escorraçado de Tessalônica e enxotado de Bereia. Ele foi chamado de tagarela em Atenas e de impostor em Corinto. Ele enfrentou feras em Éfeso. Foi preso em Jerusalém e acusado em Cesareia. Ele foi picado por uma cobra em Malta e foi decapitado em Roma.

Ao ler sobre esse homem, percebemos que, em todo o Novo Testamento, talvez ninguém tenha sofrido como ele. Sua trajetória é de sofrimento.

Ainda nos albores da vida cristã, logo depois de sua conversão, precisando fugir de Damasco, rumou a Jerusalém, esperando acolhimento dos discípulos na cidade onde perseguira de forma implacável a igreja. Porém, ao chegar a Jerusalém, os discípulos não acreditaram na veracidade de sua conversão. Mesmo depois de ser aceito na comunidade por intervenção de Barnabé, foi dispensado do trabalho naquela igreja pelo próprio Deus (Atos 22:18-21). Deus estava lhe dizendo: "Vá embora, arrume as malas, pois eles não vão ouvir você". E a Bíblia diz que, no dia em que ele arrumou as malas e foi embora, a igreja começou a ter paz e a crescer (Atos 9:31). Com tantos planos, Paulo é enviado de volta à sua cidade, Tarso, e lá permanece durante dez anos, no silêncio e no anonimato. Ungido por Deus para a obra missionária, em sua primeira viagem é apedrejado. Em Filipos, a primeira cidade em que se fixa para começar o trabalho, por ordem e direção de Deus, é açoitado em praça pública. Em seguida, é escorraçado de uma cidade, chamado de tagarela em outra e de impostor na seguinte. Chega a enfrentar feras. Movido por uma intensa compaixão, promove uma campanha financeira nas igrejas da Europa e da Ásia para atender aos pobres da Judeia; Ao levar essas ofertas para lá, os judeus conspiram contra ele para o prender e o matar. Deus lhe infunde coragem, mandando-o de navio para Roma, e ele não só enfrenta um naufrágio, mas chega algemado àquela cidade. E é esse homem que nos dirá ser possível manter a alegria apesar dos perigos, das perseguições, da própria morte. Ao contemplar a trajetória de Paulo, conclui que as coisas espirituais estão acima das materiais, as do futuro, acima das presentes, e as eternas são muito mais importantes do que as temporais.

No texto bíblico apresentado aqui, o apóstolo Paulo enfrenta um sofrimento terrível, que ele chama de espinho na carne. Não se sabe exatamente do que se trata. É possível que tenha sido um sofrimento físico, pois a palavra grega traduzida como "espinho" alude a uma estaca enfiada em sua carne, algo doloroso, traumático. A maioria dos intérpretes quer crer que Paulo sofria de uma doença gravíssima nos olhos. É o que alguns textos nos sugerem. Primeiro porque, quando convertido, ficou cego durante três dias (Atos 9:8,9); depois, caíram dos seus olhos como que escamas e passou a ver

(Atos 9:12,17,18). Lemos em sua carta aos gálatas que o apóstolo pregou naquela região por causa de uma enfermidade física. Vejamos o seu relato:

E vós sabeis que vos preguei o evangelho a primeira vez por causa de uma enfermidade física. E, posto que a minha enfermidade na carne vos foi uma tentação, contudo, não me revelastes desprezo nem desgosto; antes, me recebestes como anjo de Deus, como o próprio Cristo Jesus. Que é feito, pois, da vossa exultação? Pois vos dou testemunho de que, se possível fora, teríeis arrancado os próprios olhos para mos dar (Gálatas 4:13-15).

Paulo está dizendo que aqueles irmãos o amavam de tal maneira que estavam prontos, se preciso fosse, a arrancar os próprios olhos para lhos dar. Ainda em Gálatas 6:11, Paulo diz: *Vede com que grandes letras eu vos escrevo de próprio punho*. Essas declarações de fato soam mais compreensíveis se cogitarmos que Paulo enfrentava um provável problema de visão. Porém, ainda que não seja esse o motivo, certo é que Paulo está diante de um sofrimento terrível, que se torna ainda mais impressionante quando o contrastamos com suas experiências fantásticas das grandes visões no céu, imediatamente anteriores. É assim que Deus tempera nossa vida entre glórias e sofrimentos. Depois da glória vem a dor; depois do êxtase vem o sofrimento. Paulo faz uma transição das visões celestiais para o espinho na carne. Passou do paraíso à dor, da glória ao sofrimento. Nesse mosaico da vida, Deus trabalha todas as coisas para o nosso bem. Nessa jornada vitoriosa, caminhamos entre experiências de bênção e de luta, entre a bênção de Deus no céu e a bofetada de Satanás na terra.

AS LIÇÕES

Deus nos permite sofrer, mesmo nos amando muito. Muitas lições podem ser depreendidas disso. Charles Stanley, em seu livro *Como lidar com o sofrimento*, faz uma oportuna exposição de 2Coríntios 12. Esse ilustre escritor destaca vários ensinamentos consoladores a partir dessa experiência de Paulo. Respondendo à pergunta: "Se Deus nos ama, por que sofremos?", queremos ressaltar algumas lições:

Em primeiro lugar, *há um propósito divino em cada sofrimento* (2Coríntios 12:7). Podemos ter a certeza de que, na vida dos filhos de Deus, nenhum sofrimento é desperdiçado. Há sempre um propósito. Diz o versículo 7: "E, para que não me ensoberbecesse com a grandeza das revelações, foi-me posto um espinho na carne, mensageiro de Satanás, para me esbofetear, a fim de que não me exalte". Em Deus não existe acaso, coincidência ou determinismo. Todo filho de Deus pode, deve e precisa crer nessa verdade: "Sabemos que todas as coisas cooperam para o bem daqueles que amam a Deus" (Romanos 8:28). Tudo o que acontece em nossa vida é proposital, não casual. Deus tem um plano em tudo que nos sobrévem. Paulo declara no começo dessa carta que Deus é aquele que nos consola em toda a nossa angústia e tribulação, para que nos tornemos também consoladores quando outros passam pelas mesmas dificuldades (2Coríntios 1:3,4). Isso quer dizer que, quando Deus permite que você passe por uma prova, trata-se de um treinamento para que você se transforme em um consolador eficaz. Jó morreu sem jamais saber por que sofreu. Paulo pediu que Deus lhe tirasse o espinho, mas Deus resolveu não atender ao seu pedido, pois o espinho tinha um propósito: por meio daquele sofrimento, Deus estava trabalhando em Paulo para que ele não se ensoberbecesse com a grandeza das revelações que ele havia recebido. Assim, em meio ao sofrimento, por maior que seja, não devemos nos desesperar nem deixar que se amargure nosso coração; tampouco devemos nos rebelar contra Deus ou nos entregar ao ceticismo. Apenas é necessário compreender isto: Deus tem um plano em cada dificuldade pela qual passamos.

Em segundo lugar, *é possível que Deus nos revele o propósito e a razão de nosso sofrimento*. Às vezes Deus decide revelar-nos a razão de nosso sofrimento. Foi o caso de Paulo. É como se Deus tivesse lhe dito: "Sou eu que permito tal sofrimento, com um propósito muito maior: que você seja protegido do orgulho, da vaidade e do ensoberbecimento, perigosos pecados espirituais". Deus revelou a Moisés por que ele não entrou na terra prometida. Deus revelou a Josué por que Israel fora derrotado diante da pequena cidade de Ai; mas não é sempre assim. Em meio a dores, a pergunta correta a ser feita não é *por que*, mas sim *para quê*. No entanto, muitas vezes Deus não responde nem por que, nem para quê. O método de Deus para tratar conosco diante do sofrimento pode ser o total silêncio. Foi assim com Jó, que perdeu os bens, a saúde, os filhos, os amigos e, por fim, perguntou a Deus: "por quê?", e Deus não lhe respondeu. Logo, se você tem resposta de Deus, louve ao Senhor. Contudo, se não tem, descanse na providência divina. Se você não pode entender por que está sofrendo, pode entender uma coisa: Deus é Deus, Ele é soberano, é seu Pai, ama você e está no controle da situação. O plano dele para a vida de seus filhos é poderoso, sábio e perfeito. Quando o grande cientista Albert Einstein veio à América pela primeira vez, os repórteres perguntaram à sua esposa:

— A senhora compreende a complexa teoria da relatividade pela qual seu marido é tão famoso no mundo?

Ela respondeu: — Eu não compreendo a teoria, mas compreendo o meu marido.

Podemos não compreender todos os detalhes do que Deus está fazendo em nossa vida, mas podemos compreender Deus. Podemos saber que Ele é soberano e está no controle de todas as coisas.

Um diamante precisa ser lapidado para que possa revelar toda a sua beleza, todo o seu fulgor. Da mesma forma, Deus nos lapida para que possa revelar a beleza de sua glória em nós. A Bíblia diz que até Jesus aprendeu pelas coisas que sofreu (Hebreus 5:8). Se Jesus, Filho de Deus, aprendeu pelas coisas que sofreu, por que estaríamos isentos disso? O sofrimento é uma escola de Deus em nossa vida para esculpir em nós a beleza de Jesus.

Há uma praia no sul da Califórnia que fica numa bifurcação entre duas rochas. E é interessante que ali as águas são muito agitadas e batem com fúria naquelas pedras, espumando, jogando água para o ar. Ali, naquela região, as pessoas procuram pedras alisadas pela fúria das águas que batem nas rochas, um material valioso de ornamentação nas fachadas das casas. Bem ao lado existe outra praia, onde as ondas são calmas e serenas, mas suas pedras são desprovidas de valor e de beleza. Como não são surradas pela fúria das águas, deixam de ser lapidadas. Você nunca é tão trabalhado por Deus como quando é colocado na escola do sofrimento. Deus está moldando você, tornando-o mais parecido com Jesus.

O sofrimento na vida do cristão não vem para destruí-lo, mas para depurá-lo. Ele não vem contra nós, mas a nosso favor. O sofrimento nos põe no nosso devido lugar. Ele quebra nossa altivez e esvazia toda nossa pretensão de glória pessoal. É o próprio Deus quem nos matricula na escola do sofrimento. O propósito de Deus não é nossa destruição, mas nossa qualificação. O fogo da prova não pode chamuscar sequer um fio de cabelo da nossa cabeça; ele só queima as nossas amarras. O fogo da prova nos livra das amarras, e Deus nos livra do fogo. O sofrimento levou Paulo à oração. O sofrimento nos mantém de joelhos diante de Deus para nos colocar em pé diante dos homens.

Em terceiro lugar, *Deus não nos reprova por pedirmos a Ele explicação acerca do nosso sofrimento*. Outro ponto importante é que Deus não nos censura por pedirmos explicação ou livramento do sofrimento. Nos versículos 8 e 9, Paulo ora para se ver liberto do espinho na carne, mas Deus não reage com ira. Leiamos o seu relato:

Por causa disto, três vezes pedi ao Senhor que o afastasse de mim. Então, ele me disse: A minha graça te basta, porque o poder se aperfeiçoa na fraqueza. De boa vontade, pois, mais me gloriarei nas fraquezas, para que sobre mim repouse o poder de Cristo.

O fato de você ser um cristão não significa que você perdeu sua sensibilidade humana à dor ou mesmo o impulso de questioná-la. Você não tem de ser uma pessoa masoquista. O cristão não é masoquista, não gosta de sofrer. E Deus jamais permite o sofrimento pelo sofrimento. Deus não é sádico. Então, quando você estiver passando por um momento difícil, questione, levante sua voz aos céus com toda a força, chore e grite por socorro. Faça a sua oração, faça o seu clamor. Em nenhum lugar da Escritura Deus nos reprova por abrirmos o peito, por espremermos o pus da ferida que lateja e dói dentro de nós. Deus nos ensinou a lançarmos sobre Ele toda a nossa ansiedade (1Pedro 5:7).

Se você for um dia a Jerusalém, vale a pena visitar o Museu do Holocausto. O que mais me marcou naquele local foi um monumento que construíram defronte do museu, que mostra uma mulher cuja cabeça é apenas uma boca aberta, segurando nos braços dois filhos mortos. Sua postura parece dizer que, ao passar pelo vale da dor, é preciso gritar por respostas de Deus. Quando o profeta Elias desejou morrer, deitado debaixo de um zimbro, e depois se enfiou numa caverna, Deus não apenas lhe recomendou comer, mas também o estimulou a desabafar: "Que fazes aqui, Elias?" (1Reis 19:9). Da mesma forma, Jó interpela Deus acerca de seus infortúnios. Tiago fala sobre a paciência de Jó (Tiago 5:11). Muitos dizem: "Ah, Jó é o maior exemplo de paciência". E quem ouve isto e não leu o livro de Jó acaba pensando que se trata de um homem paciente, resignado, que se sentou no cantinho da sala e, encurvadinho, caladinho, quietinho, deixou o sofrimento sovar sua vida à vontade. Não foi assim! Se existe uma coisa que Jó fez foi abrir o bico, rasgar o peito para Deus. Até Jesus, quando estava no Getsêmani, rogou: "Aba, Pai, tudo te é possível; passa de mim este cálice..." (Marcos 14:36). Logo, você não é menos crente quando, na sua dor, extravasa a angústia que lateja em sua alma e pede a Deus por livramento.

Em quarto lugar, *o sofrimento pode ser um dom de Deus*. Paulo também mostra, no versículo 7, que o sofrimento pode ser uma dádiva de Deus a nós, e não uma ação contra nós. No entanto, quem de nós consegue encarar o sofrimento, de maneira serena, como algo a nosso favor? É claro que a reação humana ao sofrimento é quase sempre negativa. Em Gênesis 42:36 temos um exemplo disso, quando lemos sobre a queixa e o lamento de Jacó. Ele já tinha perdido José; agora, chegara a fome. Os irmãos de José decidem ir ao Egito comprar trigo, mas Simeão, outro filho, ficara retido lá. Desejam voltar porque o trigo acabou: ou eles voltam ao Egito, ou morrem de fome. Então o governador do Egito faz uma reivindicação incondicional: Vocês trazem Benjamim, o irmão caçula, ou não tem trigo aqui. Jacó exclama: "Tendes-me privado de filhos: José já não existe e Simeão não está aqui; agora levareis a Benjamim. Todas estas coisas vieram sobre mim" (Gênesis 42:36). Jacó vislumbra a cena da providência e, em sua análise, tudo está contra ele. Não consegue perceber que, no final, tudo estaria a seu favor. O espinho de Paulo era uma dádiva porque, por meio desse incômodo, Deus o protegeu daquilo que ele mais temia: ser desqualificado para o ministério. Nunca é demais lembrar: Deus reserva para você bênçãos maiores quando permite um sofrimento em sua vida.

Em quinto lugar, *Satanás pode estar por trás do nosso sofrimento*. Todo sofrimento está debaixo dos desígnios de Deus. Satanás pode até nos tocar, com a permissão do Senhor, como fez com Jó e com Paulo, mas ele jamais frustrará os propósitos divinos em nossa vida. Talvez você se pergunte: quem está por trás do espinho na carne de Paulo: Deus ou Satanás? Ou então: como é que um mensageiro de Satanás pode cooperar para o bem de um servo de Deus? De que maneira Satanás está esbofeteando Paulo e isso ainda contribuir para seu bem? A resposta é: Deus é soberano. Satanás é um anjo caído e não pode agir em momento algum, em lugar nenhum, com ninguém, sem a permissão de Deus. Satanás não pode tocar um filho de Deus sem que Deus permita. E muitas vezes Deus usa até Satanás para cumprir seus propósitos eternos e soberanos (Jó 42:2). Deus permitiu que Satanás tocasse Jó. Mas o que Satanás conseguiu? Colocar Jó mais perto de Deus. No final da história, Jó exclama: "Eu te conhecia só de ouvir, mas agora os meus olhos te veem" (Jó 42:5). Satanás esbofeteou Paulo, e o que conseguiu? Um Paulo mais humilde, mais dependente da graça de Deus.

Em sexto lugar, *Deus não apenas permite o sofrimento, mas também nos consola quando o sofrimento nos atinge*. Em sua soberania, Deus não apenas faz que o sofrimento seja por nós, mas também nos dá assistência e nos conforta em nossas dores. É o que podemos perceber na leitura do versículo 9, em que Deus dá a Paulo uma resposta. Talvez não foi a resposta esperada ou desejada, mas era a resposta que ele precisava. O que Paulo queria era alívio, mas Deus lhe responde que vai auxiliá-lo naquele sofrimento, transformando-o em bênção para a sua vida. A compreensão de Paulo poderia ser resumida assim: as dores sofridas aqui são colocadas em nosso crédito para bênçãos maiores aqui e bênçãos gloriosas na eternidade. Por isso, Paulo pode declarar que "os sofrimentos do tempo presente não se comparam às glórias vindouras a serem reveladas em nós" (Romanos 8:18). Esse bandeirante do cristianismo afirma que "a nossa leve e momentânea tribulação produz para nós eterno peso de glória; acima de toda comparação" (2Coríntios 4:17). E ele diz ainda: não nos gloriamos apenas na esperança da glória de Deus, mas também nos gloriamos nas próprias tribulações (Romanos 5:2,3). Por quê? Porque a tribulação produz perseverança; a perseverança produz experiência; a experiência produz esperança e a esperança não se confunde (Romanos 5:3-5). Então, aproprie-se do conforto de Deus. Ele é o Pai de toda consolação. Ele nunca vai deixar você sozinho no vale da dor. O rei Davi afirmou com confiança: "Ainda que eu ande pelo vale da sombra da morte não temerei mal nenhum, porque tu estás comigo" (Salmos 23:4). Quando o salmista Asafe estava em crise, assaltado pela angústia de ver a prosperidade do ímpio, enquanto ele, homem piedoso, era castigado a cada manhã, entrou no templo para buscar uma resposta às suas indagações. Ali os olhos da sua alma foram abertos. Ali a luz do entendimento banhou seu coração. Deus lhe assegurou que estava com ele. Deus mostrou a ele que mesmo no sofrimento ele tinha herança eterna e refúgio seguro. Deus é mais valioso do que qualquer bem que possuímos na terra. Ele é quem nos toma por sua mão direita, nos guiando com o seu conselho eterno até finalmente nos receber na glória.

Em sétimo lugar, *a graça de Deus nos é suficiente na hora do sofrimento.* Deus diz a Paulo: "A minha graça te basta" (2Coríntios 12:9). Quando passamos pelo vale do sofrimento, a graça de Deus sempre nos é suficiente. Deus não deu a Paulo o que ele pediu, mas algo mais eficiente: sua graça, que é melhor do que a vida (Salmos 63:3). Nesse contexto, como definir graça? Trata-se da provisão divina para cada situação, não importa qual seja: enfermidades, crises familiares, problemas financeiros, debilidade espiritual. Nisso tudo a graça de Deus vai auxiliar você. A graça de Deus é o tônico para a alma aflita, o remédio para o corpo frágil, a força que põe em pé o caído. A graça de Deus é a provisão de Deus para tudo que precisamos, quando precisamos. A graça nunca está em falta. Ela está continuamente disponível.

É maravilhoso quando lemos na Bíblia que precisamos nos alegrar quando passamos por "várias provações" (Tiago 1:2,3). A palavra grega *poikilos*, "várias", é riquíssima. Dessa palavra vem a nossa palavra "policromático", de várias cores. Há provações de todas as cores e de todos os tons. Há provações leves e provações pesadas. Há provações breves e provações longas. Há provações físicas e provações emocionais. Há provações financeiras e provações espirituais. Tiago está dizendo que essas provações são variadas. E, então, Pedro escreve em sua primeira carta: "Servi uns aos outros, cada um conforme o dom que recebeu, como bons despenseiros da multiforme graça de Deus" (1Pedro 4:10). Qual é o termo grego para a palavra multiforme? O mesmo, *poikilos*. O que significa isso? O estoque da graça de Deus nunca fica na reserva. Para cada provação que você passar, há graça de Deus suficiente para você.

Em oitavo lugar, *nem sempre é propósito de Deus remover o sofrimento* (2Coríntios 12:8). Quando pedimos alívio do sofrimento a Deus e esse alívio não chega, precisamos compreender como Paulo entendeu que nem sempre é propósito de Deus remover o nosso sofrimento. Trata-se de algo um tanto duro, mas atestado por muitos crentes fiéis. Por exemplo, dê uma olhada no livro de Teodoro de Beza, *A vida e a morte de João Calvino*. Às vezes, citamos Calvino, apreciamos sua teologia, seu ensino e somos gratos a Deus por sua vida e influência no mundo ocidental, mas ficamos sem saber o grau de sofrimento que esse homem suportou. Calvino tinha mais de uma dezena de doenças sérias. Escreveu acamado a maior parte de suas obras, sem poder movimentar a mão. Ditava para seu secretário porque estava fraco e doente. Era vítima de enxaquecas terríveis, suportava uma deficiência respiratória gravíssima e, contudo, mesmo sofrendo, viveu glorificando a Deus e fazendo sua obra sem jamais perder a alegria.

Outro exemplo é a vida do missionário David Brainerd. Talvez nenhum homem na História tenha andado mais com Deus do que esse moço, que morreu aos 29 anos de tuberculose. Quando alguém perguntou para John Wesley qual era o livro mais importante depois da Bíblia, o grande pregador inglês respondeu: *O diário de David Brainerd*. Esse moço não apenas padeceu de terríveis sofrimentos numa selva, evangelizando índios antropófagos, mas experimentou o gozo do Espírito de Deus na sua alma em meio a tudo isso. Há muitos outros testemunhos semelhantes. John Bunyan, o homem que escreveu o livro mais lido no mundo depois da Bíblia, *O peregrino*, passou quatorze anos atrás das grades de uma prisão em Bedford, na Inglaterra, pelo único crime de pregar o evangelho em praça pública. A dor maior que suportou não foi sua prisão, mas ver sua filhinha primogênita cega passando necessidades, sem poder assisti-la. Mesmo assim, tornou sua prisão num lugar de onde emanou consolação para milhões de pessoas no mundo inteiro. Jony Erickson, depois de um trágico acidente, ficou tetraplégica numa cadeira de rodas, apenas podendo mexer o seu rosto. Nessa cadeira de rodas ela proclama acerca do conforto e da graça de Deus para milhares de pessoas de nossa geração. Fanny Crosby, talvez a maior compositora evangélica de todos os tempos, com mais de oito mil hinos, era cega desde a sexta semana de vida. Morreu aos 92 anos, glorificando a Deus e cantando hinos de louvor a Deus. Dietrich Bonhoeffer morreu enforcado no dia 9 de abril de 1945 numa prisão nazista, sem perder a alegria do Espírito Santo. Dwight Moody, na hora da partida, pôde dizer: "Afasta-se a terra, aproxima-se o céu, estou entrando na glória". Miguel Gonçalves Torres, um dos primeiros pastores presbiterianos em terras brasileiras, pôde exclamar na hora da sua morte: "Eu pensei que eu ia para céu, mas foi o céu que veio me buscar". Martin Lloyd Jones, o maior pastor do século 20, declarou no momento da sua morte: "Não orem mais por minha cura, não me detenham da glória". Quando Deus toma a decisão de não aliviar a nossa dor, saiba que nesse momento o céu descerá à terra, o consolo inundará a nossa alma, e Deus enxugará dos nossos olhos toda lágrima e nos fortalecerá.

Em nono lugar, *a nossa felicidade não está nas circunstâncias, mas em Cristo*. No versículo 10, Paulo conclui dizendo que nossa felicidade não depende das circunstâncias, mas de Cristo Jesus. Escreve o apóstolo: "Pelo que sinto prazer nas fraquezas, nas injúrias, nas necessidades, nas perseguições, nas angústias, por amor de Cristo. Porque, quando sou fraco, então, é que sou forte". Mais uma vez, não se trata de uma postura masoquista. Sem entender o cristianismo como um todo, é impossível decodificar as palavras de Paulo aqui. No entanto, é preciso perceber a ênfase: "Pelo que sinto prazer nas fraquezas, nas injúrias, nas necessidades, nas perseguições, nas angústias... por amor de Cristo".

Em seu livro *A sociedade da decepção*, o grande sociólogo francês Gilles Lipovetsky declara que a pós-modernidade acabou; nós já entramos na hipermodernidade. E, nesse estágio, o ponto para onde todos querem convergir é o prazer. Não há mais idealismo, projetos, sonhos, apenas o prazer. Paulo aborda o prazer nesse versículo, mas não se trata do prazer da hipermodernidade, mas, sim, de algo que independe das circunstâncias. O homem imbuído desse prazer não é impulsionado pelas situações exteriores para estar feliz, exultante, desfrutando de um gozo inefável e cheio de glória. É um homem que pode fechar a cortina da vida afirmando como Paulo em 2Timóteo 4:7,8: "Combati o bom combate, completei a carreira, guardei a fé. Já agora a coroa da justiça me está guardada, a qual o Senhor, reto juiz, me dará naquele Dia; e não somente a mim, mas também a todos quantos amam a sua vinda". Após exprimir tal confiança, ele começa a relatar as experiências que enfrentou: abandono, perseguição, ingratidão, incompreensão. No entanto, completa: Deus me livrou e me auxiliou nisso tudo; agora que estou partindo, que seja Deus glorificado pela minha vida (2Timóteo 4:9-18).

É maravilhoso saber que a nossa alegria não depende de coisas. Muitos têm tanto e não são felizes. Quando as perdem, sua reação é o desespero. Paulo declara que não depende de coisas, mas tem gozo e prazer em Deus. Foi capaz de atestar que, mesmo ao passar por todo tipo de luta e aflição por amor a Jesus, aprendeu a viver contente em toda e qualquer situação (Filipenses 4:11). A nossa alegria não está no que nos acontece, mas em como reagimos ao que nos acontece; não no que as pessoas nos fazem, mas no que nós fazemos com o que as pessoas nos fazem. Jim Elliot, missionário e mártir do cristianismo, afirmou: "Não é tolo perder o que não se pode reter para ganhar o que não se pode perder". Você pode perder bens, mas está retendo aquilo que não se perde. Está conservando uma herança bendita, imarcescível e gloriosa.

Em décimo lugar, *quando chegamos ao fim das nossas forças, ainda assim Deus nos capacita a viver vitoriosamente* (2Coríntios 12:10b). No final do versículo 10, lemos que Deus ensinou a Paulo uma gloriosa verdade: a força emana da fraqueza. Escreveu o apóstolo: "Porque, quando sou fraco, então, é que sou forte". Este é o grande paradoxo do cristianismo. A força que sabe que é forte, na verdade é fraqueza, mas a fraqueza que sabe que é fraca, na verdade é força. O poder de Deus revela-se nos fracos. Não caminhamos pela vida estribados no frágil bordão da autoconfiança. Caminhamos pela força do Onipotente. Nossa fraqueza aliada à onipotência do Todo-poderoso Deus nos capacita a viver vitoriosamente. Diz-se do grande evangelista John Wesley que ele pregou 42 mil sermões, viajou a cavalo cerca de sete mil quilômetros por ano. Pregou três vezes por dia. Aos 83 anos escreveu em seu diário: "Nunca me canso, nem pregando, nem viajando, nem escrevendo. Bendita força que vem do alto!".

Louvado seja Deus! Na vida cristã, muitas bênçãos que recebemos vêm por meio da transformação, e não da substituição. Paulo pediu substituição — dor pela ausência de dor —, mas Deus lhe responde com transformação; o espinho continuaria, mas Paulo seria transformado a ponto de suportá-lo e ser abençoado por aquele sofrimento. Deus supre a necessidade tanto pela substituição quanto pela transformação. Às vezes, Ele não remove a aflição, mas nos dá sua graça de modo que a aflição trabalhe para nós, e não contra nós.

E, então, o que acontece? Quando Paulo começa a orar, Deus abre o campo da sua visão, e Paulo descobre que o espinho na carne não é algo estranho para destruí-lo, mas, sim, dom de Deus para mantê-lo mais dependente e humilde. Nem sempre Deus oferece explicações, mas sim promessas: é delas que vivemos, pois alimentam a fé. Deus nos deu muitas delas: "Eu não te deixarei nem te abandonarei. Eis que estou convosco todos os dias até a consumação dos séculos. Não temas, porque eu sou contigo. Não te assombres, porque eu sou teu Deus. Eu te fortaleço, eu te ajudo, eu te sustento com a minha destra fiel". Sua presença, seu consolo, sua graça e seu poder jamais nos faltarão; é promessa dele, e ele vela pela sua Palavra em cumpri-la.

CONCLUSÃO

Fazendo uma síntese do que escrevemos até aqui, podemos afirmar que o sofrimento é inevitável, indispensável e pedagógico. Ele é indispensável (2Coríntios 12:7-10) para evitar o ensoberbecimento (2Coríntios 12:7), para gerar dependência constante de Deus (2Coríntios 12:8), para mostrar a suficiência da graça (2Coríntios 12:9) e para trazer fortalecimento de poder (2Coríntios 12:9).

Quando contemplamos toda essa experiência fascinante de Paulo, podemos compreender o quanto Deus é sábio para equilibrar as visões da glória com os espinhos na carne. Deus é sábio para nos garantir que, mesmo em meio ao sofrimento, não precisamos fugir do trabalho. É também pelo sofrimento que Deus nos equipa ainda mais para o trabalho. Quando as nossas forças acabarem, quando nos sentirmos fracos, totalmente fracos, Deus dirá: "Agora você é forte, pois acabou toda a reserva da sua autoconfiança; você está totalmente dependente de mim, fiado no meu poder, na minha graça e na minha assistência". Que Deus fortaleça o seu coração. Que você saiba que Deus está do seu lado, segurando-o firme com sua mão onipotente, até conduzi-lo à glória. Se aqui nós choramos, lá Ele enxugará nossas lágrimas. Se aqui nosso corpo é surrado pela fraqueza e pela doença, e o tempo vai esculpindo rugas em nossa face e embranquecendo nossos cabelos, lá teremos um corpo de glória, semelhante ao corpo do Senhor Jesus. Se o sofrimento aqui é por breve tempo, o consolo é eterno. A dor vai passar; o céu jamais! A caminhada pode ser difícil. O caminho pode ser estreito. Os inimigos podem ser muitos. O espinho na carne pode doer. Mas a graça de Cristo nos basta. Só mais um pouco e nós estaremos para sempre com o Senhor. Então, o espinho será tirado, as lágrimas serão enxugadas, e não haverá mais pranto, nem luto, nem dor.

Oro para que o Senhor permita que a igreja desfrute desse gozo inefável, dessa alegria indizível e cheia de glória. Para que os céus desçam à terra e possamos sentir, assim como o apóstolo Paulo, a presença bendita e gloriosa de Deus, acima de toda perturbação terrena. Peça o mesmo comigo, para que haja fortaleza espiritual, confiança, gozo, alegria, ações de graça e louvor no meio do povo de Deus.

14

POR QUE OS MAUS PROSPERAM?

¹Com efeito, Deus é bom para com Israel,
 para com os de coração limpo.
²Quanto a mim, porém, quase me resvalaram os pés;
 pouco faltou para que se desviassem os meus passos.
³Pois eu invejava os arrogantes,
 ao ver a prosperidade dos perversos.
⁴Para eles não há preocupações,
 o seu corpo é sadio e nédio.
⁵Não partilham das canseiras dos mortais,
 nem são afligidos como os outros homens.
⁶Daí, a soberba que os cinge como um colar,
 e a violência que os envolve como manto.
⁷Os olhos saltam-lhes da gordura;
do coração brotam-lhes fantasias.
⁸Motejam e falam maliciosamente;
 da opressão falam com altivez.
⁹Contra os céus desandam a boca,
 e a sua língua percorre a terra.
¹⁰Por isso, o seu povo se volta para eles
 e os tem por fonte de que bebe a largos sorvos.
¹¹E diz: Como sabe Deus?
 Acaso, há conhecimento no Altíssimo?
¹²Eis que são estes os ímpios;
 e, sempre tranquilos, aumentam suas riquezas.
¹³Com efeito, inutilmente conservei puro o coração
 e lavei as mãos na inocência.
¹⁴Pois de contínuo sou afligido
 e cada manhã, castigado.

¹⁵Se eu pensara em falar tais palavras,
 já aí teria traído a geração de teus filhos.
¹⁶Em só refletir para compreender isso,
 achei mui pesada tarefa para mim;
¹⁷até que entrei no santuário de Deus
 e atinei com o fim deles.
¹⁸Tu certamente os pões em lugares escorregadios
 e os fazes cair na destruição.
¹⁹Como ficam de súbito assolados,
 totalmente aniquilados de terror!
²⁰Como ao sonho, quando se acorda,
 assim, ó Senhor, ao despertares, desprezarás a imagem deles.
²¹Quando o coração se me amargou
 e as entranhas se me comoveram,
²²eu estava embrutecido e ignorante;
 era como um irracional à tua presença.
²³Todavia, estou sempre contigo,
 tu me seguras pela minha mão direita.
²⁴Tu me guias com o teu conselho
 e depois me recebes na glória.
²⁵Quem mais tenho eu no céu?
 Não há outro em quem eu me compraza na terra.
²⁶Ainda que a minha carne e o meu coração desfaleçam,
 Deus é a fortaleza do meu coração
 e a minha herança para sempre.
²⁷Os que se afastam de ti, eis que perecem;
 tu destróis todos os que são infiéis para contigo.
²⁸Quanto a mim, bom é estar junto a Deus;
 No Senhor Deus ponho o meu refúgio,
 para proclamar todos os seus feitos.

Salmo 73

A PROSPERIDADE DO ÍMPIO. Este é o tema do salmo 73. Não sei se você já se perguntou — certamente já — por que coisas ruins acontecem com pessoas boas e vice-versa: por que coisas boas acontecem com pessoas ruins. Por que o justo sofre como se estivesse sendo castigado por Deus enquanto o ímpio, aparentemente, leva uma vida mais tranquila do que o justo, pecando e transgredindo a lei de Deus impunemente a cada dia? Jamais poderemos compreender o cristianismo, a vida cristã, sem observarmos o contraste entre o hoje e o amanhã, o temporal e o eterno, o terreno e o celestial. Como diz o apóstolo Paulo, "se a nossa compreensão ou a nossa esperança se limitarem apenas a essa vida, nós somos os mais infelizes de todos os homens" (1Coríntios 15:19).

Alguns fatos bíblicos nos chocam muito. Por exemplo, um homem da estatura de João Batista — que, na avaliação do próprio Jesus, foi o maior dentre os nascidos de mulher — termina sua vida de maneira tão inesperada e trágica, sendo degolado em uma prisão, tendo o destino da sua vida lavrado por uma mulher inconsequente e decidido nas mãos de um rei bêbado. Como entender que um João Batista está numa prisão, e um Herodes está no trono? Como entender que Paulo está numa masmorra, e Nero governa o império? Esta é uma questão que nos aflige: por que Deus não põe os justos no trono e os ímpios debaixo dos pés dos justos? O dilema entre a prosperidade do ímpio e a aflição do justo é uma tensão milenar.

O DILEMA

Ninguém melhor que Jó para pontuar isso tão bem. No capítulo 21 do livro de Jó — possivelmente o primeiro livro da Bíblia a ser escrito — Jó fornece um amplo panorama desse dilema. No versículo 7, ele diz:

Como é, pois, que vivem os perversos, envelhecem e ainda se tornam mais poderosos? Seus filhos se estabelecem na sua presença; e os seus descendentes, ante seus olhos. As suas casas têm paz, sem temor, e a vara de Deus não os fustiga. O seu touro gera e não falha, suas novilhas têm a cria e não abortam. Deixam correr suas crianças, como a um rebanho, e seus filhos saltam de alegria; cantam com tamboril e harpa e alegram-se ao som da flauta. Passam eles os seus dias em prosperidade e em paz descem à sepultura. E *são estes os que disseram a Deus: Retira*-te de nós! Não desejamos conhecer os teus caminhos. Que é o Todo-poderoso, para que nós o sirvamos? E que nos aproveitará que lhe façamos orações?

Que quadro! As pessoas zombam de Deus, mas parece que tudo dá certo paea elas: riqueza, fama, sucesso, roda de amigos, banquetes... Mas Jó continua no versículo 16:

Vede, porém, que não provém deles a sua prosperidade; longe de mim o conselho dos perversos! Quantas vezes sucede que se apaga a lâmpada dos perversos? Quantas vezes lhes sobrevém a destruição? Quantas vezes Deus na sua ira lhes reparte dores? Quantas vezes são como a palha diante do vento e como a pragana arrebatada pelo redemoinho?

A mesma situação é apontada pelo profeta Habacuque, que entrou em crise espiritual ao contemplar o cenário de sua época e perceber que aqueles que pareciam ser piores do que o povo de Deus, mais injustos do que a nação de Israel, estavam prevalecendo, subjugando o povo de Deus. Essa também é a crise de Asafe, que olha para a janela da vida e começa a perceber que o ímpio prospera, continua saudável, tem muitos amigos, recebe gente que deseja orientação para a vida, mas desanda a falar contra Deus. O ímpio despreza a Deus e prospera tranquilamente. Em contraste, Asafe olha para si mesmo e é como se dissesse: "Deus, toda manhã eu sou castigado, sou afligido, será que está valendo a pena?". Ele diz que quase seus pés se resvalaram quando, tomado de inveja, desejou trocar de posição com o ímpio (Salmos 73:2). Porém ele consegue enxergar uma saída quando chega à casa de Deus e começa a raciocinar de uma maneira mais clara acerca do presente e do futuro.

A JANELA DA TENTAÇÃO

Enquanto isso não acontece, somos tentados a nos queixar da prosperidade do ímpio. Somos como observadores da vida na janela da tentação, com os pés em uma estrada escorregadia. Corremos o grande perigo de, ao olhar para fora, vislumbrar o horizonte e pensar: "Por que fulano não é crente, e a vida dele está uma maravilha? Eu sou crente, sou fiel a Deus e ando com

Deus, mas sou provado e disciplinado, carrego comigo nas costas os vergões dos açoites que Deus me aplica". Qual é o ponto cego aqui? Colocamos os pés em um lugar escorregadio quando invejamos as pessoas por tudo o que elas têm, mas deixamos de olhar para *aquilo que elas são diante de Deus*. No salmo 73, os versículos 2 e 3 dizem: "Quanto a mim, porém, quase me resvalaram os pés; pouco faltou para que se desviassem os meus passos. Pois eu invejava os arrogantes, ao ver a prosperidade dos perversos". Muitas vezes fazemos este juízo equivocado: acreditar que alguém é feliz por causa do que conseguiu na vida. E deixamos de observar este dado fundamental: quem essa pessoa é diante de Deus? A felicidade não está no ter nem apenas no ser, mas no *ser na presença de Deus*. O salmista começou a se sentir tomado pelo desejo de ter o que o ímpio tinha; e nisso consistiu a sua tentação. Nossa geração valoriza muito o ter, e é por seus bens que as pessoas são avaliadas. Trata-se de uma inversão de valores, e a pressão para entrarmos nesse esquema é enorme.

Pôr os pés em um lugar escorregadio, nesse Salmo, equivale a queixar-se dos contrastes entre a prosperidade do ímpio e as provações do justo. No versículo 12, lemos: "Eis que são estes os ímpios; e, sempre tranquilos, aumentam suas riquezas". E, em um contraste flagrante, no 14, o salmista se compara desfavoravelmente: "Pois de contínuo sou afligido e cada manhã, castigado". Trata-se de algo muito difícil de lidar: por que parece que, para o filho de Deus, não há trégua? Por que somos às vezes jogados no deserto e outras vezes na fornalha? Por que não levamos uma vida sossegada, um mar de rosas, em vez de um cotidiano cheio de obstáculos? Por que não podemos construir nosso paraíso aqui mesmo? Asafe mergulha em uma angústia muito grande. Nos versículos 4 e 5, a descrição do ímpio é impressionante: tranquilo, é como se estivesse em um oásis no meio do deserto, sem canseiras nem aflições. "Seu corpo é sadio e nédio", informa-nos Asafe, evocando a imagem da perfeita saúde: pele bronzeada, rosto brilhando, tudo no lugar. E, na linguagem de Jó, nem seus filhos tinham problema algum; brincavam e corriam como se desfrutassem de um paraíso na terra.

É então que tudo parece uma grande injustiça: quando a carnalidade dos que prosperam parece óbvia, contrastada com a pureza dos que sofrem. Do versículo 6 ao 10, a descrição do ímpio prossegue: soberba, violência, coração fantasioso, fala maliciosa e opressora contra os céus, alta consideração entre o povo. O ímpio conspira contra o próximo e contra Deus, mas continua tendo sua reputação intocada. Compare isto com a vida do justo, no versículo 13: "Com efeito, inutilmente conservei puro o coração e lavei as mãos na inocência". O primeiro não tem compromisso algum com a honestidade, a verdade, a pureza e a santidade. Sua vida está comprometida com o mal em todos os aspectos: o que ele faz, o que ele diz, o que ele pensa e deseja. No entanto, aparentemente, tudo vai bem com ele. E o salmista, angustiado, pensa: "De que me adiantaram minha pureza, minha inocência? Quais têm sido os benefícios por me abster do mal e levar uma vida santa e pura?". O advérbio "inutilmente" mostra o desconsolo de seu coração. Essa é a crise de alguém que tenta andar em um caminho escorregadio.

Digna de especial atenção é a diferença de linguagem do ímpio e do justo. O primeiro desfere blasfêmias orgulhosas e insensatas: "Motejam e falam maliciosamente; da opressão falam com altivez. Contra os céus desandam a boca, e a sua língua percorre a terra". O justo as ouve e estremece: "Se eu pensara em falar tais palavras, já aí teria traído a geração de teus filhos" (v. 15). O ímpio fala abundantemente, sem pensar, contra o próximo e contra Deus. O justo nem sequer abre a boca e já se sente penalizado só de imaginar-se traindo a geração dos filhos de Deus. Aqui há mais uma lição para nós: nem tudo o que se pensa deve chegar à língua. Há coisas que só Deus precisa saber, que não devemos partilhar. Antes de revelar crises, dilemas e tensões da nossa alma, precisamos refletir se nossas palavras não serão como um laço para outras pessoas.

RECOMPONDO A VIDA

Então, depois de ter vislumbrado o crente na janela da tentação, com os pés em um terreno escorregadio, vamos ver o que ocorre quando o mesmo crente se rende à casa de Deus, seguro nas mãos do Deus onipotente. Algo aconteceu na vida de Asafe para interromper esse caminho perigoso, estancando o fluxo da tentação e freando a terrível possibilidade de uma queda. Essa interrupção lhe proporcionou a graça de recompor a vida e assumir um posicionamento diferente na sua história. A mudança é descrita a partir do versículo 15, em um processo de cura e libertação que se dá de duas maneiras: primeiro, Asafe refreia sua língua (v. 15), reencontrando o caminho da sensatez; segundo, ele põe sua mente para meditar (v. 16). A menção a "refletir para compreender" implica algo sublime: o cristianismo não é um ópio, um conjunto de crenças irracionais que entorpecem e anestesiam, afastando-nos da realidade. A religião não pode ser uma fuga da racionalidade, um escape da reflexão. Isso deve nos fazer pensar em nossa cultura atual: hoje, percebemos o florescimento de um tipo de espiritualidade extática, em que se busca sentir, não pensar. As pessoas querem cada vez mais um arrepio na espinha. Seu culto é sensório, não racional; elas querem se sentir bem, não compreender. Então, buscam um culto que possa fazer aflorar suas emoções, mas não levá-las à reflexão. Estamos vivendo uma época de analfabetismo bíblico, de ínfima — ou praticamente nenhuma — ênfase na pregação, pois essa nova espiritualidade enfatiza a experiência, e não o entendimento. Porém Asafe revela nesse Salmo que foi liberto desse turbilhão de emoções quando pôs a mente a serviço da compreensão. John Stott afirmou que crer é também pensar. O cristianismo é direcionado, fundamentalmente, ao seu entendimento, para que, quando a sua mente apreende a verdade, suas emoções sejam tocadas e sua vontade desperte.

Que direção, porém, deve tomar esse refletir? Uma direção certa: a das verdades de Deus. É quando vamos à casa de Deus para olhar a vida do modo que Deus a vê. Diz o versículo 17: "entrei no santuário de Deus e atinei com o fim deles". E o fim deles é a destruição. Esse é um ponto importantíssimo: só poderemos ter uma vida cristã vitoriosa se enxergarmos a vida na perspectiva de Deus – isso é sabedoria, *sofia*, em grego. Significa olhar para a vida com os olhos de Deus, avaliar a situação como Deus avalia e ver as coisas como Deus as vê. Quando Asafe estava debruçado na janela da tentação, começou a invejar os ímpios e a fazer considerações sobre a felicidade deles. Sua avaliação foi distorcida, pois sua visão acerca do que era a vida do ímpio estava limitada. Daquela janela, ele só vislumbrava felicidade, segurança, prosperidade e vida com "V" maiúsculo. Quando, porém, entra na casa de Deus e compreende a verdade, percebe qual será o fim do ímpio.

Percebemos quanto a casa de Deus ganha importância nesse Salmo. Não há cristianismo privado, isolado. Hoje, muitos acreditam não precisar da igreja. Na década de 1960, houve um movimento cuja ênfase era: "Jesus, sim; igreja, não". As pessoas passaram a fazer uma oposição entre Jesus e a igreja, como quem diz: "Eu posso muito bem ser crente na minha casa". Não compactuemos com isso! É claro que você pode e deve ser crente na sua casa, mas você precisa da igreja porque a igreja é o corpo de Cristo, e todos aqueles que são salvos precisam fazer parte desse corpo. É por isso que a Bíblia diz que nós somos um *corpo*, pois um membro só pode sobreviver se estiver ligado ao corpo. Se eu cortar meu braço, ele continua sendo meu braço, mas morre, pois não sobrevive sozinho. Nós dependemos uns dos outros.

Foi na casa de Deus que Asafe compreendeu algumas verdades sobre o ímpio. Em primeiro lugar, as bênçãos que cercam o ímpio são apenas aparentes. Vamos pensar na questão da segurança. Não estamos assistindo hoje a um grande colapso da segurança pública? Se você, como eu, acompanha os noticiários políticos, vai perceber que está mais que provado que a prosperidade do ímpio não lhe dá permanente segurança. O castelo que ele constrói é de areia, podendo desmoronar a qualquer momento. Sem ter onde se firmar, de repente o ímpio entra em colapso, e esse colapso não é produzido somente por falhas humanas. Eis a segunda verdade. No versículo 18, Asafe diz: "Tu certamente os pões em lugares escorregadios e os fazes cair na destruição". Existe uma mão que empurra o ímpio: a própria mão de Deus. Asafe percebe que o agente do juízo do ímpio é o próprio Deus. Ele completa no versículo 19: "Como ficam de súbito assolados". A queda do ímpio é abrupta. E, em consequência, ficam "totalmente aniquilados de terror". Não lhes sobra uma tábua sequer de salvação.

QUEM É DEUS

As verdades que Asafe compreende não são apenas sobre a instabilidade e a derrota fragorosa do ímpio como juízo de Deus. O salmista começa a compreender também *quem é Deus*. No versículo 13, ainda com as lentes embaçadas da tentação, Asafe havia atribuído injustiça a Deus, como se não compensasse ser crente e piedoso, privando-se daquilo que é errado. Ele pensava que era "inútil" conservar puro o coração e lavar as mãos na inocência. Porém, quando entrou na casa de Deus e seus olhos foram esclarecidos, ele exclama (v. 20): "Como ao sonho, quando se acorda, assim, ó Senhor, ao despertares, desprezarás a imagem deles". A figura utilizada aqui é impressionante e bastante sugestiva: como se Deus estivesse dormindo. Não é essa a sensação que nós temos, às vezes, quando a situação parece se encaminhar para uma grande injustiça? É quando clamamos: "Deus, o Senhor não vai agir? Até quando, Senhor, até quando?". Muitas vezes você já deve ter questionado a Deus sobre o mal no mundo: até quando a corrupção vai continuar neste país? Até quando os malfeitores continuarão levando vantagem? Parece que Deus está dormindo. No entanto, por fim Asafe descobre o seguinte: Deus não acerta as contas com o homem todas as vezes em que ele peca. Às vezes, ele dá a impressão de que está completamente inativo e só "dando corda" para o ímpio. Mas, no dia em que "acorda", no dia em que decide agir, a derrota do ímpio é total, repentina, final e fragorosa. Sim, é isto que Asafe compreende: Deus não julga o homem todas as vezes em que o homem falha e erra, mas isso não significa que o homem vai ficar impune a vida inteira. E, se permanecer impune nesta vida, jamais ficará impune diante do tribunal de Deus. Jó chega a dizer que alguns prosperam e descem em paz à sepultura; mas, ao descerem em paz à sepultura, não enfrentarão em paz o tribunal de Deus.

Nos versículos 21 e 22, Asafe encara a si mesmo com honestidade. Esse é um dos resultados de estar seguro nas mãos de Deus. Ele diz: "Quando o coração se me amargou e as entranhas se me comoveram, eu estava embrutecido e ignorante; era como um irracional à tua presença". Ele descobre que o problema dele não era o ímpio, mas sim sua falta de equilíbrio, lucidez e siso espiritual para julgar as coisas com clareza. Que tremendo! A fonte de seu problema não estava fora, mas dentro dele mesmo.

SEGUROS NA GRAÇA DE DEUS

O salmo nos ensina que estamos seguros nas mãos de Deus quando abrimos os olhos da fé para entender a graça de Deus na nossa vida. Nos versículos 23 a 26, Asafe redescobre a graça salvadora de Deus:

> Todavia, estou sempre contigo, tu me seguras pela minha mão direita. Tu me guias com o teu conselho e depois me recebes na glória. Quem mais tenho eu no céu? Não há outro em quem eu me compraza na terra. Ainda que a minha carne e o meu coração desfaleçam, Deus é a fortaleza do meu coração e a minha herança para sempre.

Aqui, temos uma das palavras mais ricas da Bíblia: a adversativa "todavia". Sempre que estiver lendo sua Bíblia e encontrar uma adversativa, pare um pouquinho para refletir, pois há uma verdade sublime aí. O salmista enxerga o grande contraste entre a queda do ímpio e a sua própria condição espiritual: ele não será destruído, pois está seguro para sempre. Apesar de ter estado na janela da tentação, pondo os pés em um caminho escorregadio, a graça de Deus prevaleceu na vida dele. Deus agiu, levando-o à sua casa, abrindo-lhe o entendimento para discernir a verdade. Nesse mesmo versículo, a graça restringente de Deus se afigura. Ao reconhecer que Deus nos segura pela mão direita, nenhum de nós pode bater no peito e dizer: "Eu sou crente porque sou firme, sou forte, sou bom". Se a mão de Deus não nos segurar, é certo que vamos bater com a cara no chão. Todos nós temos a mesma estrutura — somos pó. Somente a mão de Deus, cheia de graça, bondade e amor, a despeito de nossas crises, é que pode nos manter de pé. É Ele que nos livra das quedas. Louvado seja Deus! Como diz a Bíblia no Salmo 116: "Deus livra a nossa alma da morte, os nossos olhos das lágrimas e os nossos pés da queda" (v:8).

Sua graça não só é restringente, mas também é sustentadora. Temos no versículo 24 esta declaração preciosíssima: "Tu me guias com o teu conselho e depois me recebes na glória". Essa é a gloriosa doutrina da perseverança dos santos, da certeza da vida eterna. Isso significa que o Deus que salvou você não vai deixá-lo prostrado no meio do caminho. Ele não é como os coiotes mexicanos que prometem o passaporte para um suposto paraíso mas, quando a pessoa fica fraca, ele a deixa morrer sozinha. Não! Ele nos toma pela mão, Ele nos guia com o seu conselho e depois nos recebe na glória. De força em força, cada um de nós aparecerá diante de Deus em Sião, como dizem as Escrituras. A graça que é restringente e sustentadora também é galardoadora. Asafe percebe essa verdade e a comunica nos versículos 25 e 26: "Quem mais tenho eu no céu? Não há outro em quem eu me compraza na terra. Ainda que a minha carne e o meu coração desfaleçam, Deus é a fortaleza do meu coração e a minha herança para sempre". Que grande mudança de perspectiva! Esse homem quase caiu porque viu e invejou o dinheiro do ímpio. Agora, ele pode olhar novamente e exclamar: "Eu é que sou rico porque Deus é a minha herança. Eu tenho Deus no céu, eu tenho Deus na terra, Deus é a minha herança!". Deus é a nossa riqueza. A riqueza do ímpio é levada embora pela traça e pela ferrugem, mas a nossa riqueza, nem traça, nem ferrugem, nem ladrão, nem inflação podem tomar. Deus é a nossa herança, louvado seja o Senhor! Deus é o nosso galardão, a nossa recompensa.

CONCLUSÃO

O Salmo termina com mais um contraste, dessa vez bem diferente do inicial, nos versículos 27 e 28: "Os que se afastam de ti, eis que perecem; tu destróis todos os que são infiéis para contigo. Quanto a mim, bom é estar junto a Deus; no Senhor Deus ponho o meu refúgio, para proclamar todos os seus feitos". Ele abandona a janela da tentação para percorrer os caminhos da proclamação. Agora, não mais cogita com seu coração tempestuoso as crises internas com um coração egoísta e idólatra. Depois de reconhecer a graça de Deus, tudo o que Asafe quer é proclamar seus feitos. E há algo interessante a notar: trata-se de um Salmo que começa com a bondade de Deus, no versículo 1, e termina com a bondade de Deus, no último versículo. Às vezes, entre a bondade de Deus no começo e a bondade de Deus no fim nós passamos por certas turbulências. Começamos bem: sabemos que Deus é bom porque nos salvou e preparou lugar no céu para nós. Mas, às vezes, entre nossa salvação e nossa glorificação, passamos por crises na vida. Meu desejo é que o Espírito Santo de Deus que habita em nós possa nos proporcionar uma compreensão cada vez mais acurada de quem somos, do que temos, da nossa gloriosa herança e da nossa sublime recompensa.

15

ENCARE A CRISE E LOUVE A DEUS

¹Às margens dos rios da Babilônia, nós nos assentávamos e chorávamos,
 lembrando-nos de Sião.
²Nos salgueiros que lá havia,
 pendurávamos as nossas harpas,
³pois aqueles que nos levaram cativos nos pediam canções,
 e os nossos opressores, que fôssemos alegres, dizendo:
 Entoai-nos algum dos cânticos de Sião.
⁴Como, porém, haveríamos de entoar o canto do Senhor
 em terra estranha?
⁵Se eu de ti me esquecer, ó Jerusalém,
 que se resseque a minha mão direita.
⁶Apegue-se-me a língua ao paladar,
 se me não lembrar de ti,
 se não preferir eu Jerusalém
 à minha maior alegria.
⁷Contra os filhos de Edom, lembra-te, SENHOR,
 do dia de Jerusalém,
 pois diziam: Arrasai, arrasai-a,
 até aos fundamentos.
⁸Filha da Babilônia,
 que hás de ser destruída,
 feliz aquele que te der o pago
 do mal que nos fizeste.

⁹Feliz aquele que pegar teus filhos
e esmagá-los contra a pedra.

Salmos 137:1-9

O SALMO 137 MOSTRA A realidade dramática e sofrida do cativeiro babilônico. No ano 586 a.C., o grande Nabucodonosor, com seus exércitos, entrincheirou Jerusalém e cercou a cidade. Quando não havia mais resistência, ele invadiu a cidade, derrubou seus muros e destruiu o templo. Passou ao fio da espada os moços, violentou as moças, levou cativo o restante do povo. Dizem as Escrituras que, enquanto isso tudo acontecia, Edom, incrustado no alto das montanhas, bradava a plenos pulmões: "Arrasai-a, arrasai-a, arrasai-a", aplaudindo aquela sanha assassina, sanguinária, de Nabucodonosor contra Jerusalém. Como se não bastasse, Edom entrou na cidade arruinada pelos opressores para pegar os despojos, e seus habitantes espreitavam nas encruzilhadas; quando algum judeu tentava fugir do cerco, os edomitas acabavam matando aquele que buscava livrar-se do cativeiro babilônico.

O povo de Judá foi então levado cativo para a Babilônia. Mas a Bíblia conta que houve um motivo para essa tragédia. Haviam se levantado reis maus, ímpios, idólatras e feiticeiros que levaram o povo de Deus ao erro, homens como Manassés e Acaz. E Deus mandou os seus profetas, como Isaías, Miqueias, Jeremias, mas o povo não quis ouvi-los. Homens foram subornados para profetizar o que todos queriam ouvir, e o sacerdócio foi comprado para que falasse o que todos desejavam escutar. Finalmente, Deus usou a vara da disciplina e dispôs a Babilônia como instrumento de sua ira.

Em uma terra estranha, sem família, sem bens, sem o antigo conforto, todo o prazer de viver foi perdido. É nesse contexto que os babilônios pedem aos israelitas para tanger suas harpas e entoar um cântico de Sião. O povo de Deus, porém, não sabe mais alegrar-se com música. A Bíblia conta que o povo de Deus dependura suas harpas nos salgueiros e questiona: "Como nós podemos entoar um cântico em terra estranha?" Transpondo esa fala para nosso contexto, podemos dizer que, assim como era fácil cantar em Sião, é fácil cantar dentro da igreja, em um culto de louvor, quando todos estão muito bem trajados, com espírito preparado e renovado para entoar com alegria as músicas de exaltação a Deus. É fácil ser uma bênção na igreja e entusiasmar-se com o convívio com os irmãos. Mas nossa espiritualidade não pode se circunscrever ao templo nem limitar-se ao contexto do sagrado. Será que poderemos tanger as nossas harpas e exaltar o nosso Deus em toda circunstância, mesmo nas horas difíceis? Diante da dificuldade, vamos calar a nossa boca e nos deixar levar por amargura e ressentimento? Só quando a graça de Deus age em nós é que podemos ainda tocar nossos instrumentos e proclamar um hino de louvor ao Deus vivo na hora do cerco: quando chegam a dor, a enfermidade, a crise financeira, o problema familiar, o choro, a angústia, a injustiça, a opressão.

É impossível ler sobre a vida de Jó sem ficar profundamente impressionado. Ele perde os bens, a saúde, os filhos, o apoio da esposa, os amigos. Mas, em meio a essa tragédia indescritível, arranca do profundo da alma uma verdade tremenda: Deus inspira canções de louvor nas noites escuras. A postura dele contrasta com a do povo levado cativo, que dependurou suas harpas e desistiu de cantar por causa da crise que se instalou em sua história. E veja que, apesar de toda a tragédia, aqueles israelitas ainda tinham motivo para cantar em Sião. Diz o versículo 1: "*Às margens dos rios de Babilônia nós nos assentávamos*". Eles não estavam no deserto, debaixo do chicote ou atrás das grades, sem água e sem pão. Estavam à beira de um rio, o grande rio Eufrates, lugar fértil, cheio de verdor e fartura. Não estavam sufocando debaixo de um sol causticante, mas à sombra de belas e frondosas árvores, como nos informa o versículo 2: "Nos salgueiros que lá haviam". Mesmo assim, não cantavam.

Continua o versículo 1: "*Às margens dos rios de Babilônia nós nos assentávamos e chorávamos, lembrando-nos de Sião*". Longe de Jerusalém, os israelitas lamentam, pois não estão mais no seu lar. Todos os seus vínculos importantes foram rompidos, tudo o que amavam foi violentado. Perderam as raízes, os bens, as casas, os filhos, o templo, a cidade, a cidadania. E foram levados cativos, oprimidos, debaixo de serviço pesado, cerco permanente, muro por todos os lados. Desprovidos de riso, estão desinstalados de tudo o que tanto amavam. E nós? Como enfrentamos as crises que nos alcançam? Quando somos desinstalados do nosso ambiente e as coisas fogem ao controle, será que ainda temos alegria de louvar ao Senhor? Será que nos assentamos em uma atitude de passividade, sem reação, acomodados e infelizes? Talvez estejamos só olhando para dentro de nós mesmos, contemplando nosso desânimo, nosso fracasso, nossa impotência. Precisamos olhar para cima!

A APATIA INIMIGA DO LOUVOR

O que os fez dependurar as harpas e deixar de cantar foi uma grande apatia, uma angústia coletiva. No versículo 1, a primeira pessoa do plural não me deixa mentir: não eram apenas um ou outro que estavam desanimados, abatidos, deprimidos, pessimistas, mas todos eles estavam picados pela peçonha mortífera da apatia, vencidos pela morte da esperança. Deixaram-se levar pelo desânimo total, por uma aceitação passiva da decretação da derrota. Quando isso ocorre, temos certeza de que não há mais saída e somos dominados pelo problema. Apáticos, apostamos que a crise é insuperável, nos convencemos de que a situação não tem mais jeito e flertamos com a miséria, pousando os olhos em lugar nenhum. No Salmo, eles não se assentam para conceber alguma ideia ou traçar um plano para dar fim àquela situação de angústia; eles não se assentam para consolar uns aos outros sobre uma possível solução ou um futuro mais belo. Eles não oram nem buscam refúgio no Deus vivo. Conta-nos a Bíblia que eles se reúnem para discutir apenas as crises que os entrincheiram por todos os lados. Faltou sonho para sonhar. E não havia ninguém ali para ajudar aquele povo, para desneurotizar aquela gente tão desanimada.

Ainda no versículo 1, eles estavam vivendo um momento terrível de tristeza e melancolia: "nós nos assentávamos e chorávamos". Tudo ao redor estava empapuçado de dor e tensão. Todos eles formavam como que um grande coral do gemido, uma grande orquestra do lamento e do soluço. Eles não cantavam, não celebravam, não exaltavam a Deus; apenas choravam, pois haviam capitulado e só sabiam curtir a sua dor. Tem gente que se entrega à dor, não reage, não levanta a cabeça; quando se reúne é para lamentar, quando se ajunta é para chorar. Aproximam-se uns dos outros não para somar forças e trabalhar, orar e confiar em Deus, mas apenas para considerar os aspectos negativos. E, então, vêm a melancolia e a tristeza.

A NOSTALGIA TIRA A PERSPECTIVA DO FUTURO

Além de olhar para si mesmos, eles olham para trás. Dependuram as harpas porque estão acometidos por uma profunda nostalgia. Diz o texto que eles se assentavam chorando, lembrando de Sião. Diante dos problemas, muitos deixam de olhar para cima e para a frente; só enxergam o que perderam, não o que podem ganhar; só veem os prejuízos de ontem, não o que podem capitalizar amanhã. Voltados para trás, deixaram de cantar e de testemunhar na Babilônia porque só tinham olhos para o passado.

Que diferença em relação a Daniel, que também foi para esse mesmo cativeiro! Daniel não se quedou nostálgico, deprimido nem derrotado, mas, firme em seu compromisso com Deus, vislumbrou as possibilidades do futuro. Sabia que estava lá não para ser influenciado, mas para influenciar. Conosco ocorre muitas vezes o oposto. Em um contexto difícil, lamentamos quanto estamos sofrendo, rodeados de pessoas que não amam nem conhecem a Deus, e nos perguntamos como seremos capazes de louvar a Deus em ambientes tão hostis como uma empresa ou escola em que somos parte de uma ínfima minoria evangélica. Então, no escritório e na sala de aula, nós nos encolhemos e nos achatamos. Mas, se seguirmos o exemplo de Daniel, passaremos a encarar a situação de maneira totalmente diferente e começaremos a exercer influência. Não devemos nos assentar para reclamar e lamentar, curtindo o azedume de tanta nostalgia de meios mais acolhedores. Se estamos amargos com o presente, é porque não largamos o passado, mas vivemos em função do que já deixou de ser.

O povo judeu da Babilônia morava na saudade, vivia de reminiscências, mergulhado em um tempo que o vento levou para sempre. Como enfrentamos as crises no dia a dia? Talvez um pecado cometido na juventude ainda nos aprisione e agrilhoe, e nunca conseguimos nos libertar. Talvez uma perda de algo ou alguém nos mantenha no chão, presos ao passado, sem que consigamos nos levantar. Se esse é seu caso, erga a cabeça, em nome de Jesus! Mesmo que você esteja no cativeiro, Deus está com você, e Ele não está oprimido nem cativo, pois nosso Deus é todo-poderoso. Por isso o apóstolo Paulo, quando foi preso, nunca disse: "Eu sou preso de César", mas sim: "Eu sou prisioneiro do Senhor Jesus" (Efésios 3:1). Ele entendia que, em qualquer situação ou circunstância, sua vida estava nas mãos de Deus, quer na cadeia, quer em qualquer outro lugar aonde ele fosse chamado para cumprir os propósitos de Deus.

Penso naquela menina que foi levada cativa de Israel para a Síria (2Reis 5:2 em diante). A Bíblia não nos informa, mas quem sabe, naquela guerra, seus pais tinham sido mortos, seus irmãos tinham sido vendidos. Aquela menina, adolescente ainda, podia estar carregada de traumas, de recalques, encharcada de ódio e revolta. Porém, a Bíblia conta que, ao ser levada para a Síria, ela não carregou o cativeiro no coração. Não desejava o mal nem odiava aquela família que a levou oprimida e cativa; pelo contrário, ela foi uma bênção na casa de Naamã, abrindo uma porta de Deus naquela família para cura e salvação. Deus pode abençoar a sua vida e abençoar outros por meio dela, mesmo quando você está em uma situação de angústia e dor.

Os hebreus conheciam Deus e tinham uma boa teologia da história. Sabiam que Deus é o Senhor da história e que todas as coisas estão sob a direção do Deus vivo. Mas, nessa situação, faltou-lhes vida. Não tinham fé para crer em sua teologia. Diante do desafio de cantar em terra estranha, no aperto da história, eles aposentaram as harpas e os instrumentos de alegria e festividade. A fé deles se mostrou apenas uma fé circunstancial: só opera quando está tudo bem. Quando chegam os problemas, o ânimo se esvai, vem o desânimo, já não se ora mais, não se canta mais, Deus não é mais louvado nem celebrado com prazer e amor. É aqui que precisamos ter o máximo cuidado: se nossa espiritualidade não é capaz de celebrar louvores a Deus em meio à crise, essa espiritualidade precisa de restauração. Deixar de cantar em meio à crise é negar a fé e renunciar ao testemunho. É viver um projeto de antiespiritualidade. Também vemos, no entanto, que o silêncio dos cânticos se deve a mais um motivo.

A FALTA DE PERDÃO

Enquanto continuamos a leitura do Salmo, percebemos que não se trata somente de uma crise histórica. A partir do versículo 5, o salmista começa a trabalhar outro assunto: não há mais canto por causa da falta de perdão no coração dos judeus. Eles estão pedindo por vingança, cheios de mágoa, ira, rancor. É quando precisamos parar para refletir seriamente: como reagimos quando somos oprimidos, quando alguém fala mal de nós, quando alguém invade nossos direitos e nos espolia? Como reagimos quando alguém esmaga tudo o que temos de mais precioso? Continuamos adorando a Deus ou deixamos que ódio e ranço de amargura tome conta de tudo? Temos de ter muito cuidado para não cultivar uma espiritualidade mística, que só atua no monte, na vigília, nos acampamentos, nos congressos e nos cultos. É muito fácil cantar na igreja, mas o que fazemos quando chega a hora da dificuldade e somos vítimas de injustiça? Nesses momentos, mais um personagem bíblico precisa ser lembrado: José, ainda adolescente, foi levado para um país estrangeiro, tratado como objeto e vendido como mercadoria barata (Gênesis 3750). A Bíblia diz que esse moço nunca ficou amargurado, nunca se revoltou, mas tomou a decisão de adorar e servir a seu Deus, vivendo em sua presença mesmo diante da adversidade.

Do versículo 5 ao 9, constatamos que a desistência de cantar está associada à desistência de perdoar. No versículo 8, a primeira vez em que esse povo olha para o futuro é para desejar a tragédia e a destruição dos seus inimigos: "Filha de Babilônia, que hás de ser destruída, feliz aquele que te der o pago do mal que nos fizeste". Até então, esse povo só estava olhando para o passado, vivendo de reminiscências. Só lembravam de Sião, não consideravam o que Deus ainda poderia fazer na vida deles. E de repente eles olham para a frente; e, quando olham, pedem que o amanhã venha de braços dados com a tragédia. E eles querem vingança, têm sede de sangue. Querem o troco para Babilônia, se possível, um holocausto. Profetizam o trágico de forma irreversível: "Filha de Babilônia, que hás de ser destruída". Não vislumbram perdão, nenhuma possibilidade de arrependimento e mudança para Babilônia; só tragédia. Ao agir assim, colocaram-se na contramão de todo projeto de uma verdadeira e genuína espiritualidade, pois perderam a capacidade de amar.

Eis uma grande verdade: um coração encharcado de ódio e amargura não pode ser um adorador do Deus vivo. Se só somos capazes de amar a quem já nos ama e abraçar a quem nos abraça, se só conseguimos pensar em fazer o bem a quem nos faz bem, isso significa que estamos distantes do projeto do reino de Deus. A Bíblia diz que o Senhor manda suas bênçãos, como o sol e a chuva, sobre todos, bons e maus (Mateus 5:45). Quando Jesus estava passando pela cidade de Samaria, os samaritanos não o acolheram. Diante disso, Tiago e João sugeriram: "Senhor, vamos mandar descer fogo do céu e destruir esse povo". Mas Jesus respondeu: "Não, eu não vim para destruir, eu vim para salvar" (Lucas 9:51-56). Somos chamados a ser como Ele.

Hoje, muitos estão doentes por mágoa e ressentimento. É preciso que a igreja aprenda a perdoar àqueles que nos fizeram mal. Há vinte anos, um avivalista do Brasil, percorrendo este país, chegou à conclusão de que o pecado mais presente na igreja evangélica brasileira é o pecado da mágoa. Quando a Bíblia nos ordena amar e perdoar, não se trata de um direito, de uma justiça. Assim como Jesus não revidou ultraje com ultraje, a Palavra nos ensina a ter uma reação transcendental. Se alguém nos forçar a andar uma milha, devemos andar duas; se alguém nos ferir a face, devemos voltar a outra; se alguém quiser tomar a nossa capa, devemos oferecer a túnica também. A Bíblia nos ensina a amar os que nos odeiam, a orar por aqueles que nos perseguem, a pagar o mal com o bem, a abençoar os que nos amaldiçoam. Esse é o projeto do reino de Deus. Se nós não vivermos esse projeto, nossas harpas estarão sempre dependuradas e não haverá cântico de louvor nos nossos lábios na hora das dificuldades.

No versículo 7, vemos quanto o povo ainda está preso historicamente à tragédia: "Contra os filhos de Edom, lembra-te, Senhor, do dia de Jerusalém, pois diziam: Arrasai-a, arrasai-a, até aos fundamentos". Embora o ocorrido já datasse de muitos anos, o dia de Jerusalém ficou guardado com letras de fogo na memória do povo. Um dia de profunda opressão. Os fatos, as vozes, as palavras, tudo isso ficou registrado na mente e no coração do povo hebreu. Da mesma forma, muitas vezes nós não deixamos de lembrar dos dias em que fomos feridos, ultrajados, injustiçados, criticados, abandonados e violentados em nossos direitos. Há quem nunca se esqueça de uma palavra atravessada que ouviu na infância e ainda faz sangrar o coração. Uma palavra que nunca é desfeita, apagada.

VINGANÇA NÃO TRAZ FELICIDADE

Nos versículos 8 e 9, entendemos que esse povo, cheio de amargura e desejos de vingança, mantém um conceito estúpido do que significa ser feliz na vida: "Filha de Babilônia, que hás de ser destruída, feliz aquele que te der o pago do mal que nos fizeste. Feliz aquele que pegar teus filhos e esmagá-los contra a pedra". Isso não é uma palavra para o povo de Deus. Sim, está registrada na Bíblia, mas não significa que expresse o desejo e a aprovação de Deus. Trata-se da expressão de um projeto doentio, que se alegra com a desgraça, o derramamento de sangue e a vingança. Se você acalenta algum projeto de vingança, abandone-o, em nome de Jesus. Enquanto você nutrir no seu coração um sentimento de revide e revolta, a bênção de Deus não poderá fluir na sua vida. Além disso, vemos o quanto o ódio é incoerente, tresloucado: no versículo 9, os judeus já estão odiando a quem nada tem a ver com eles. É por isso que a Bíblia diz que a "ira do homem não produz a justiça de Deus" (Tiago 1:20), pois não somos capazes de nos vingar com justiça; não estamos à altura de Deus para fazer aquilo que só Ele pode se incumbir de fazer. Veja que a exclamação deles é: "Feliz aquele que pegar teus filhos e esmagá-los contra a pedra". Quem os feriu? Os pais, não os filhos; mas eles querem vingar-se dos filhos. Que tragédia: eles transferem o ódio para outra geração, projetando desejos de vingança a quem não lhes fez mal nenhum.

Outro aspecto importante, presente nesse Salmo, é que o amor do povo estava associado não a Deus, e sim ao local da adoração: "Se eu de ti me esquecer, ó Jerusalém, que se me resseque a minha mão direita, apegue-se-me a língua ao paladar se me não lembrar de ti, se não preferir eu a Jerusalém à minha maior alegria". A religiosidade do povo não estava associada a Deus, mas ao templo, ao lugar, ao espaço. Não era teocêntrica. Há manifestações de saudade do lugar de Jerusalém, não de Deus. Trata-se da institucionalização da fé. A maior alegria daquele povo não era Deus, mas Jerusalém; sente falta não de Deus, mas de Sião. A única vez em que Deus é lembrado, não é para ser louvado, mas para que se torne uma espécie de sócio do ódio e do espírito de vingança. Hoje, muita gente amarga se mostra pronta para morrer pela igreja, mas é incapaz de amar a Deus e adorá-lo nas dificuldades.

CONCLUSÃO

Não precisamos reagir mal em meio às adversidades. Temos ao alcance da mão pelo menos dois exemplos maravilhosos de celebração nas piores situações. O primeiro é a santa ceia (Mateus 26; Marcos 14; 1Coríntios 11). A Bíblia conta que, em uma quinta-feira à tarde, um espírito maligno de Satanás já havia entrado em Judas para trair a Jesus. O ambiente era de profunda tensão e angústia quando Jesus Cristo pegou um pão, partiu-o e disse: "Esse pão é o meu corpo, que vai ser ferido e esmagado na cruz". Em seguida, Jesus pegou um cálice e disse: "Esse cálice é o meu sangue, o sangue que vai ser derramado na cruz". E depois de celebrar a ceia, símbolo da sua morte, do seu sacrifício, da sua dor, Jesus cantou um hino e foi para o monte das Oliveiras, onde foi preso. Era uma hora de sombras, de cerco, pois Jesus estava travando ali a maior de todas as batalhas da humanidade. E Ele cantou um hino em louvor ao Pai. O segundo é o da prisão de

Paulo e Silas (Atos 16). Dentro de uma cadeia, com os corpos feridos e ensanguentados, eles não murmuraram nem se rebelaram contra Deus, mas oraram e cantaram à meia-noite, alegrando-se. E Deus se manifestou com um grande milagre naquela prisão. É possível cantar no cerco, na prisão, na dor, na angústia, na enfermidade, na escassez, na privação e na provação? A resposta é um grande "sim"!

No entanto, se mesmo assim, você não souber o que fazer em meio à crise, então veja o exemplo do rei Josafá. Ele estava encurralado por adversários medonhos e insolentes. Uma grande multidão, fortemente armada, estava pronta para atacar Jerusalém. Não havia tempo para reagir, e Josafá não tinha recursos para resistir àquele aparato militar que pretendia varrer Jerusalém do mapa. Ao saber da tragédia, humanamente irremediável, Josafá teve medo e pôs-se a buscar o Senhor, convocando a nação para orar e jejuar. Em sua oração, o rei disse: "Ah! Nosso Deus, acaso não executarás tu o teu julgamento contra eles? Porque em nós não há força para resistirmos a essa grande multidão que vem contra nós, e não sabemos nós o que fazer; porém os nossos olhos estão postos em ti" (2Crônicas 20:12). Diante da situação tão desesperadora, Josafá admite sua incapacidade; reconhece que não sabe o que fazer, mas põe os seus olhos em Deus. Desse episódio podemos tirar quatro lições:

Quando você não souber o que fazer, busque a Deus em oração e jejum (2Crônicas 20:3). Há momentos em que os problemas vêm sobre nós como uma torrente caudalosa, como uma avalanche avassaladora, como um terremoto assustador. Nessas horas, nossos recursos são absolutamente insuficientes para enfrentarmos a situação, e nada podemos fazer senão recorrer ao Deus do céu e clamar por sua ajuda e socorro.

Quando você não souber o que fazer, confie nas promessas de Deus (2Crônicas 20:4-12). Não basta orar; precisamos orar como convém. Não basta pedir; precisamos conhecer aquele a quem pedimos. Josafá reconhece que Deus é o soberano Senhor nos céus e domina sobre todos os reinos da terra. Ele ora consciente de que nas mãos de Deus estão toda força e todo poder e não há quem lhe possa resistir. Quando compreendemos a grandeza de Deus, nossos grandes problemas se apequenam. Além disso, Josafá deu um passo além em sua oração: ele sustentou sua súplica nas promessas de Deus. Ao mesmo tempo que buscou a Deus em oração, abriu as Escrituras para orar e fundamentar sua petição no alicerce firme das promessas de Deus. Oramos com eficácia quando ancoramos nossas petições nas promessas daquele que tem zelo pela sua Palavra e fidelidade em cumpri-la.

Quando você não souber o que fazer, ouça a Palavra de Deus e a obedeça (2Crônicas 20:13-19). Quando todos os homens, mulheres e crianças se reuniram para falar com Deus em oração, Ele se manifestou e falou com eles, trazendo-lhes sua Palavra. Por meio da oração, falamos com Deus; por meio da Palavra, Deus fala conosco. A Palavra divina que veio ao povo encorajou-o a não olhar para as circunstâncias e a não temer as ameaças do inimigo. Deus lhes acalmou o coração dizendo que pelejaria por eles e lhes daria a vitória. A Palavra gerou fé no coração deles e tirou os olhos deles do problema para colocá-los no Deus que está acima e no controle da situação.

Quando você não souber o que fazer, louve a Deus com confiança (2Crônicas 20:20-30). Quando o povo ouviu a voz de Deus, o medo foi substituído pelo louvor. Eles enfrentaram os exércitos inimigos não com armas carnais, mas com louvor. Eles não louvaram depois que o inimigo foi derrotado; louvaram para derrotar o inimigo. O louvor não é apenas consequência da vitória, mas é a causa da vitória. "Tendo eles começado a cantar e a dar louvores, pôs o Senhor emboscada contra os filhos de Amom e de Moabe e os do monte Seir que vieram contra Judá, e foram desbaratados" (2Crônicas 20:22). O louvor é o brado de triunfo dos filhos de Deus no campo de batalha. Quando os problemas parecerem insolúveis, faça o que fez Josafá: ore, jejue, obedeça e louve ao Senhor, e o inimigo será desbaratado. Quero convocar você, em nome de Jesus, a tirar as suas harpas dos salgueiros; a deixar para trás todo lamento, toda nostalgia, toda tristeza; a parar de justificar seu silêncio e começar a adorar o seu Deus, mesmo que você esteja vivendo em meio à dor e ao sofrimento. O Deus em quem cremos, em quem confiamos, é o Deus que inspira canções de louvor nas noites escuras. Por isso encare a crise e louve a Deus!

PARTE 5

ORAÇÃO E MILAGRES

16

A ORAÇÃO: A CHAVE PARA UMA VIDA DE PODER

> E aconteceu que, ao ser todo o povo batizado, também o foi Jesus; e, estando ele a orar, o céu se abriu, e o Espírito Santo desceu sobre ele em forma corpórea como pomba; e ouviu-se uma voz do céu: Tu és o meu Filho amado, em ti me comprazo.
>
> Lucas 3:21,22

A IGREJA APRENDE A ORAR COM JESUS

Vamos falar sobre oração, a chave para uma vida de poder, olhando a vida de oração de Jesus. O evangelista Lucas, dentre os evangelhos sinópticos, distingue-se dos outros autores. E por algumas razões muito claras. Primeiro, porque Lucas é o único escritor gentio do Novo Testamento. Homem de formação superior, ele era médico e historiador. Os livros que escreveu, tanto o evangelho de Lucas quanto Atos, ele mesmo diz, foram fruto de uma pesquisa exaustiva sobre a vida de Jesus e a vida da igreja.

Além de tudo, Lucas era também um viajante, o que é facilmente perceptível na leitura de Atos. Vemos que ele acompanha Paulo em suas viagens à Europa, à Ásia Menor e também a Roma. Dos evangelistas, o que mais enfatiza a obra do Espírito Santo no Novo Testamento é Lucas. Ele mostra que tudo na vida de Jesus, desde sua concepção, batismo, preparação para a tentação e início do seu ministério, realizou-se na força e na unção do

Espírito Santo. No livro de Atos, ele diz que Deus ungiu a Jesus de Nazaré com o Espírito Santo para andar por toda parte fazendo o bem e libertando os oprimidos do Diabo.

Ao mesmo tempo, Lucas é o evangelista que mais fala da vida de oração de Jesus. Por que será que as duas coisas andam juntas? Vida de domínio e direção do Espírito Santo e vida de oração? Porque percebemos que, para que haja manifestação do Espírito, é necessário que haja vida de oração. Ora, por que Lucas, exatamente Lucas, é quem vai dar ênfase ao ministério de oração de Jesus? Em Marcos e Mateus encontramos Jesus orando apenas quatro vezes. E por que exatamente um gentio, que não se relacionou nem conviveu com Jesus, é quem dá essa ênfase ao ministério de oração dele? Por quê?

Como historiador que era, Lucas olhou para a igreja apostólica, para a igreja primitiva, e descobriu que ela orava intensamente. A vida da igreja era uma vida de oração. Ela vivia intensamente na presença de Deus. Possivelmente, em certo momento, chegou ao coração de Lucas uma interrogação: com quem essa igreja aprendeu a orar? Por que essa igreja ora com tanta intensidade? Será que ela orou mais que o seu Senhor, o seu Salvador, Jesus Cristo?

Foi essa interrogação presente no coração de Lucas que o levou a fazer uma pesquisa exaustiva sobre o ministério de oração de Jesus. Então, ele descobre que Jesus Cristo teve uma vida intensa e profunda de oração. Se você fizer uma contagem do número de vezes em que Jesus aparece orando no livro de Lucas, vai encontrar lá nada menos do que onze ocasiões. Ele orou no batismo, orou quando a multidão o procurou, orou a noite inteira para escolher os apóstolos, orou para que seus discípulos o conhecessem como Filho de Deus, orou também no monte da Transfiguração, orou quando seus discípulos foram pedir que Ele os ensinasse a orar e outra vez orou em agonia intensa no jardim do Getsêmani, inclusive por Pedro, instando seus discípulos a também orar para não caírem em tentação.

O PODER DA ORAÇÃO

Só Lucas registra a oração de intercessão de Jesus na cruz: "Pai, perdoa-lhes, porque não sabem o que fazem". Só Lucas registra a última oração de Jesus na cruz: "Pai, nas tuas mãos entrego o meu espírito". Vemos assim que Lucas faz questão de registrar Jesus orando no início de seu ministério, lá no Jordão, e no término de seu ministério, lá na cruz. O ministério de Jesus começou com oração, prosseguiu com oração e terminou com oração. Assim, gostaria de levantar alguns princípios do ministério de oração de Jesus.

Primeiro princípio, destaco o princípio da capacitação, que está no texto que acabamos de ler. A oração é a vida da igreja, porque a oração foi a vida de Jesus Cristo, cabeça da igreja. São as pessoas que oram como Jesus orou que podem conduzir a igreja de Deus a grandes avanços na história. Se você olhar para o texto de Lucas 23, observará que três coisas acontecem quando Jesus ora. Primeiro, o céu se abre; segundo, o Espírito Santo desce; terceiro, o Pai se manifesta em voz audível. Você percebe aqui, que a essência da oração é a intimidade, a comunhão e o relacionamento com Deus. Quando nós oramos, o Espírito Santo nos dá a confirmação de que somos filhos de Deus. Quando você ora, o Espírito de Deus gera no seu coração a consciência de que você, verdadeiramente, é filho de Deus. Algo interessante é que Marcos e Mateus registram o batismo de Jesus, mas não falam sobre este detalhe: Jesus estava orando enquanto era batizado. E você pode perguntar: Por que o céu se abriu? O que provocou a abertura do céu?

Lendo o relato de Lucas, podemos entender que o céu se abriu porque Jesus estava orando. Em que momento o Espírito Santo veio sobre a igreja? Quando a igreja estava orando. Lá em Atos 1:14, lemos que a igreja estava em oração havia dez dias, então o Espírito Santo desceu sobre ela. Em Lucas 11, lemos que o Espírito Santo é dado àquele que pede ao Pai. Quando a igreja ora, o céu se abre, o Espírito Santo desce à igreja. Quero lhes dizer, que não há manifestação de poder na igreja se não há oração. Manifestação do Espírito é o resultado de oração. O Espírito de Deus vem sobre a igreja, reveste, capacita, treina e orienta a igreja quando ela ora. A oração é a chave que abre a porta do céu, é ela que promove o derramar do Espírito Santo de Deus. Foi quando Jesus orou que o Pai deu clareza a Ele sobre seu ministério. Foi quando Jesus orou que Ele recebeu poder para cumprir sua missão. Foi quando Ele orou que o céu se abriu, o Espírito Santo veio sobre Ele, capacitou-o e revestiu-o com poder para dar início ao seu ministério.

Você pode perceber que, imediatamente após isso, cheio do Espírito Santo, Jesus é dirigido pelo mesmo Espírito ao deserto, para uma grande batalha espiritual contra o Diabo. Deserto, na língua grega, significa casa de Satanás. E Jesus vai enfrentar o Diabo em casa e vencê-lo, porque Ele orou. Por essa razão, o Espírito de Deus desceu sobre Ele. E porque o Espírito de Deus desceu sobre Ele, Jesus foi revestido de poder para enfrentar as grandes lutas do seu ministério e triunfar sobre elas. Louvado seja o Senhor! Foi quando Jesus orou que o Pai se revelou, dizendo: "Tu és o meu Filho amado". Deus tem prazer em seus filhos quando eles oram. Deus se deleita em seu povo quando ele o busca e ora.

UM MOMENTO A SÓS COM O PAI

Vamos para Lucas 5:15,16 ver o segundo princípio que aprendemos com Jesus: "Porém o que se dizia a seu respeito cada vez mais se divulgava, e grandes multidões afluíam para o ouvirem e serem curadas de suas enfermidades. Ele, porém, se retirava para lugares solitários e orava". Esse é o princípio da prioridade da oração. Isso nos confunde. Quando é que Jesus foi orar? Qual foi o momento que Jesus escolheu para orar? Não foi exatamente quando as multidões o estavam procurando? Não dá para entender. Qualquer pessoa, nessa hora, pararia e diria: "Que oportunidade extraordinária, a multidão procura por mim. Uma oportunidade extraordinária de ministrar a essa multidão".

Porém, a Bíblia diz que, quando a multidão procura Jesus, Ele a deixa e vai orar. Sabe o que Jesus está nos ensinando com isso? Que o ministério da oração é mais importante do que o sucesso no ministério. Mais importante do que falar às multidões é falar com o Pai. O que me impressiona é que

Jesus gostava de orar de madrugada, passava as noites em oração, Jesus orava principalmente à noite. Mas agora é dia. E, exatamente quando a multidão o procura, Ele sai para orar. Será que nós temos essa prioridade, irmãos? Sejamos sinceros, isso não acontece conosco. Qualquer programa nos dá justificativas para não orar. Não é verdade? Qualquer coisa tem prioridade em nossa agenda. Uma reunião ou encontro social, uma visita, um trabalho, uma tarefa corriqueira, normal, cotidiana. Encontramos muitos motivos para não orar. Mas Jesus, mesmo diante de uma multidão que vai buscá-lo, sai para orar. Jesus tinha mais urgência em falar com o Pai em oração do que em falar à multidão.

Sabe qual foi o resultado de Jesus orar? Veja o versículo seguinte, o versículo 17. Observe o que acontece como resultado da oração de Jesus:

Ora, aconteceu que, num daqueles dias, estava ele ensinando, e achavam-se ali assentados fariseus e mestres da Lei, vindos de todas as aldeias da Galileia, da Judeia e de Jerusalém. E o poder do Senhor estava com ele para curar.

Louvado seja o Senhor, porque Jesus era um homem de oração. Não está escrito aqui que Ele tinha poder pelo fato de ser Filho de Deus, mas porque tinha um ministério de oração. O poder do Senhor estava sobre Ele para curar. O poder para curar veio porque Jesus orava.

Assim também, só quando a igreja ora é que ela recebe poder para ministrar a Palavra, para orar pelos enfermos e eles serem curados. O poder de Deus passa por esse caminho da oração. Se você atentar bem, isso acontece na vida da igreja lá em Atos. A igreja ora, e Deus a capacita com poder para pregar, para orar pelos enfermos, para orar pelos cativos. É interessante que em Lucas não haja registro dos discípulos orando. Só Jesus está orando em Lucas. Por quê? Exatamente porque o Espírito de Deus estava sobre Jesus. Em Atos, no entanto o Espírito de Deus vem sobre os discípulos, vem sobre a igreja. E ela recebe o mesmo Espírito que estava sobre Jesus, e agora essa igreja ora. Por isso, os mesmos sinais e maravilhas que estavam no ministério de Jesus estão também na vida e no ministério da igreja.

Não há ministério vitorioso, com muitas pessoas salvas e demonstração de poder, sem vida de oração. Sem oração não há poder. É quando a igreja começa a orar que o poder do Espírito de Deus começa a se manifestar na vida dela. Há proclamação da Palavra para a cura dos enfermos, para a libertação dos cativos. Os resultados do ministério de Jesus foram precedidos de oração, mesmo sendo Ele o Filho de Deus. Isso é o que me empolga e me impressiona profundamente. A oração não tem de ser como um guarda-chuva, que você só usa quando é preciso. A oração tem de ser como o pulsar do seu coração; seu coração tem de estar vivo dentro de você, pulsando dentro de você constantemente.

ORAR SEMPRE

Muitas coisas podem nos desviar de orar, em geral, muitos afazeres. O dr. You Sansabe contou-nos que, desde 1988, quando houve a Olimpíada de Seul, a Coreia do Sul vem experimentando um dos crescimentos mais estupendos no mundo, do ponto de vista econômico, chegando a uma taxa de 9,1% de crescimento ao ano. E esse enriquecimento rápido levou a igreja a uma desaceleração na sua busca em oração. Agora, com a crise asiática, que também varreu a Coreia, ele testemunhou que as reuniões de oração em todas as igrejas evangélicas na Coreia estão se multiplicando outra vez. O povo está se voltando para Deus novamente, orando com o mesmo fervor de antes, e Deus está revitalizando o seu povo e a sua igreja.

Precisamos aprender a orar com Jesus. Ele nos ensina que oração é mais importante do que sucesso. A multidão o procura, e Ele deixa a multidão para orar. O que é mais importante: a Palavra ou a oração? Aprendi desde pequeno na escola dominical que a Palavra é mais importante do que a oração. Mas não é isso que Jesus nos ensina, nem é isso que a igreja apostólica nos ensinou. Jesus Cristo, mesmo diante de uma multidão perto dele, sedenta de ouvir a Palavra, vai orar para que o poder de Deus venha sobre Ele, mesmo Ele sendo o Filho de Deus. Quando a igreja apostólica parou para refletir sobre esses assuntos, os apóstolos disseram: "Quanto a nós, nos consagraremos à oração e ao ministério da palavra". Primeiro, a oração; depois, a Palavra.

E por que a oração tem de vir antes da Palavra? Será que Deus considera a Palavra secundária, menos importante do que a oração? Será que Deus acha que a Palavra não tem valor? Não, ao contrário. Deus valoriza tanto a Palavra, dá tanta importância à Palavra, a Palavra é tão vital para a igreja, que justamente por isso é que a oração tem de vir primeiro; porque ministrar a Palavra sem oração é ineficaz. É por isso que, em seu ministério, Paulo diz: "O nosso evangelho não chegou até vós tão somente em palavra, mas, sobretudo, em poder, no Espírito Santo". Porque o ministério dele era primeiro regado de oração e, por isso, a pregação era na unção e no poder do Espírito de Deus. A igreja evangélica brasileira não tem esse equilíbrio entre Bíblia e oração. Nós não damos a devida importância à oração que a igreja apostólica e o ministério de Jesus Cristo deram.

O terceiro princípio que eu gostaria de compartilhar com vocês é o princípio da dependência de Deus. Veja Lucas 6:12,13: "Naqueles dias, retirou-se para o monte, a fim de orar, e passou a noite orando a Deus. E, quando amanheceu, chamou a si os seus discípulos e escolheu doze dentre eles, aos quais deu também o nome de apóstolos". Esse texto aparece também em Mateus e em Marcos. Só que nenhum dos dois fala que Jesus passou uma noite orando. Só Lucas registra esse fato; só Lucas tem o cuidado de dizer que, antes de Jesus escolher dentre os seus discípulos os apóstolos, Ele passou a noite inteira orando. Naquela época, não existia luz elétrica, e possivelmente Ele foi antes do cair da noite e só saiu da oração quando amanheceu o dia. Ele passou mais de doze horas orando. O que é importante observar é que o versículo 12 não fala de oração a Deus, porque oração é quando você fala com Deus. Porém, no original, o único texto que aparece no Novo Testamento é este, que fala que é oração de Deus. Não oração a Deus, mas oração de Deus.

O que significa isso? Significa, que a oração que Jesus Cristo fez foi uma oração de entrega total, de submissão absoluta. Ele passou a noite inteira orando porque queria que o Pai lhe desse os apóstolos, que o Pai o orientasse na escolha dos apóstolos, que a decisão da escolha dos apóstolos fosse do coração de Deus para Ele. Algumas pessoas, quando oram, querem determinar algumas coisas para Deus. Isso não é correto. Oração não é para determinar nada para Deus. Oração é para receber a determinação de Deus para nós. Oração não é para mudar a opinião de Deus; oração é para mudar você, para fazer o que Deus quer na sua vida. E a Bíblia diz que Jesus passou a noite inteira orando. Para quê? Quantos apóstolos Jesus deveria escolher? Dez, vinte, cinquenta, cem, quinhentos? Havia muitos discípulos, qual o nome dos que deveriam ser escolhidos? Jesus certamente recebeu do Pai esta orientação: escolher, quais homens deveriam ser selecionados. E a Bíblia diz que Jesus passou a noite inteira para receber do Pai a lista dos escolhidos. Era a oração de Deus.

Nós deveríamos aprender esse princípio com o Senhor Jesus. Deveríamos rogar a Deus a fim de que Ele nos desse os líderes que Ele tem em seu coração para a igreja. Deveríamos rogar e clamar a Deus para que Ele mesmo nos desse a liderança da igreja. Para que a vontade dele fosse feita na vida da igreja. Para que fosse feita uma oração não a Deus simplesmente, mas oração de Deus, para que o próprio Deus mostrasse à igreja quem deveriam ser os líderes de seu povo. O resultado desse período de uma noite inteira de oração de Jesus Cristo vamos descobrir agora.

Observe os versículos 17-19:

> E, descendo com eles, parou numa planura onde se encontravam muitos discípulos seus e grande multidão do povo, de toda a Judeia, de Jerusalém e do litoral de Tiro e de Sidom, que vieram para o ouvirem e serem curados de suas enfermidades; também os atormentados por espíritos imundos eram curados. E todos da multidão procuravam tocá-lo, porque dele saía poder; e curava todos.

Sempre que Jesus estava orando, o poder de Deus emanava de sua vida. Não há demonstração de poder sem vida de oração.

O quarto princípio que quero compartilhar é o princípio da comunicação da verdade. Veja Lucas 9:18-20:

Estando ele orando à parte, achavam-se presentes os discípulos, a quem perguntou: Quem dizem as multidões que sou eu? Responderam eles: João Batista, mas outros, Elias; e ainda outros dizem que ressurgiu um dos antigos profetas. Mas vós, perguntou ele, quem dizeis que eu sou? Então falou Pedro e disse: És o Cristo de Deus.

Esse texto aparece também em Mateus e em Marcos. Entretanto só Lucas diz que Jesus estava orando. Só Lucas registra esse fato. Que tipo de oração Jesus estaria fazendo aqui? Qual era a natureza da oração que Jesus estava expressando?

Podemos deduzir com muita clareza. Se prestar atenção, esse texto está logo depois da multiplicação dos pães e dos peixes. E a Bíblia diz que, quando Jesus multiplicou os pães e os peixes, a multidão que estava lá, mais de cinco mil homens, fora mulheres e crianças, ficou entusiasmada com Jesus. E quis proclamar Jesus seu rei, pensando: "Se ele for o nosso rei, nunca mais teremos problemas na vida". A multidão não sabia quem era Jesus. E os discípulos? Eles sabiam quem Ele era? Por isso Ele lança aos discípulos a questão sobre sua identidade. Agora você pode deduzir que Jesus estava orando ao Pai para que seus discípulos conhecessem que tipo de pessoa Ele era, quem Ele era. Jesus estava orando para que seus discípulos soubessem verdadeiramente que Ele era o Filho de Deus, o Cristo de Deus, o ungido de Deus, o Messias de Deus.

Sabem o que isso significa para nós? Que as pessoas não vão entender quem é Jesus se nós não orarmos primeiro. Sabe por que tantas pessoas vêm à igreja e escutam, escutam, escutam e nunca entendem? Sabe por que tantas pessoas escutam a Palavra de Deus, e o coração não se abre? Sabe por que tantas pessoas vêm à igreja, participam da escola dominical, e nunca abrem o entendimento? É porque falta oração. A oração é o instrumento de Deus para abrir a mente e o coração das pessoas a fim de compreenderem quem é Jesus. E o Senhor Jesus está ensinando-nos esse princípio. Porque as pessoas precisam do evangelho é que a igreja deve entender a prioridade da oração. Sem oração, as pessoas ouvirão, mas não se converterão nem crerão.

COM A ORAÇÃO A IGREJA REALIZA MUITO MAIS COISAS

Quando você ora, as palavras que ensina tocam o coração das pessoas. Professor de escola dominical, por favor, escute: quando você ora, as palavras que ensina tocam o coração das pessoas. Você pode ser doutor, conhecer a Bíblia, ter boa metodologia, ter grande eloquência e extraordinária oratória. Porém, se você não ora, a palavra não toca o coração das pessoas. Isso não é metodologia, é poder de Deus. Louvado seja o Senhor.

O Diabo tem dois estratagemas para matar a igreja. O primeiro deles é torcer a Palavra de Deus. O segundo estratagema do Diabo é matar a vida de oração da igreja. Porque, quando a igreja deixa morrer sua reunião de oração, não valoriza a oração e não ora, ainda que ela anuncie a Palavra, essa Palavra não é transmitida com poder. Ainda que ela pregue a Palavra, a pregação não produz no meio do povo os resultados que Deus deseja. O que o Diabo mais detesta é uma igreja que ora. O que mais dá prazer a Deus é uma igreja que ora. A quem vamos agradar em nossa vida?

O quinto princípio é o princípio da antecipação da glória. Veja Lucas 9:28,29: "Cerca de oito dias depois de proferidas estas palavras, tomando consigo a Pedro, João e Tiago, subiu ao monte com o propósito de orar. E aconteceu que, enquanto ele orava, a aparência do seu rosto se transfigurou e suas vestes se resplandeceram de brancura. Louvado seja o Senhor. Esse texto aparece também em Marcos e em Mateus, mas só Lucas registra que Jesus subiu ao monte com a finalidade de orar. Só Lucas registra isso. E a Bíblia diz que, enquanto Jesus orava, seu rosto e sua roupa resplandeceram, e Ele se transfigurou.

Você pode perguntar: Mas por que Ele se transfigurou? Talvez porque Ele seja o Filho de Deus; porque a morte de Jesus Cristo seja um fato tão central na história da humanidade, mais importante do que a libertação do cativeiro do Egito na história do povo de Deus, mais importante do que a libertação da Babilônia. A maior manifestação de Deus para a libertação da humanidade foi a cruz. A Bíblia diz que, quando Moisés e Elias falavam com Jesus sobre sua partida, sobre sua morte iminente, no auge daquela experiência no alto da montanha, Jesus é transfigurado, seu rosto resplandece.

O que significa isso? Significa que, por meio da oração de seu Filho, o Pai estava preparando Jesus para enfrentar a cruz. Deus estava dando uma antecipação da glória para Jesus, para que Ele pudesse ter coragem, ousadia, poder para enfrentar o Calvário, o suplício, o martírio, a tortura, os açoites, as cusparadas e a humilhação da cruz. Deus estava dando para Ele a antecipação da glória futura. Você vence as dificuldades pela oração. Quando você ora, Deus o prepara antecipadamente. Quando você ora, Deus o consola antecipadamente. Quando você ora, Deus lhe revela a glória dele, antes de você passar pela dor. Veja o tremendo resultado disso, no versículo 51 desse texto: "E aconteceu que, ao se completarem os dias em que devia ele ser assunto ao céu, manifestou, no seu semblante, a intrépida resolução de ir para Jerusalém". Louvado seja o nome do Senhor. Ele foi preparado e equipado antecipadamente. E o poder de Deus veio sobre Jesus. Ele manifesta no próprio rosto que está determinado a ir para Jerusalém, para morrer em nosso lugar.

Só que os discípulos não entenderam. Os discípulos dormiram. Já imaginou dormir em um ambiente de glória como aquele? E porque dormiram, perderam a oportunidade de ver a glória de Deus. E quando acordaram falaram bobagem: "É bom ficar aqui, vamos fazer três tendas? Uma será do Senhor, uma de Moisés e outra de Elias". Eles falaram uma tolice imensa, sabe por quê? Porque colocaram Jesus no mesmo nível de igualdade com Moisés e Elias. Estes tiveram o cuidado de dizer naquele monte que Jesus era a pessoa mais importante. E os discípulos, porque não oraram, porque dormiram, porque não estavam vigiando, acharam que Jesus era igual a Moisés e Elias. Sabe o que Deus fez? Jesus ficou em silêncio. Porém o Deus todo-poderoso envolveu-os com uma nuvem, e eles ficaram com medo. E da nuvem saiu uma voz: "Este é o meu Filho amado, o meu eleito, a ele ouvi". Ele é mais importante do que Elias e Moisés. Não façam três tendas, porque o meu Filho é o único, é o Salvador da humanidade.

Jesus é singular. A Bíblia diz que Ele passou aquela noite orando. Os outros discípulos ficaram lá no vale e não passaram a noite orando. Por isso o Diabo atormentou-os a noite inteira. Lá no vale estava o menino possesso, e eles não conseguiram expulsar o demônio. Jesus passou a noite com o Pai em oração, e eles passaram a noite lutando contra o demônio porque não oraram. Jesus desce do monte, expulsa o demônio daquele menino e diz a eles: "Esta casta só sai com oração e com jejum". A diferença está na oração.

O sexto princípio que quero compartilhar com vocês: o princípio da intercessão pela liderança. Veja Lucas 22:31,32: "Simão, Simão, eis que Satanás vos reclamou para vos peneirar como trigo! Eu, porém, roguei por ti, para que a tua fé não desfaleça; tu, pois, quando te converteres, fortalece os teus irmãos". Jesus aparece aqui orando por Pedro. Por que Ele estava orando por Pedro? Quando você vê o chamado de Pedro, em Lucas 5, o texto diz que havia outras pessoas e que Jesus também as chamou para segui-lo. Porém só a Pedro Jesus disse: "Farei de ti pescador de homens". Ele não disse isso para os demais, só para Pedro. Por quê? Porque Pedro tinha um dom de liderança, mais tarde usado no colégio apostólico. Jesus sabia que Pedro podia usá-lo tanto para o bem quanto para o mal. E, certa ocasião, Pedro usou-o para o mal.

Está registrado lá em João 21:3 que, quando Jesus Cristo ressuscitou e estava para encontrar-se com eles na Galileia, Pedro, aflito, ansioso porque não encontrara Jesus, disse: "Eu vou pescar". E os outros discípulos disseram: "Nós vamos pescar com você; o que você fizer, nós faremos também". E Pedro leva todos os discípulos para pescar, quando eles deveriam estar aguardando o Senhor. Agora Jesus olha para Pedro e diz: "Pedro, eu orei por você, eu intercedi por você para que Satanás não passasse uma rasteira em você".

O que isso significa? Que temos o dever de orar pela nossa liderança. Temos de distinguir no meio do povo de Deus aqueles que são líderes, ainda que não sejam líderes formais, para que usem a liderança deles para o bem, e não para o mal. Temos de reforçar a intercessão em favor daqueles que são líderes, para que eles usem essa liderança positivamente, para abençoar o povo de Deus. Porque, do contrário, Satanás vai cirandar essa gente que tem dom de liderança, e eles vão usá-la para o mal, e não para o bem. A igreja precisa se colocar nessa brecha de intercessão, como Jesus se colocou.

Em penúltimo lugar, destaco o princípio da entrega incondicional. Veja Lucas 22:39-46:

> E saindo, foi, como de costume, para o monte das Oliveiras; e os discípulos o acompanharam. Chegando ao lugar escolhido, Jesus lhes disse: Orai, para que não entreis em tentação. Ele, por sua vez, se afastou, cerca de um tiro de pedra, e, de joelhos, orava, dizendo: Pai, se queres, passa de mim este cálice; contudo, não se faça a minha vontade, e sim, a tua. Então, lhe apareceu um anjo do céu que o confortava. E, estando em agonia, orava mais intensamente. E aconteceu que o seu suor se tornou como gotas de sangue caindo sobre a terra. Levantando-se da oração, foi ter com os discípulos, e os achou dormindo de tristeza, e disse-lhes: Por que estais dormindo? Levantai-vos e orai, para que não entreis em tentação.

A oração, é para realizar a vontade de Deus, e não a nossa. É impressionante como Jesus, sendo Filho de Deus, orou. Como Ele orou? A Bíblia diz que Ele orou com lágrimas, com intensidade. A Bíblia diz que sua luta em oração foi tão tremenda que o seu suor tornou-se gotas de sangue, caindo sobre a terra. Quando você quer viver e realizar a vontade de Deus, você precisa clamar, chorar, suar na presença de Deus. Preste atenção: não é orar, chorar, suar, clamar para fazer a *sua* vontade, para que o *seu* desejo seja satisfeito. Você tem de lutar, clamar, chorar, suar e sangrar para fazer a vontade de Deus.

Observe o texto a seguir. Para mim este texto é um dos mais fortes de toda a Bíblia. Trata-se de Hebreus 5:7,8:

> Ele, Jesus, nos dias da sua carne, tendo oferecido, com forte clamor e lágrimas, orações e súplicas a quem o podia livrar da morte e tendo sido ouvido por causa da sua piedade, embora sendo Filho, aprendeu a obediência pelas coisas que sofreu.

Você já imaginou isso? Jesus é o Filho de Deus, e a Bíblia diz que, nos dias da sua carne, ou seja, durante toda a sua vida, Ele orou com forte clamor, com toda a intensidade da sua alma, com todas as forças dos seus pulmões. Porém, muito mais, diz a Bíblia, Ele orou também com lágrimas.

Já pensou nisso? Você sabe o que é isso? Você sabe o que é orar com forte clamor, o que é orar com lágrimas? Pois foi assim que o nosso Deus, o Senhor Jesus Cristo, orou. E a Bíblia diz em Lucas 22:44 que foi uma oração de guerra, porque Ele orou com agonia de alma. Uma batalha titânica estava sendo travada. A salvação da humanidade estava em jogo. E Ele derrama sua alma, numa profunda luta espiritual, numa oração de guerra, para fazer a vontade de Deus.

Concluindo, quero falar-lhes do princípio da oração como chave para a salvação. Veja Lucas 23:34,42,43:

> Contudo, Jesus dizia: Pai, perdoa-lhes, porque não sabem o que fazem. Então, repartindo as vestes dele, lançaram sortes. [...] E acrescentou: Jesus, lembra-te de mim quando vieres no teu reino. Jesus lhe respondeu: Em verdade te digo que hoje estarás comigo no paraíso.

Só Lucas registra essa oração de Jesus na cruz. Também só Lucas registra a conversão do ladrão. Por que será? Foi a oração de Jesus que quebrou a dureza do coração desse ladrão. A oração do homem dependurado numa cruz criou profundo impacto no coração daquele pecador. A oração de Jesus abriu o coração dele para se arrepender e crer no Filho de Deus. Se quisermos ver os pecadores se arrependendo, nós temos de orar.

Se quisermos ver os pecadores rendendo-se a Cristo, temos de levantar na igreja um movimento de oração. Você diz: "eu não tenho tempo". Eu sei que você é muito ocupado, eu sei. Sei que você que é médico, enfermeiro, advogado, engenheiro, profissional liberal, professor, dentista, comerciante, trabalhador da indústria, do comércio, estudante, eu sei que vocês são gente muito ocupada, eu sei, eu sei. Sei que você que é dona de casa, tem muitas tarefas, eu sei disso. Porém preciso dizer uma coisa a você, em nome de

Jesus: nunca existiu na terra uma pessoa mais ocupada que Jesus, nunca. E Jesus foi o maior exemplo de oração que tivemos. Por favor, em nome de Jesus, pare. Pergunte se as desculpas que você tem dado são plausíveis diante do Senhor.

Eu creio que Deus tem um tempo novo para a igreja. Estou crendo nisso, mas estou em agonia diante do Senhor, pois, se a igreja não responder, mesmo diante do exemplo de Jesus, quem é que vai nos inspirar, quem é que vai nos motivar? Tenho muito medo de que o tempo de nossa oportunidade passe, de que Deus passe e esse tempo se vá. Quero convocar a igreja, em nome de Jesus, a parar de dar desculpas. Para você que é estudante, você que é professor, você que tem qualquer função, não importa. Se você é filho de Deus, então tem de orar. Não tenho desculpas, e você também não as tem. Convoco a liderança, os presbíteros, os diáconos, os professores de escola dominical, todos os membros da igreja para orar. Convoco a igreja a começarmos um movimento de oração, a botarmos a boca no pó para que haja esperança para a nossa igreja. Jesus Cristo foi o Filho de Deus, e Ele orou, orou e orou. E porque Ele orou, o poder de Deus manifestou-se em sua vida e em seu ministério. Quero convocar a igreja querida a darmos início a essa busca de poder por meio da oração.

Li um livro que mexeu com minha vida. Há muito tempo eu queria ler um livro como aquele, que tratasse sobre o pentecoste na Coreia. O título do livro é *Pentecoste coreano*, escrito por um missionário que viveu mais de setenta anos na Coreia. Ele foi para lá em 1901 e fala sobre como aconteceu o avivamento naquela nação. Ele conta a história do primeiro missionário que chegou lá, com um cargueiro de Bíblias. Seu navio ficou ancorado longe da terra, e os coreanos atearam fogo até que o incêndio chegasse ao navio; eles mataram um por um. Aquele homem que estava distribuindo Bíblias foi morto a pauladas enquanto as distribuía. Foi debaixo de lágrimas e de dor que o evangelho foi plantado ali.

A Coreia sempre viveu num fogo cruzado, entre as guerras do Japão e da Rússia. Até que o Japão entrou em guerra contra a Rússia e dominou a Coreia por 35 anos. Todo coreano tinha de se prostrar diante da bandeira japonesa, dos altares xintoístas; todo coreano tinha de prestar adoração aos deuses do Japão e ao imperador do Japão, adorando-o como deus. A própria igreja não resistiu a isso. A assembleia da igreja Presbiteriana cometeu o erro de assumir o compromisso de se curvar diante dos altares xintoístas para se livrar do massacre e da tortura. Muitos irmãos, no entanto, resistiram e foram presos e mortos. Muitas vezes os seus templos foram incendiados com toda a igreja dentro, e milhares, dezenas de milhares morreram. Trinta e cinco anos debaixo de um massacre.

Até que um dia, no mês de agosto de 1907, os Estados Unidos e a Grã-Bretanha reconheceram o domínio japonês na Coreia. Houve tanta decepção, tristeza e dor, que os missionários se desesperaram. A igreja estava machucada e ferida. Então, eles tiraram uma semana para oração e estudo da Bíblia. Oraram durante uma semana inteira no templo, estudando a primeira carta de João. E o autor conta que, em determinada noite, o Espírito de Deus caiu de repente sobre aquela grande assembleia, e torrentes de Deus vieram sobre eles. Foram tomados todos por profunda convicção de pecado e começaram a chorar, a confessar os seus pecados, e Deus derramou um profundo avivamento sobre aquela igreja. Sabe para quê? Para enfrentar 35 anos de tortura, prisão e massacre.

Quando a guerra terminou, o Japão não dominava mais a Coreia. Explodiu a guerra com a Coreia do Norte, que foi dominada pela Rússia. E agora eram os comunistas que arrasavam outra vez a Coreia do Sul e destruíam os cristãos, que eram mortos a pauladas, afogados, torturados, presos, pela espada, incendiados, de todo jeito. Por isso, aquela igreja continuou a chorar diante de Deus, a clamar, a jejuar e a orar, orar, orar e orar. E Deus honrou a oração daquela igreja.

Convoco a igreja hoje. Por favor, se você quer apenas um compromisso emocional, não é isso que eu quero. Em nome de Jesus. Espero e estou clamando a Deus que o Espírito de Deus faça uma coisa nova hoje. Estou com uma profunda expectativa de Deus. E gostaria de conclamar a igreja para um movimento de oração. A minha igreja tem duas reuniões: uma de manhã e outra à tarde. Não há nem 5% desta igreja orando nessas reuniões, nem 5%. E quero desafiar você, em nome de Jesus, a dizer: "Meu Deus, eu quero e eu vou, em nome de Jesus; na força do Senhor eu vou, porque o Senhor merece o primeiro lugar".

Vale a pena recontar este fato: quando perguntamos para o pastor coreano "Pastor, por que o pessoal levanta de madrugada para orar, é cultural?" Ele disse: "Não, meu filho, é porque Deus é o primeiro para nós". No mundo inteiro, as pessoas levantam de madrugada para trabalhar, para ganhar dinheiro, para estudar, para fazer qualquer coisa. Vamos colocar nossa vida no altar de Deus? Diga: "Deus, eu quero". Eu ia viajar amanhã cedinho, de madrugada, mas eu disse: "Eu só viajo depois da reunião de oração, porque quero ver esta igreja respondendo ao Deus da glória, a este desafio". E o desafio não é meu, não. Nosso Senhor Jesus Cristo foi modelo de oração. Desejo que aprendamos com Jesus.

Vamos colocar a liderança diante do Senhor; vamos colocar os Pedros que Deus levantou diante de Deus para que Ele os mantenha firmes e em pé, para que sejam uma liderança que abençoe a igreja e a conduza segundo a direção que Deus quer dar a ela. Em nome de Jesus. Clame ao Senhor, fale com Ele, coloque a sua vida nas mãos do Senhor, derrame a sua alma diante de Deus.

> Ó Jesus amado, muito obrigado, Senhor, porque deixaste para nós o exemplo da tua vida. Não precisamos buscar em outro referencial. O Senhor mesmo é o nosso modelo. Louvado seja o teu nome. Jesus, preciso aprender a orar. Ensina-me a orar, Senhor. Ó Senhor, eu quero ser um homem de oração. Desejo ver a igreja, Senhor, de joelhos, a igreja no altar, a igreja buscando-te, como tu desejas muito mais. Temos dado tantas desculpas, Senhor. Temos tantos motivos que têm nos afastado. Jesus encontrava as madrugadas, Jesus passava as noites inteiras em oração. Por isso, todas as vezes que Ele saía da oração, o poder fluía da sua vida. Ah, Senhor! Reveste esta igreja para pregar. Reveste os professores da escola dominical para ensinar, Senhor. Meu Deus, sem oração o ministério da tua Palavra perde o poder. Porque nós não podemos nos fiar em nossa

inteligência, em nossa eloquência, em nosso conhecimento. Meu Deus, precisamos do revestimento do teu poder.

    Visita a igreja, Senhor, em nome de Jesus. Deus, queremos ver a igreja de manhã reunida em oração. Queremos ver a igreja, Deus, buscando-te ansiosamente. Queremos ver crianças orando de manhã, queremos ver adolescentes, jovens, homens, mulheres, pessoas idosas na tua presença de manhã e à tarde invocando o teu nome, clamando aos céus. E, certamente, Senhor, os céus vão se abrir e o Espírito Santo será derramado. E os pecadores vão se converter. E os corações vão se derreter diante de ti. E as maravilhas vão acontecer. Louvado seja o teu nome, porque tu és fiel, Senhor. Tu és o Deus que responde às orações. Aleluia. Abençoa a tua igreja, Senhor. Derrama espírito de súplica sobre nós. Inquieta a nossa alma, Deus, inquieta o nosso coração. Tira de sobre nós o sono da morte, inflama a nossa alma, Deus. Que as chuvas do céu venham sobre nós. Ó Senhor, é o clamor da nossa alma, é o gemido do nosso coração. Em nome do Senhor Jesus, aquele que nos ensinou o que é vida de oração. Aleluia, aleluia. Louvado seja o Senhor. Aleluia.

17

A ORAÇÃO DO DEUS FILHO AO DEUS PAI

¹ Tendo Jesus falado estas coisas, levantou os olhos ao céu e disse: Pai, é chegada a hora; glorifica a teu Filho para que o Filho te glorifique a ti, ² assim como lhe conferiste autoridade sobre toda a carne, a fim de que ele conceda vida eterna a todos os que lhe deste.

³ E a vida eterna é esta: que te conheçam a ti, o único Deus verdadeiro, e a Jesus Cristo, a quem enviaste.

⁴ Eu te glorifiquei na terra, consumando a obra que me confiaste para fazer; ⁵ E, agora, glorifica-me, ó Pai, contigo mesmo, com a glória que eu tive junto de ti, antes que houvesse mundo.

⁶ Manifestei o teu nome aos homens que me deste do mundo. Eram teus, tu mos confiaste, e eles têm guardado a tua palavra.

⁷ Agora, eles reconhecem que todas as coisas que me tens dado provêm de ti; ⁸ porque eu lhes tenho transmitido as palavras que me deste, e eles a receberam, e verdadeiramente saí de ti, e creram que tu me enviaste.

⁹ É por eles que eu rogo; não rogo pelo mundo, mas por aqueles que tu me deste, porque são teus; ¹⁰ ora, todas as minhas coisas são tuas, e as tuas coisas são minhas; e, neles, eu sou glorificado.

¹¹ Já não estou no mundo, mas eles continuam no mundo, ao passo que eu vou para junto de ti. Pai santo, guarda-os em teu nome, que me deste, para que eles sejam um, assim como nós.

¹² Quando eu estava com eles, guardava-os no teu nome, que me deste, e protegi-os, e nenhum deles se perdeu, exceto o filho da perdição, para que se cumprisse a Escritura.

¹³ Mas, agora, vou para junto de ti e isto falo no mundo para que eles tenham o meu gozo completo em si mesmos.

¹⁴ Eu lhes tenho dado a tua palavra, e o mundo os odiou, porque eles não são do mundo como também eu não sou.

¹⁵ Não peço que os tires do mundo, e sim que os guardes do mal.

¹⁶ Eles não são do mundo, como também eu não sou.

¹⁷ Santifica-os na verdade; a tua palavra é a verdade.

¹⁸ Assim como tu me enviaste ao mundo, também eu os enviei ao mundo. ¹⁹ E a favor deles eu me santifico a mim mesmo, para que eles sejam santificados na verdade.

²⁰ Não rogo somente por estes, mas também por aqueles que vierem a crer em mim, por intermédio da sua palavra; ²¹ a fim de que todos sejam um; e como és tu, ó Pai, em mim e eu em ti, também sejam eles em nós; para que o mundo creia que tu me enviaste.

²² Eu lhes tenho transmitido a glória que me tens dado, para que sejam um, como nós o somos; 23 eu neles, e tu em mim, a fim de que sejam aperfeiçoados na unidade, para que o mundo conheça que me enviaste e os amaste, como também amaste a mim.

²⁴ Pai, a minha vontade é que onde eu estou, estejam também comigo os que me deste, para que vejam a minha glória que me conferiste, porque me amaste antes da fundação do mundo.

²⁵ Pai justo, o mundo não te conheceu; Eu, porém, te conheci e também estes compreenderam que tu me enviaste.

²⁶ Eu lhes fiz conhecer o teu nome e ainda o farei conhecer, a fim de que o amor com que me amaste esteja neles e eu neles esteja.

João 17

ESSA É A ORAÇÃO mais magnífica jamais feita na terra e registrada na Escritura. Certamente, é um privilégio bendito ouvir Deus, o Filho, conversar com Deus, o Pai. Aqui entramos no Santo dos Santos, num terreno sagrado e podemos auscultar os mais profundos desejos do Filho de Deus.

Antes de caminhar para a cruz do calvário, Jesus acabara de pregar um sermão falando do Pai para os seus discípulos. Agora, Ele fala dos seus discípulos para o Pai, fazendo uma bendita conjugação entre pregação e oração. Porque aqueles que falam aos homens precisam também falar com

Deus. Só têm autoridade de se levantar diante dos homens aqueles que primeiro se colocam na presença de Deus. E essa oração, de maneira magnífica, aponta para nós um retrato de Jesus Cristo como grande vencedor. Você lê: "tendo Jesus falado essas coisas...". Que coisas? Logo na introdução da oração. E se você retroceder ao capítulo anterior vai notar que concluindo seu discurso para os discípulos, no capítulo 16, Ele diz: "No mundo, passais por aflições; mas tende bom ânimo; eu venci o mundo". Ele termina o seu sermão para os discípulos como vencedor e é como vencedor que Ele faz essa oração aqui em João 17.

Podemos dividir essa oração homileticamente em três pontos. Aliás, todos aqueles que examinaram esse texto enxergam as mesmas divisões. Nos versículos 1 a 5 você vai notar que Jesus está orando por si mesmo. E Ele está dizendo para o Pai que Ele concluiu a sua obra na terra. Nos versículos 6 ao 19, Ele está orando pelos seus discípulos e pedindo ao Pai que os guarde e que os santifique. E, nos versículos 20 a 26, Ele está orando por toda a igreja universal, por todos quantos ainda hão de crer nele por meio da sua Palavra. E Ele pede que o Pai os mantenha unidos e preparados para a glória.

É interessante observar o contexto em que Jesus fez essa oração. Ele estava no prelúdio do seu grande sofrimento, estava no Cenáculo. Já havia instituído a ceia, já havia apontado Judas como traidor, já havia dito para Pedro que antes que o galo cantasse, ele o negaria três vezes. Já havia dito para o grupo dos onze que eles se dispersariam. Jesus, na verdade, já estava à sombra da cruz. E Ele então, nesse momento, na antessala do martírio, na antessala da sua prisão, da sua condenação e da sua morte, é que Ele então vai erguer a sua voz, levantar os seus olhos e falar com o Pai. A ênfase dessa oração é digna de nota porque Jesus Cristo não profere nenhuma palavra contra seus discípulos nem faz qualquer referência ao fracasso deles, à queda deles. Você vai perceber que logo depois esses discípulos se dispersam, Pedro nega a Jesus, revela sua fraqueza, sua fragilidade. Nessa oração, porém, Jesus não destaca, não aponta para qualquer fraqueza dos seus discípulos. Nessa oração Jesus Cristo está centrado em bênçãos espirituais e celestiais. Ele não pede riquezas, Ele não pede honras, Ele não pede influência política para os seus discípulos. O pedido de Jesus concentra-se em rogar ao Pai que os guarde do mal, que os separe do mundo, que os qualifique para a missão e que os traga salvos para a sua glória. Na verdade, a ênfase de Jesus é que a verdadeira prosperidade é a prosperidade espiritual. E eu gostaria então de, olhando para essa oração, destacar quatro grandes ênfases de Jesus nela.

JESUS ORA POR SI MESMO

Em primeiro lugar, a grande ênfase de Jesus é sobre salvação. E essa ênfase está registrada nos versículos de 1 a 5. Vamos observar alguns pontos. Primeiro, qual é o instrumento da salvação? E você vai notar que o instrumento da salvação é a cruz de Cristo. O versículo 1 diz: "Tendo Jesus falado estas coisas, levantou os olhos ao céu e disse: Pai, é chegada a hora; glorifica a teu Filho, para que o Filho te glorifique a ti". Jesus diz aqui que a hora chegou. A vida, o ministério e a morte de Jesus Cristo jamais aconteceram em termos de acidentes, de coincidências, mas foi uma agenda estabelecida na eternidade. Agora Jesus entende que chegara a sua hora. Muitas vezes Ele dissera: "Não é chegada a hora"; mas agora Ele diz: "Chegou a hora de o Pai ser glorificado". E Jesus que já havia glorificado o Pai por intermédio dos seus milagres, por meio das suas obras extraordinárias, entende que a maior obra em que o Pai há de ser glorificado é o momento em que Ele vai ser levado à cruz. A cruz é o ponto máximo da glorificação de Deus. Porque foi na cruz que Jesus realizou a sua obra da redenção. Foi na cruz que Jesus esmagou a cabeça da serpente. Foi na cruz que Jesus expôs os principados e potestades ao desprezo; é na cruz que Jesus Cristo revela de forma mais eloquente o amor de Deus por nós. E note você, que a cruz é o instrumento da glorificação do Pai. "Pai, glorifica o teu Filho, para que o Filho te glorifique a ti". Preste atenção nisto: a cruz é primeiro o instrumento de glorificação do Pai. Por quê? Por que esse instrumento de morte, de horror, glorificaria o Pai? Porque na cruz o Pai revelaria o seu amor eterno e infinito. Na cruz o

Pai revelaria o seu horror ao pecado. Na cruz o Pai revelaria a sua sabedoria de traçar um plano perfeito no qual Ele seria justo e justificador daquele que crê.

A cruz é verdadeiramente o palco onde a glória de Deus se manifesta de maneira mais esplendorosa. Lá Jesus glorificou o Pai. Mas Jesus está dizendo também: "Glorifica o teu Filho para que o Filho te glorifique a ti". A cruz foi o lugar também da glorificação de Jesus. Ele não vai para a cruz como um mártir, que é forçado a ir para o matadouro. Ele não vai para a cruz como um animal que caminha para o holocausto à força. Não. Diz a Bíblia: "'ninguém pode tirar a minha vida de mim', disse Jesus; 'ao contrário, eu espontaneamente a dou'". Ele não foi para a cruz como um mártir; Ele foi para a cruz como um redentor. Ele foi voluntariamente, Ele a si mesmo se entregou. Ele vai como um rei caminha para a coroação, porque lá na cruz Ele revela a sua compaixão, a sua paciência, o seu poder, o seu amor; Ele revela que teve a condição de se fazer pecado e maldição por nós para nos dar a salvação eterna. Mas note você, então, em segundo lugar, a essência da salvação. Qual é a essência da salvação? Versículos 2 e 3: "Assim como lhe conferiste autoridade sobre toda a carne, a fim de que ele conceda vida eterna a todos os que lhe deste. E a vida eterna é esta: que te conheçam a ti, o único Deus verdadeiro, e a Jesus Cristo, a quem enviaste". Qual é a essência da vida eterna? É que Deus deu autoridade a Jesus e a nenhum outro mais, para dar ao homem a vida eterna. Não há outro nome, dado entre os homens pelo qual possamos receber vida eterna. Não há nenhum patriarca, nenhum profeta, nenhum apóstolo, nenhum mártir do cristianismo, nenhum reformador, nenhum avivalista, nenhum nome dado entre os homens pode trazer salvação, a não ser o nome de Jesus. E o que é vida eterna? Jesus disse: vida eterna é conhecer o Pai, o único Deus verdadeiro. Note você que vida eterna não é quantidade de tempo, é qualidade. Não é apenas uma vida sem fim nos refolhos da eternidade, é uma vida sem fim com uma qualidade bendita de comunhão, de intimidade, de gozo inefável, de paz inexaurível, de intimidade profunda e inquebrantável com o Deus vivo. Vida eterna é você experimentar a qualidade da vida de Deus para todo sempre, na casa do Pai. Vida eterna é conhecer a Jesus Cristo. Veja que coisa bendita. O céu não vai ser de forma nenhuma algo estático, enfadonho, porque mesmo um lugar gostoso e um ambiente agradável pode se tornar monótono. Mesmo quando você está num jardim cheio de flores, tem hora que você tem vontade de sair dele. Mesmo quando você está em prados verdejantes com águas cristalinas e arvoredos tão bonitos e belos tem hora que você se cansa da paisagem. Mas o céu não é apenas belo, o céu é dinâmico, o céu vai ser uma relação de amor interminável, de comunhão, de gozo inefável na presença de Deus, na assembleia dos santos, com os santos anjos de Deus, onde vamos conviver como família de Deus redimidos para todo o sempre.

E o que Jesus Cristo diz mais sobre a salvação? No versículo 4 Ele diz que essa salvação já foi consumada. "Eu te glorifiquei na terra, consumando a obra que me confiaste para fazer". Note você, leitor, que Jesus Cristo está dizendo: "Pai, eu já te glorifiquei e te glorifiquei consumando a obra". E que obra é essa que Jesus consumou? É a obra da sua salvação, é a obra da sua redenção. Quando estava na cruz, Ele disse: Pai, está consumado (*Tetelestai*), está pago, tudo está feito, não resta mais nada para fazer. Jesus Cristo consumou toda a obra da sua salvação. Louvado seja Deus por isso. E agora Ele vai falar no versículo 5 sobre a recompensa da sua obra. "E, agora, glorifica-me, ó Pai, contigo mesmo, com a glória que eu tive junto de ti, antes que houvesse mundo". O que aconteceu? A Bíblia diz em Filipenses que Jesus Cristo se esvaziou e se humilhou, assumindo a forma de servo e enfrentando morte, e morte de cruz. Quando Jesus Cristo veio ao mundo, Ele não abriu mão da sua divindade. Não podia abrir mão, não havia como abrir mão disso, Ele é eternamente Deus. Ele, porém, renunciou os seus direitos. A ponto de as pessoas olharem para Ele e dizer: "Está aí o filho do carpinteiro". Outros olhavam para Ele e diziam: "É apenas um comilão"; "Esse aí é amigo dos pecadores". As pessoas confundiam porque havia um véu que toldava a glória do Deus bendito na presença humana de Jesus Cristo. Agora, porém, Ele está dizendo: "Pai eu quero de volta toda aquela glória que eu tive contigo antes que houvesse mundo". Antes que houvesse mundo Jesus

Cristo habitava com o Pai e com o Espírito Santo na eternidade, com toda a sua glória, com toda a sua majestade, com todo o seu esplendor. Ele está tomando de volta aquela glória que sempre tivera e da qual abrira mão para vir ao mundo para nos salvar e nos resgatar da maldição do pecado.

JESUS ORA PELOS DISCÍPULOS

E agora, caro leitor, eu quero que você observe o segundo ponto que Jesus está trabalhando nesse texto. Então a salvação foi a primeira ênfase. Vamos ver a segunda ênfase de Jesus. A segunda ênfase de Jesus nessa oração é a segurança. Os versículos 6 a 14 nos falam sobre isso. Onde está a base da nossa segurança? Deus não apenas nos salvou, Ele nos deu uma salvação eterna que nunca pode ser perdida. Você não pode ser filho de Deus agora à noite e amanhã estar perdido. Você não pode estar indo para o céu hoje e amanhã estar indo para o inferno. A salvação que Deus lhe deu é uma salvação eterna que ninguém pode tirar de você. Não que você tenha poderes em você mesmo para mantê-la, mas o Deus que a deu a você gratuitamente é poderoso para guardar você, para preservar você e para trabalhar essa salvação até o dia final de Cristo Jesus.

Vamos ver quais são os pontos da segurança. Em primeiro lugar, a nossa segurança está fundamentada na eleição de Deus Pai. Sete vezes nesse texto, versículos 2, 6, 8, 9, 11, 12 e 24, Jesus Cristo afirmou que os discípulos foram dados pelo Deus Pai a Ele. Note você que Jesus é uma dádiva do Pai à igreja. Agora Jesus está dizendo que a igreja é uma dádiva do Pai a Jesus. O que isso significa? Significa que antes de você amar a Deus, Deus amou você. Que antes de você ser atraído para Deus, foi Deus quem puxou você para Ele com cordas de amor. Antes de você escolher a Deus, foi Deus quem escolheu você. Antes de você se decidir por Deus foi Deus quem se decidiu por você. De tal maneira que a sua segurança está no fato de que Deus escolheu você, separou você, amou você e colocou você na palma da sua mão, dizendo: "você é meu, propriedade minha". Deus deu você a Jesus. Eu preciso lhe dizer isto: que a segurança da sua salvação não está no seu caráter, está no caráter de Deus, nas promessas de Deus, na aliança de Deus e na decisão eterna de Deus em salvar você. Você é presente do Deus Pai ao Deus Filho. Em segundo lugar, sabe por que podemos ter segurança? Por causa do cuidado de Jesus Cristo. Olha comigo o versículo 12: "Quando eu estava com eles, guardava-os no teu nome, que me deste. Protegia-os e nenhum deles se perdeu, exceto o filho da perdição". Louvado seja o Senhor. Enquanto andou aqui o Senhor Jesus guardou os seus discípulos e nenhum deles se perdeu, diz a Escritura, exceto o filho da perdição. Ele é o pastor que vigia o seu rebanho. Ele é aquele que diz: "Eu lhes dou a vida eterna e ninguém poderá arrebatá-los das minhas mãos". Ele protege você, Ele socorre você, Ele vigia você, Ele intercede por você, Ele está ao seu lado como seu protetor, como seu guardador. Obviamente, quando a Bíblia diz que nenhum se perdeu, exceto o filho da perdição, a Bíblia não está dizendo que Judas foi salvo e depois perdeu a salvação. Não. Na verdade, Judas nunca foi salvo, le nunca foi dado a Jesus, ele nunca se converteu a Jesus, ele nunca foi purificado por Jesus. Ele, na verdade, não é exemplo de um cristão que "perdeu a salvação". Ele exemplifica um incrédulo que fingiu ser salvo e que no final foi desmascarado.

JESUS ORA POR NÓS, HOJE

Agora deixa eu lhe dizer uma coisa, meu amado leitor. Sabe por que você pode ter segurança? Por causa da intercessão de Jesus por você. Olha comigo quatro vezes Jesus intercedendo pelos seus discípulos. Nos versículos 9, 11, 15 e 20, Jesus está intercedendo pelos seus discípulos. Que conforto, que bênção, que privilégio, é saber que o eterno Filho de Deus, enquanto aqui viveu, intercedeu pelos seus discípulos. Quando eles estavam na tempestade no mar da Galileia, desesperados, no meio do fragor da tempestade, às três horas da madrugada, já com a esperança morta, diz a Bíblia que Jesus estava orando por eles, sabendo o que estava acontecendo com eles. Quando Satanás requereu Pedro para colocá-lo na sua peneira, Jesus Cristo disse para Pedro: "Pedro, Satanás requereu para peneirar você. Mas eu intercedi por você".

Quantas vezes o Senhor tem intercedido por você e por mim porque a Bíblia diz que nenhuma condenação há para aqueles que estão em Cristo Jesus, porque é Deus quem o justifica. A Bíblia diz: "Quem intentará acusação contra os eleitos de Deus? É Deus quem os justifica". E a Bíblia diz que foi por eles que Cristo morreu, foi por eles que Cristo ressuscitou, o qual está à direita de Deus Pai e intercede por nós. Hebreus diz que Ele pode salvar totalmente os que por Ele se chegam a Deus, porque Ele vive sempre para interceder por nós. Quantas vezes você tem sido alvo das intercessões eficazes do Filho de Deus a seu favor. Ele se levanta diante do trono para orar por você, para interceder por você e nisso está a sua segurança. Por que Jesus orou pelos seus discípulos? Perceba que Ele fez dois pedidos específicos nessa oração por segurança. Primeiro, no versículo 14, Ele orou para que eles fossem guardados do mundo. "Eu lhes tenho dado a tua palavra, e o mundo os odiou, porque eles não são do mundo, como também eu não sou".

Note que Jesus está dizendo que o mundo odeia os discípulos dele. Por que odeia? Porque antes odiou a Ele, Jesus. O mundo é diferente do povo de Deus. Fomos tirados do mundo, o mundo está em trevas; mundo aqui é o contexto deste mundo rebelde contra Deus, que se opõe a Deus. Este mundo odeia o povo de Deus. Eu não estou falando aqui do seu amigo, do seu vizinho, mas de um sistema no qual as pessoas que estão presas a ele, todas as vezes que você revelar o caráter de Cristo, os valores do evangelho, vão se opor a você. E a Bíblia fala que o mundo é esse sistema que disputa em seu coração o amor de Deus. Por isso a Bíblia diz que aquele que ama o mundo o amor do Pai não está nele, porque esses dois amores estão disputando espaço no seu coração. Foi por isso que Jesus Cristo disse que a semente que caiu no espinheiro não pôde frutificar porque os cuidados deste mundo sufocaram a semente.

Então, Jesus está orando para que o mundo não engula você, não envelope você, não domine você, não tome a devoção do seu coração. Diz a Bíblia que Demas, tendo amado o mundo, abandonou o evangelho. Por que mais Jesus orou pelos seus discípulos? Versículo 15: "Não peço que os tires do mundo, e sim que os guardes do mal". A palavra *mal* aqui é melhor traduzida por *maligno*.

Assim como também na oração que nós chamamos de oração do Pai nosso quando diz: "livra-nos do mal", a palavra na língua grega significa "livra-nos do Maligno". Não significa apenas do mal no sentido subjetivo, mas do mal no sentido do agente do mal, daquele que é o líder do mal, daquele que instiga para o mal. Jesus está orando para que Deus guarde o seu povo das artimanhas do Maligno. Paulo diz que não podemos ignorar os desígnios do Maligno, que ele é como leão que fica rugindo, buscando uma brecha, um flanco para atacar você. Ele tenta, ele instiga, ele coloca situações de estratagema para você cair. E Jesus está orando: Pai, guarda do maligno, guarda do mal, aqueles que tu me deste. Há, porém, uma terceira ênfase nesse texto a qual eu quero focar. A terceira ênfase desse texto é santidade. Santidade, versículos 15 a 20. Por que santidade é importante? Sabe por quê? O céu não tem sentido se você não tiver santidade. Para que você quer ir para o céu, que é um lugar santo, se você não gosta de santidade? Se você não gosta das coisas santas, o céu não vai ser um ambiente agradável para você. O céu é santo, tudo lá é santo.

Então perceba que é o sangue de Cristo que nos dá autoridade de entrar no céu, mas é a santidade que nos dá condição de desfrutar e nos deleitar no céu. Agora, de que maneira vamos ser santos? Jesus nos aponta dois caminhos. Primeiro, nós somos santificados pela Palavra. Olha o versículo 17: "Santifica-os na verdade; a tua palavra é a verdade". Querido, quando você lê os versículos 8 a 14 você nota que a Palavra é presente do Pai para a igreja. No versículo 14 Jesus diz: "Eu lhes tenho dado a tua palavra"; é a Palavra de Deus. Então a Palavra é uma dádiva de Deus.

Querido leitor, você precisa se encantar com a Bíblia, você precisa valorizar a Bíblia. Uma das maiores angústias e tristezas do nosso coração é que temos tanta facilidade em ter a Bíblia, mas não a estudamos. A Bíblia é o livro mais barato no mundo hoje. Nos Estados Unidos, por exemplo, você compra uma Bíblia por um dólar. Todo mundo lá tem uma Bíblia, tem mais de uma Bíblia, tem várias Bíblias. Nenhum de nós aqui deixa de ter esse privilégio de ter uma Bíblia. E o que é a Bíblia para você? Jesus está dizendo que a Bíblia é presente do Pai para a igreja: "Eu lhes transmiti a tua palavra". A Palavra não apenas contém a verdade como alguns teólogos modernos querem afirmar. A Palavra é a verdade. Alguns teólogos estão dizendo que a Bíblia é a Palavra de Deus quando ela fala ao seu coração, ela interage com você. Não. A Bíblia é a Palavra de Deus em essência. Ela não apenas contém a Palavra de Deus, ela é a Palavra de Deus.

A Palavra do Deus eterno é todo-poderosa, infalível, suficiente, inerrante. Você não poderá caminhar em santidade a menos que estude essa Palavra, a menos que medite nessa Palavra, obedeça a essa Palavra e fale dessa Palavra.

Querido, estamos vivendo hoje um cristianismo em que as pessoas procuram sucesso, procuram bem-aventurança, procuram uma vida que dê certo, que dê resultados, uma vida de prosperidade em todas as áreas. Pois bem, a Bíblia nos diz: você quer ter uma vida próspera, você quer ser bem-sucedido em todo o seu caminho? Medita nesse livro de dia e de noite. E fará prosperar o teu caminho. "Será como uma árvore plantada junto à corrente das águas que no devido tempo dá o seu fruto e cuja folhagem não murcha". Você quer ter uma vida bonita, jovem? Você quer ter uma vida bonita, adolescente? Você quer ter uma vida bonita, criança? Você, querido leitor, querida leitora, quer ter uma vida santa? De que maneira? Diz a Bíblia: "Como poderá o jovem guardar puro o seu caminho? Observando-o segundo a tua palavra". Por outro lado, amado, temo que a familiaridade com o sagrado tenha nos levado a abandonar as coisas sagradas. O alcance tão fácil que temos da Bíblia nos tirou o entusiasmo de lê-la. Quando eu leio histórias missionárias, em que na China ainda há alguns lugares em que há uma única Bíblia para uma única igreja e que a Bíblia fica acorrentada para que não corra o risco de alguém tomá-la só para si e que os crentes fazem fila para que cada um tenha o privilégio de ler um versículo apenas para dar oportunidade para outro, eu fico pensando o que estamos fazendo com a Palavra de Deus. Nós a temos em mãos, em várias versões, e por que não damos a ela o valor devido? Eu quero encorajar você, em nome de Jesus, meu amado, neste ano, a dedicar-se ao estudo da Palavra.

Você quer ser santo, você quer ser bem-sucedido, você quer agradar o coração de Deus, você quer livrar a sua vida de tropeços, você quer ter sabedoria de Deus, você quer ter um lar abençoado, você quer ter uma vida bem-sucedida, você quer ter um casamento bem-sucedido, você quer ter a sua vida profissional bem-sucedida, você quer ter uma relação íntima com Deus? Medite na Palavra, leia a Palavra, conheça a Palavra. Você quer ficar livre dos laços do Diabo, dos dardos inflamados do maligno, tenha a Palavra de Deus na sua boca, no seu coração, para que você possa combater o mal com a espada do Espírito. A segunda coisa que Jesus nos dá para uma vida de santidade é a nossa correta relação com o mundo. E eu chamo a sua atenção para os seguintes pontos.

Primeiro, nos versículos 14 e 16 Jesus está dizendo que não somos do mundo. Veja comigo: "Eu lhes tenho dado a tua palavra, e o mundo os odiou, porque eles não são do mundo, como também eu não sou". Versículo 16: "Eles não são do mundo, como também eu não sou". O que Jesus está querendo dizer com isso? Jesus está dizendo que a sua origem não é daqui de baixo. Você nasceu de cima. Essa é a palavra novo nascimento de João 3. É nascer de cima, nascer do alto, nascer de Deus, nascer do Espírito. A sua origem não é da terra, a sua origem é do céu, você nasceu de Deus, você nasceu do Espírito, você nasceu do alto, você é do alto, a sua pátria está no céu, o seu lar está no céu, o seu Pai está no céu, o seu irmão mais velho está no céu, os seus irmãos estão no céu, é para o céu que você vai. Lá não é apenas o seu destino é a sua origem. Jesus Cristo disse:

Se o mundo vos odeia sabei que primeiro do que a vós outros, me odiou a mim. Se vós fosseis do mundo o mundo amaria o que era seu; como, todavia, não sois do mundo, pelo contrário, dele vos escolhi, por isso o mundo vos odeia.

Segundo, somos chamados do mundo. Se você perceber, há um versículo aqui que as pessoas não conseguem entender. Versículo 19: "E a favor deles [disse Jesus] eu me santifico a mim mesmo, para que eles também sejam santificados na verdade". Por quê? Porque o entendimento que temos de santidade ou de santificação é apenas de aperfeiçoamento moral e espiritual. Jesus não teve pecado para se aperfeiçoar. Jesus não precisou como eu e você desse processo de santificação. Em que sentido Ele está dizendo então que se santificou? O que Ele está dizendo é que Ele se apartou, se separou para uma missão específica. É nesse sentido que a palavra santificação foi aplicada aqui. E Ele disse que se separou, Ele se santificou para que eles e nós sejamos também santificados na verdade. Ou seja, o que na verdade Jesus está querendo dizer é que Ele se apartou para nos salvar. E devemos nos apartar para servi-lo. Isso não significa que você deve sair do mundo geograficamente. É você estar no mundo, mas estar separado para servir a Deus.

Terceiro, estamos no mundo, mas somos guardados do mundo. Versículo 15: "Não peço que os tires do mundo, e sim que os guardes do mal". Vamos explicar isso aqui, pois é importante. Durante muito tempo, muitos crentes, entenderam equivocadamente o que é ser santo, achando que ser santo era uma santidade geográfica, era uma santidade de isolamento, era uma santidade onde o povo de Deus se beatificava em mosteiros e se alienava e se separava, física e geograficamente, da sociedade, das pessoas e da família. E na verdade não é esse tipo de santidade que o Senhor Jesus está pedindo. "Eu não rogo que os tires do mundo, mas que os guardes do mal". Ser santo não é deixar de ter amigos, não é deixar de viver no seu trabalho, no seu lazer, na sua convivência com as pessoas. É você ser santo lá, e não fora de lá. É você ser luz lá, e não luz debaixo do alqueire ou ser sal no saleiro. Jesus está dizendo é que Ele roga por você que o guarde do mal, que o guarde do maligno, mas que não o tire do mundo, você precisa estar lá como luzeiro, como testemunha. Perceba, em último lugar, que nós somos enviados de volta ao mundo. Versículo 18: "Assim como tu me enviaste ao mundo, também eu os enviei ao mundo". Note que agora os discípulos são enviados ao mundo com uma missão e com uma metodologia. Jesus não dá apenas missão, Ele dá metodologia também, pois Ele diz: "Assim como tu me enviaste ao mundo, também eu os enviei". Eu os enviei é a missão; assim como é a metodologia. De que maneira Jesus foi enviado ao mundo? Ele se fez carne. Ele se tabernaculou. Ele não se afastou das pessoas. Ele não se beatificou como os fariseus. Ele foi tocado pelos leprosos. Ele conversou com os publicanos. Ele se hospedou com os pecadores. Ele não corria das pessoas, Ele se misturava com elas, não para praticar os erros delas nem para seguir o caminho tortuoso delas, mas para chamá-las para a luz, para atraí-las para a salvação. Somos enviados ao mundo. A santidade passa, irmão, pela nossa missão ao mundo como mensageiros de Deus, como ministros da reconciliação.

Quero terminar com o último ponto. Jesus falou sobre salvação, Jesus falou sobre segurança, Jesus falou sobre santidade, mas finalmente Jesus vai falar sobre unidade. Versículos 21 a 26. Aqui é extremamente importante entender o que Jesus quer dizer com unidade. No versículo 21, por exemplo, Ele diz: "[...] a fim de que todos sejam um; e como és tu, ó Pai, em mim e eu em ti, também sejam eles em nós; para que o mundo creia que tu me enviaste". Muitas pessoas dizem o seguinte: ah! O problema da igreja é que tem muitas denominações. Se tivéssemos uma única denominação, então seria melhor para testemunhar. Na verdade, não é isso que Jesus está querendo dizer. Jesus não está falando de uma unidade organizacional, Jesus não está falando de uma unidade denominacional. Não é isso que Ele está falando. Jesus também não está falando aqui de ecumenismo, vamos juntar todas as religiões, não importa o que elas creem, vamos formar um único grupo. Na verdade, não teríamos de discutir com essas pessoas doutrinas, porque doutrinas dividem. Vamos falar de amor, porque amor une. É verdade que amor une, porém não há unidade espiritual sem doutrina. Por isso ecumenismo é uma falácia, é um engano. Não há unidade fora da verdade. Para que haja unidade é preciso ter um só Deus, um só Senhor, uma só fé, um só batismo, uma só esperança, uma só verdade. Somos um, mas ligados a essa verdade bendita que cimenta essa unidade. Agora, preste atenção. Por que é que deveríamos pensar na unidade, por que é que a igreja tem de ser unida, por que é que os crentes têm de ser unidos? Eu vou lhe dar algumas razões.

Primeira, a igreja tem de ser unida; os crentes têm de ser unidos porque foi isso o que Jesus pediu para o Pai. Quer ver? Olhe comigo, por favor, versículo 11, parte b: "Pai santo, guarda-os em teu nome, que me deste, para que eles sejam um, assim como nós". Olhe os versículos 20 e 21: Não rogo somente por estes, mas também por aqueles que vierem a crer em mim por intermédio da sua palavra; a fim de que todos sejam um". Olhe o versículo 22: "Eu lhes tenho transmitido a glória que me tens dado, para que sejam um, como nós o somos".

Este é o desejo do coração de Jesus, esse é o propósito do coração de Jesus. E daí, meu amado, temos de entender uma coisa: quando nós, filhos de Deus, empregamos as nossas energias e as nossas forças em contendas, disputas, querelas, brigas e contendas internas e íntimas, estamos ferindo e entristecendo o coração de Jesus, estamos indo na contramão da vontade dele.

Um puritano chamado Thomas Brucks falou algo lindo. Ele disse: não causa espanto lobos importunar as ovelhas, mas ovelha afligir outra ovelha é contrário à natureza e é abominável. Não tem sentido estarmos lutando uns contra os outros. Se o projeto de Deus, se a oração de Jesus é para que sejamos um.

Segunda, sabe por que devemos ser um? Devemos ser um por causa da nossa origem espiritual. Olhe o versículo 21: "[...] a fim de que todos sejam um; e como és tu, ó Pai, em mim e eu em ti, também sejam eles em nós, para que o mundo creia que tu me enviaste". Deixe eu lhe explicar isso melhor. Você e eu, que cremos no Senhor Jesus, somos membros da família de Deus. E Jesus está dizendo: "Pai eu quero que eles sejam um assim como nós somos um". Não há conflito, não há tensão entre Jesus e o Pai. Nunca houve ciúme entre o Pai e o Filho. Nunca houve disputa entre as três Pessoas da Trindade. Assim como Eles são um, diz o texto, nós também devemos ser um. E mais: se somos filhos do Pai, se somos gerados de Deus, se nascemos do Espírito, se somos coparticipantes da natureza de Deus e se esse Deus, que é o nosso Pai, age com essa unidade então a nossa filiação, a nossa natureza, a nossa origem espiritual força-nos imperativamente a buscarmos essa união entre os irmãos.

Terceira, sabe por que devemos ser um? Por causa da nossa missão no mundo. Olhe os versículos 21 e 23:

> [...] a fim de que todos sejam um e como és tu, ó Pai, em mim e eu em ti, também sejam eles em nós; para que o mundo creia que tu me enviaste [...] eu neles, e tu em mim, a fim de que sejam aperfeiçoados na unidade, para que o mundo conheça que tu me enviaste e os amaste, como também amaste a mim.

Sabe o que Jesus está dizendo aqui? O mundo não é capaz de ver a Deus, mas o mundo é capaz de ver a igreja. Se o mundo enxergar na igreja harmonia e amor, o mundo vai entender que Deus é amor e o mundo vai entender que verdadeiramente Deus enviou Jesus Cristo. Se o mundo, porém, olhar para a igreja e vir nela desunião, o mundo vai dizer: "Como essas pessoas podem representar um Deus que dizem ser amor? Como esse povo pode dizer que Deus que é amor é o Pai deles? Como esse povo tem autoridade de chamar o mundo ao arrependimento se esse povo não consegue resolver os próprios problemas?". O Senhor Jesus Cristo foi categórico em afirmar que a apologética final, que o argumento decisivo para nos tornarmos conhecidos como discípulos de Jesus no mundo não é o nosso cabedal teológico, é a nossa ação de amor. Jesus disse: "novo mandamento vos dou, que vos ameis uns aos outros, assim como eu vos amei. Que vos ameis uns aos outros. E nisso conhecerão todos que sois meus discípulos, se tiverdes amor uns pelos outros". De tal maneira que a igreja não pode evangelizar com eficácia se ela não tem unidade espiritual entre seus membros. Não há poder no púlpito se não há unidade entre seus membros. Não há autoridade na mensagem se não há comunhão entre os filhos de Deus.

Finalmente, para concluir, a última razão pela qual a igreja deve buscar unidade é por causa do nosso destino eterno. Versículo 24: "Pai, a minha vontade é que onde eu estou, estejam também comigo os que me deste, para que vejam a glória que me conferiste, porque me amaste antes da fundação do mundo". Pense comigo agora: todos os que creem no Senhor Jesus vão morar no céu. Como é que eu posso dizer para o meu irmão: "eu não convivo com você, eu não gosto de você, eu não tolero você, eu não tenho comunhão com você", se esse irmão vai morar comigo eternamente, lá no céu? Como é que eu posso dizer que eu não vou ter comunhão com alguém aqui, se eu vou morar e ter comunhão com ele eternamente no céu? Esse argumento de Jesus é decisivo. Ele está rogando ao Pai que todos aqueles que creem nele vejam a sua glória e morem com Ele para sempre.

Eu acho isso maravilhoso, porque agora você e eu andamos por fé. Por mais espiritual que você seja você não vê Jesus, você não ouve Jesus, você não toca em Jesus, você anda por fé. Um dia, no entanto, veremos a Jesus face a face. Um dia veremos Jesus como Ele é. Um dia o conheceremos como também somos conhecidos dele. Um dia estaremos com Ele na glória com o corpo glorificado. E a Bíblia diz que estaremos para sempre com o Senhor. E devemos consolar-nos uns aos outros com essas palavras. E estou certo de que se entendermos isso buscaremos a unidade da igreja de Deus. Buscaremos alguém para pedir perdão e para perdoar e para dizer: eu sou um com você aqui porque eu serei um com você por toda a eternidade.

Essa é a oração mais sublime que encontramos na Bíblia porque é a oração do Deus Filho ao Deus Pai. Esse foi o último desejo manifestado por Jesus aos seus discípulos por intermédio da oração dirigida ao Pai, enquanto estava ainda no Cenáculo. Terminada essa oração, eles cantaram um hino e desceram para o monte das Oliveiras. E lá Jesus foi para o jardim do Getsêmani, onde suou sangue, onde foi preso e levado ao Sinédrio e condenado à morte, levado ao Pretório e sentenciado à cruz. O grande desejo de Deus, do Deus Filho ao Deus Pai, para você e para mim, é que tenhamos salvação, vida eterna, e essa vida eterna está em conhecer a Deus e conhecer a Jesus. O grande propósito de Deus é que você e eu sejamos guardados do mundo e do Maligno.

O grande projeto de Deus é que você seja santo, santo, santificado na palavra, santificado num relacionamento correto com o mundo, porque você não é dele, você foi tirado dele, você é guardado dele e você foi enviado a ele como embaixador, como ministro da reconciliação, como luzeiro a brilhar. E o grande projeto de Deus é que você agora seja um com o seu irmão, com a sua irmã, que não haja mais disputas, que não haja ciúmes, que não haja partidarismo, que não haja vanglória, que tenhamos uma só alma, um só coração, um só propósito, um só pensamento que vivamos com uma só alma na presença do Deus vivo.

E Jesus então diz que, quando a igreja viver assim, o mundo vai crer que de fato Deus é amor e que Deus enviou Jesus, porque a vida da igreja é uma mensagem evangelizadora poderosa. O testemunho da igreja é uma mensagem eloquente e eficaz.

> Deus, aplica essa palavra no meu coração, aplica essa palavra no coração dos teus filhos e das tuas filhas, em nome de Jesus e permite, que sejamos edificados, confrontados, desafiados por esse desejo sublime do teu Filho a nosso respeito. Que não entristeçamos o nosso Salvador, mas que alegremos o seu coração, colocando-nos no caminho da obediência, deleitando-nos na tua salvação, deleitando-nos, ó Deus, no fato de estarmos guardados de sermos santos, de sermos um em Cristo Jesus. Obrigado pela tua palavra, obrigado pela tua manifestação a nós. Nós oramos com gratidão em nome de Jesus, amém.

18

A PEDAGOGIA DO MILAGRE DE JESUS

¹ Estava enfermo Lázaro, de Betânia, da aldeia de Maria e de sua irmã Marta.

² Esta Maria, cujo irmão Lázaro estava enfermo, era a mesma que ungiu com bálsamo o Senhor e lhe enxugou os pés com os seus cabelos.

³ Mandaram, pois, as irmãs de Lázaro dizer a Jesus: Senhor, está enfermo aquele a quem amas.

⁴ Ao receber a notícia, disse Jesus: Esta enfermidade não é para morte, e sim para glória de Deus, a fim de que o Filho de Deus seja por ela glorificado.

⁵ Ora, amava Jesus a Marta, e a sua irmã, e a Lázaro.

⁶ Quando, pois, soube que Lázaro estava doente, ainda se demorou dois dias no lugar onde estava.

⁷ Depois, disse aos seus discípulos: Vamos outra vez para a Judeia.

⁸ Disseram-lhe os discípulos: Mestre, ainda agora os judeus procuravam apedrejar-te e voltas para lá?

⁹ Respondeu Jesus: Não são doze as horas do dia? Se alguém andar de dia, não tropeça, porque vê a luz deste mundo; ¹⁰ mas, se andar de noite, tropeça, porque nele não há luz.

¹¹ Isto dizia e depois lhes acrescentou: Nosso amigo Lázaro adormeceu, mas vou para despertá-lo.

¹² Disseram-lhe, pois, os discípulos: Senhor, se dorme, estará salvo.

¹³ Jesus, porém, falara com respeito à morte de Lázaro; mas eles supunham que tivesse falado do repouso do sono.

¹⁴ Então, Jesus lhes disse claramente: Lázaro morreu; ¹⁵ e por vossa causa me alegro de que lá não estivesse, para que possais crer; mas vamos ter com ele.

¹⁶ Então, Tomé, chamado Dídimo, disse aos condiscípulos: Vamos também nós para morrermos com ele.

¹⁷ Chegando Jesus, encontrou Lázaro já sepultado, havia quatro dias.

¹⁸ Ora, Betânia estava cerca de quinze estádios perto de Jerusalém.

¹⁹ Muitos dentre os judeus tinham vindo ter com Marta e Maria para as consolar a respeito de seu irmão.

²⁰ Marta, quando soube que vinha Jesus, saiu ao seu encontro; Maria, porém, ficou sentada em casa.

²¹ Disse, pois, Marta a Jesus: Senhor, se estiveras aqui, não teria morrido meu irmão.

²² Mas também sei que, mesmo agora, tudo quanto pedires a Deus, Deus to concederá.

²³ Declarou-lhe Jesus: Teu irmão há de ressurgir.

²⁴ Eu sei, replicou Marta, que ele há de ressurgir na ressurreição, no último dia.

²⁵ Disse-lhe Jesus: Eu sou a ressurreição e a vida. Quem crê em mim, ainda que morra, viverá; ²⁶ e todo que vive e crê em mim não morrerá, eternamente. Crês isto?

²⁷ Sim, Senhor, respondeu ela, eu tenho crido que tu és o Cristo, o Filho de Deus que devia vir ao mundo.

²⁸ Tendo dito isto, retirou-se e chamou Maria, sua irmã, e lhe disse em particular: O Mestre chegou e te chama.

²⁹ Ela, ouvindo isto, levantou-se depressa e foi ter com ele, ³⁰ pois Jesus ainda não tinha entrado na aldeia, mas permanecia onde Marta se avistara com ele.

³¹ Os judeus que estavam com Maria em casa e a consolavam, vendo-a levantar-se depressa e sair, seguiram-na, supondo que ela ia ao túmulo para chorar.

³² Quando Maria chegou ao lugar onde estava Jesus, ao vê-lo, lançou-se-lhe aos pés, dizendo: Senhor, se estiveras aqui, meu irmão não teria morrido.

³³ Jesus, vendo-a chorar, e bem assim os judeus que a acompanhavam, agitou-se no espírito e comoveu-se.

³⁴ E perguntou: Onde o sepultastes? Eles lhes responderam: Senhor, vem e vê!

³⁵ Jesus chorou.

³⁶ Então, disseram os judeus: Vede quanto o amava.

³⁷ Mas alguns objetaram: não podia ele, que abriu os olhos ao cego, fazer que este não morresse?

³⁸ Jesus, agitando-se novamente em si mesmo, encaminhou-se para o túmulo; era este uma gruta a cuja entrada tinham posto uma pedra.

³⁹ Então, ordenou Jesus: Tirai a pedra.

⁴⁰ Disse-lhe Marta, irmã do morto: Senhor, já cheira mal, porque já é de quatro dias.

⁴¹ Respondeu-lhe Jesus: Não te disse eu que, se creres, verás a glória de Deus?

⁴² Tiraram, então, a pedra. E Jesus, levantando os olhos para o céu, disse: Pai, graças te dou porque me ouviste.

⁴³ Aliás, eu sabia que sempre me ouves, mas assim falei por causa da multidão presente, para que creiam que tu me enviaste.

⁴⁴ E, tendo dito isto, clamou em alta voz: Lázaro, vem para fora!

⁴⁵ Saiu aquele que estivera morto, tendo os pés e as mãos ligados com ataduras e o rosto envolto num lenço. Então, lhes ordenou Jesus: desatai-o e deixai-o ir.

⁴⁶ Muitos, pois, dentre os judeus que tinham vindo visitar Maria, vendo o que fizera Jesus creram nele.

⁴⁷ Outros, porém, foram ter com os fariseus e lhes contaram dos feitos que Jesus realizara.

⁴⁸ Então, os principais sacerdotes e os fariseus convocaram o Sinédrio; e disseram: que estamos fazendo, uma vez que este homem opera muitos sinais?

⁴⁹ Se o deixarmos assim, todos crerão nele; depois, virão os romanos e tomarão não só o nosso lugar, mas a própria nação.

⁵⁰ Caifás, porém, um dentre eles, sumo sacerdote naquele ano advertiu-os dizendo: Vós nada sabeis, nem considerais que vos convém que morra um só homem pelo povo que não venha a perecer toda a nação.

⁵¹ Ora, ele não disse isto de si mesmo; mas, sendo sumo sacerdote naquele ano, profetizou que Jesus estava para morrer pela nação ⁵² e não somente pela nação, mas também para reunir em só corpo os filhos de Deus, que andam dispersos.

⁵³ Desde aquele dia, resolveram matá-lo.

⁵⁴ De sorte que Jesus já não andava publicamente entre os judeus, mas retirou-se para uma região vizinha ao deserto, para uma cidade chamada Efraim; e ali permaneceu com os discípulos.

⁵⁵ Estava próxima a Páscoa dos judeus; e muitos daquela região subiram para Jerusalém antes da Páscoa para se purificarem.

⁵⁶ Lá, procuravam Jesus e, estando eles no templo, diziam uns aos outros: Que vos parece? Não virá ele à festa?

⁵⁷ Ora, os principais sacerdotes e os fariseus tinham dado ordem para, que se alguém soubesse onde ele estava, denunciá-lo, a fim de o prenderem.

João 11

ESSE MILAGRE É O ÚLTIMO grande milagre público realizado por Jesus. Foi realizado na semana quando Ele foi preso e morto em Jerusalém. E esse milagre, talvez um dos mais marcantes que Jesus realizou, ensina algumas lições oportunas.

A primeira verdade que, de forma triangular, salta aos olhos é que as crises que acometem as pessoas são inevitáveis. Lázaro, mesmo sendo amigo de Jesus, ficou doente. Mais do que isso, as crises não apenas são inevitáveis, elas podem piorar. Lázaro não apenas ficou doente. Lázaro morreu! Há momentos em que você, mesmo sendo amigo de Jesus, mesmo sendo conhecido por Jesus, pode enfrentar situações adversas e amargas.

Há enfermidade, aflição, problema financeiro, problema familiar, perdas, prejuízos e até mesmo lutas. Nessas horas, você e eu oramos, e parece que nada acontece. Nessas horas parece que as coisas vão de mal a pior. Queremos alívio, e a dor aumenta. Queremos subir, e afundamos ainda mais. Sempre somos profundamente afetados, atingidos, quando a enfermidade entra em nossa casa e atinge aqueles a quem amamos. Nessas horas, quando estamos aflitos, a nossa expectativa é receber um milagre, uma cura, uma intervenção soberana. Porém, a despeito da nossa fé, da nossa comunhão com Deus, da nossa expectativa de um milagre, as coisas parecem piorar, as coisas parecem que se agravam. E muitas vezes, se não tomarmos cuidado, poderemos ser tomados por aquele mesmo sentimento daqueles dois discípulos no caminho de Emaús: "Esperávamos que fosse ele quem haveria de nos redimir. Mas agora já é tarde demais".

O TEMPO DO MILAGRE

Esse texto nos ensina três lições fundamentais. A primeira diz respeito ao tempo do milagre. Quando olhamos para a questão do tempo, nos confrontamos com um grande dilema: como conciliar o amor de Jesus com seu suprimento. Como entender isto: Jesus ama você, mas você está sofrendo? Jesus o ama, mas há doença na sua casa; Jesus o ama, mas há problema financeiro na família; Jesus o ama, mas você está desempregado; Jesus o ama, mas o luto o atinge — seu ente querido é arrancado dos seus braços.

A família de Betânia era amada por Jesus. A pergunta era: se Jesus amava aquela família, por que Ele permitiu Lázaro ficar doente? Por que não curou Lázaro? Por que não impediu que Lázaro morresse? Aqui está um grande mistério, o mistério do amor de Deus associado ao nosso sofrimento. Marta e Maria fizeram a coisa certa na hora da aflição: elas buscaram ajuda em Jesus, elas mandaram um emissário até Jesus, dizendo: "está enfermo aquele a quem amas". E veja você que elas buscaram ajuda no lugar certo. Elas não disseram: "Jesus, aquele a quem amas está doente. Jesus, o seu amigo, aquele que o ama, está doente. Jesus venha depressa porque estamos aflitas. Jesus, o Senhor precisa alterar sua agenda, altera o seu programa e vem nos socorrer". Não! A única palavra que elas disseram foi esta: "Senhor, está enfermo aquele a quem amas". Quem ama tem pressa, quem ama muda a agenda, quem ama altera o cronograma, quem ama está solícito em socorrer aqueles que sofrem.

Talvez você esteja pensando: "Jesus, aquele a quem amas está de cama, está com câncer. Jesus, aquele a quem amas está com o casamento acabando. Jesus, aquele a quem amas está passando por um momento de dor. Jesus, aquele a quem amas está desempregado há mais de cinco anos, desesperado".

Talvez seja este o seu dilema: conciliar o amor de Jesus com seu sofrimento. Por que Jesus não impediu que Lázaro ficasse doente, ou por que Jesus não curou Lázaro a distância como curou o filho do oficial do rei? Parece que sofrimento não combina com amor, porque quem ama quer aliviar o sofrimento.

Os judeus, segundo o versículo 37, não conseguiram conciliar isso. Alguns objetaram: "Não podia ele, que abriu os olhos ao cego, fazer que este não morresse"? Talvez esta seja a dúvida das pessoas, talvez este seja o dilema do seu coração: não poderia este, que tem todo poder, impedir que o meu filho, que a minha filha, que o meu pai, que a minha mãe, que o meu esposo, que a minha esposa, que o meu avô, que a minha avó, não morresse? Se Jesus nos ama, por que sofremos? Por que ele não nos livra do sofrimento? Por que um filho de Deus perde um emprego?

Eu quero dizer para você, querido, que o amor de Deus por nós não nos torna imunes ao sofrimento. Você não pode ter dúvida de que o Pai amava o Filho; mas o fato de o Pai amar Jesus não fez que o Pai desviasse do seu Filho, Jesus, o cálice do sofrimento e da dor. Não fez que o Pai afastasse de Jesus a própria morte de cruz. Jesus, por nos amar, não nos garante imunidade especial, mas nos garante imanência especial. Ele não nos poupa da dor, mas Ele está conosco na hora da nossa aflição. Ele não prometeu explicação para nós; Ele nos prometeu a Ele próprio, aquele que tem todas as explicações.

O segundo dilema que esse texto mostra sobre o tempo do milagre é como você agora vai conciliar a sua necessidade com a demora de Jesus. Veja você o versículo 6. Preste atenção: "Quando, pois, soube que Lázaro estava doente, ainda se demorou dois dias no lugar onde estava". Ora, como entender isso? Como entender que o caso era grave, era urgente, demandava emergência? E Jesus demora mais dois dias. Por quê? Esta talvez seja a grande angústia da sua alma, por que você está passando um momento amargo, de crise, de dor, de necessidade, de urgência? E você endereça a sua oração a Deus, na certeza de que, prontamente, o socorro virá. Porém, de repente, parece que as coisas se agravam, parece que o problema se agiganta,

A PEDAGOGIA DO MILAGRE DE JESUS

parece que a dor se intensifica, parece que Deus demora. Pode ter certeza de uma coisa, Marta teve de lidar com dois problemas sérios: lidar com a enfermidade do irmão e lidar com a demora de Jesus.

Certamente, a pergunta que estava lá definida anteriormente pelos judeus no versículo 37 foi feita na casa de Marta: "Por que Jesus não chega, por que Ele não vem, por que Ele não atende logo vocês? Será que Ele é amigo da família mesmo? Será que Ele se importa com vocês mesmo? Por que Ele não impediu que Lázaro morresse?". E fico imaginando que todo o tempo Marta deve ter respondido àquelas pessoas que a interpelavam: "Jesus virá, Ele nunca nos deixou na mão, Ele não vai atrasar". E o Lázaro piorando, e a situação se agravando, até que alguém chega para ela e diz: — Ó Marta, não adianta você esperar o seu Jesus, Lázaro acabou de morrer, e o seu Jesus não chegou.

Você já parou para meditar sobre o drama da demora de Deus? A angústia de esperar o socorro, e ele tardar? Se você imaginar há uma pedagogia de Jesus aí. Às vezes, Deus parece demorar. Deus prometeu a Abraão um filho, e demorou 25 anos para esse filho chegar, quando Abraão tinha 75 anos de idade. Deus permite você ir ao seu extremo para que Ele intervenha na sua vida a fim de que você entenda que apenas um milagre de Deus pode tirar você daquela situação. Muitas vezes Jesus só aparece na nossa vida na quarta vigília da noite, quando as nossas esperanças já estão falidas. Jairo foi atrás de Jesus pedindo socorro para a sua filha. Quando Jesus chegou à casa de Jairo, a filha dele já estava morta.

A fé da irmã Marta passa por três provas muito sérias. A primeira prova é a ausência de Jesus na hora da angústia. A segunda prova é a demora de Jesus a despeito da necessidade informada. E a terceira prova é a morte do seu irmão. Mas aqui vem uma terceira lição nesse texto. Como conciliar o nosso tempo, *chronos* (cronológico), com o tempo de Jesus, o *kairós* (presente)? Vamos entender um pouquinho aqui. Jesus estava distante de Betânia mais ou menos 32 quilômetros. Por que Ele estava distante de Betânia, de Jerusalém? Por quê? Você só vai entender isso mediante o contexto. O que estava acontecendo, querido amigo, era que os judeus já estavam querendo matar Jesus. Eles já estavam decididos a matar a Jesus. Você pode, ao ler o capítulo 10, chegar a esta conclusão: eles já tinham tomado a decisão de matar o Senhor Jesus. Jesus foge, então, para essa região porque não era chegada a sua hora. E, então, Marta manda um emissário até Jesus. Para chegar até Jesus, ele gastaria um dia de viagem. Desde que o emissário partiu, um dia se passou. Jesus demorou mais dois dias. E no quarto dia, então, Jesus saiu de onde estava e chegou a Betânia. Quatro dias se passaram. O que estava acontecendo? É que quando o emissário chegou até Jesus, Lázaro já estava morto. Lázaro morreu exatamente durante o percurso desse mensageiro de Betânia até onde Jesus estava. Quando ele chegou, Jesus o enviou de volta dizendo: diga para Marta e para Maria que essa enfermidade não é para morte, mas para a glória de Deus. Mas Lázaro já estava morto. Ele sabia disso. O drama de Marta ainda se agravou mais quando o mensageiro chegou no segundo dia. Não apenas chegou com este recado: Jesus mandou dizer que essa enfermidade não é para morte, é para a glória de Deus. A essa altura, quando o mensageiro chegou no segundo dia, Lázaro já tinha sido sepultado.

Pense você no abalo que foi para essa mulher. Pense no drama dela, pense na crise de fé que ela teve de enfrentar. Diz a Bíblia que o Senhor Jesus Cristo ainda demorou mais dois dias para chegar até eles. Não porque não estava interessado em resolver aquele drama, mas porque Ele sabia a hora certa de agir, dizendo: essa enfermidade não é para morte, é para a glória de Deus.

O Filho de Deus haveria de ser glorificado na morte de Lázaro. O que Jesus está dizendo é que o final daquela história não era o túmulo de Lázaro. Ele sabia o que iria fazer, o milagre que iria operar; Ele sabia o que estava para realizar. Por isso o tempo de Deus não é o nosso tempo, a hora de Deus não é a nossa hora. Nós nos afligimos, nos angustiamos, ficamos perturbados e falamos como Marta e Maria: "Senhor, se estiveras aqui, meu irmão não teria morrido. Senhor, tu chegaste tarde demais, agora não tem mais jeito".

A PEDAGOGIA DO MILAGRE DE JESUS

Meu amado amigo, o relógio de Deus não é o seu relógio. No seu relógio Deus pode estar atrasado. Mas Deus nunca chega atrasado, Jesus nunca se atrasa, Ele chega na hora de Deus, no tempo de Deus, no *kairós* de Deus. Quero chamar sua atenção para a segunda lição desse texto: não apenas para o tempo do milagre, mas agora para o modo do milagre.

O MODO DO MILAGRE

Preste atenção que Jesus não está preso às nossas categorias ou à categoria do nosso tempo. Quando Jesus chegou a Betânia, Marta foi encontrá-lo dizendo o seguinte: "se estiveras aqui meu irmão não teria morrido". Ou seja, eu acreditava no milagre ontem. Eu creio firmemente que, se estiveras aqui, ele não teria morrido. Eu acreditava no milagre lá no passado. "Mas eu sei também que tudo quanto pedires a Deus, Deus to concederá". Então Jesus disse: "Teu irmão há de ressurgir, Marta". E ela responde: "Eu sei que ele há de ressurgir no último dia". Preste atenção nisto: Marta acreditava no Jesus que era, Marta acreditava no Jesus que seria; Marta acreditava no Deus que agiu ontem, Marta acreditava no Deus que agirá amanhã. Marta tinha uma teologia do passado e uma teologia do futuro. Mas Jesus corrige a teologia de Marta, dizendo: "Marta, eu não fui, eu não serei; Marta, eu sou a ressurreição e a vida". O *talvez* é o meu dilema, é também o seu dilema.

Quem tem dúvida de que Jesus fez milagre no passado, ou quem tem dúvida de que Jesus fará grandes e estupendos milagres no fim do mundo? O meu e o seu drama não é esse, a nossa crise de fé não é essa. A nossa crise de fé é crer que Ele é poderoso para fazer um milagre agora, quando estou precisando, quando a dor aperta o meu pé direito, quando a aflição invade a minha alma, quando a necessidade grita à minha porta. Jesus está corrigindo isso, e talvez este seja o seu momento de aflição. Talvez você tenha orado pelo seu casamento por tantos anos, e não viu um milagre acontecer. Talvez você tenha orado pela conversão do seu marido, ou da sua esposa, há tantos anos. E isso não aconteceu ainda. Talvez você tenha orado por seus filhos há tanto tempo, e ainda não viu um resultado. E eu quero que você olhe agora, amado leitor, para o fato que esse Jesus quer corrigir essa distorção da nossa fé que olha apenas para o passado ou para o futuro. Eu sou agora a ressurreição e a vida. E Marta até declara isto: "Mas eu sei que tudo quanto pedires a Deus, Deus to concederá". Ela vacila entre a lógica e a fé. Ela sabe que, se Jesus pedir, o Pai atende. Mas quando Jesus diz que Lázaro vai ressurgir, ela não crê que vai ser agora, crendo que isso diz respeito ao futuro.

Sabe o que está acontecendo aqui? Não obstante ela saber que Ele era o Messias, a palavra que Marta usa só aparece aqui em toda a Bíblia. Quando ela diz: "tudo que pedires", havia duas palavras na língua grega para pedir em oração. Uma que significa o pedido de um filho para o pai, pedido de confiança, de igual para igual. E uma que era o pedido de alguém inferior a alguém superior. A única vez que essa segunda palavra foi usada para se referir a Jesus orando ao Pai foi na fala de Marta. Talvez nesse momento Marta já estivesse claudicando um pouco para entender de fato quem era Jesus. Talvez ela pensasse até que Jesus era alguém especial, talvez o enviado de Deus, mas não o próprio Deus feito carne. E Jesus então corrige a sua teologia, dizendo: "Marta, eu sou a ressurreição e a vida". Quero que você observe que Jesus não é apenas aquele que era, Jesus é aquele que se identifica. Em segundo lugar, aquele que cura as nossas chagas é ferido conosco. Diz o versículo 35 que quando levaram Jesus ao túmulo de Lázaro, Ele chorou. O que é isso? O que significa isso? Isso era ainda uma coisa não entendida por um grego; e o evangelho de Deus foi escrito para os gregos. Para os gregos, a maior marca de Deus era a incapacidade de sofrer, que Deus estava acima de qualquer sentimento, de qualquer emoção, de qualquer sofrimento. Ao chorar, Jesus revela para nós a face de Deus, o caráter de Deus, a pessoa de Deus, o sentimento de Deus. Que o Deus que temos revelado em Jesus Cristo é o Deus que sofre conosco, que chora conosco, que sente a nossa dor, que suporta a nossa angústia e a nossa aflição. Não é o deus distante dos teístas, não é o deus confuso dos panteístas, não é o deus fatalista dos estoicos, não é o deus bonachão dos epicureus, não é o deus xerife dos fariseus. Ele é o Deus Emanuel, o Deus que sente a sua dor, se importa com o seu sofrimento e se importa com você. Jesus sabe a sua dor, Ele sabe o que está doendo.

Por exemplo, Ele conhece a dor daquela pessoa pobre, que não tem casa para morar. Ele não tinha onde reclinar a cabeça, Ele sabe o que significa isso. Ele sabe a dor daquele que está na solidão, daquele de quem todo mundo foge e se esconde. Porque nas horas mais cruciais da sua vida, diz a Bíblia que as pessoas o abandonaram, até seus discípulos. Ele sabe o que é a dor da traição, Ele sabe o que é ser apunhalado pelas costas. Porque a mesma multidão que o aplaudiu, agora grita a uma só voz: "Crucifica-o, crucifica-o". Ele sabe o que é ser traído por um discípulo que o vende e que o trai com um beijo. Ele sabe o que é ser negado por aquele que lhe devotara maior lealdade. Ele sabe o que é a dor da enfermidade porque se fez não apenas pecado por nós, mas levou sobre si as nossas dores e as nossas enfermidades; Ele sabe o que é a dor, Ele mergulhou a sua alma na morte, Ele sabe o que é essa passagem, Ele sabe o que é esse vale escuro, estreito, da dor, do sofrimento, das lágrimas.

Preste atenção que Jesus está dizendo para Marta, para Maria e para a multidão circunstante: "Eu me importo com vocês, Eu me identifico com a dor de vocês". Todos nós assistimos ao filme *Titanic*. No ano de 1985, quando foram descobertos os destroços do navio Titanic, o fotógrafo Emori Christof começou a pesquisar a possibilidade de fotografar de forma fidedigna os destroços, daquele navio, que estavam a mais de 3.500 metros de profundidade. Em 1991, esse famoso fotógrafo, com a ajuda de cientistas e cinegrafistas, tirou fotos fidedignas, fiéis, dos destroços do Titanic.

Essas fotos foram publicadas numa revista mundialmente conhecida, a *National Geographic*. E nessa revista houve uma nota recomendando a leitura da matéria das fotos. E a nota era esta: até que ponto chega um fotógrafo para obter uma foto perfeita? Isso me sugere outras perguntas: até que ponto o Senhor Jesus Cristo é capaz de identificar-se com o nosso sofrimento e com a nossa dor? Até que ponto o Filho de Deus é capaz de se envolver com você para recuperá-lo das entranhas da dor e da angústia?

E a Bíblia responde que Ele se identificou conosco até a morte, e morte de cruz. Conforme diz o credo apostólico, "ele desceu ao Hades", Ele suportou as agruras do inferno quando estava na cruz, por amor a nós. Preste atenção em outra verdade desse texto. Jesus não exclui a participação humana em face da sua intervenção soberana.

Aquele que chamou Lázaro do túmulo poderia ter mandado a pedra rolar. Poderia, num único gesto, ter removido aquela pedra. E por que não o fez? É porque a soberania de Deus não anula a responsabilidade humana. Deus faz o impossível: trazer à vida um morto. Deus delega a você a responsabilidade de fazer aquilo que está à sua disposição, ao seu alcance. Fazer: tirar a pedra, desatar o morto, crer para que o milagre aconteça. O que acho interessante é que Lázaro não podia sair da sepultura por si mesmo. Marta e Maria não podiam tirar Lázaro da sepultura, a multidão não podia tirar Lázaro da sepultura. Somente Jesus podia fazê-lo. E Jesus o fez. Mas o que é maravilhoso aqui é que quando Jesus dá uma ordem, Ele dá uma ordem específica: Lázaro, vem para fora! Porque se Jesus não tivesse gritado o nome de Lázaro, todos os mortos ressurgiriam. E um dia isso vai acontecer. No dia final, Jesus não vai dizer o nome de ninguém. Diz a Bíblia, em João 5:28,29, que naquele dia, dia da sua segunda vinda, ao som da voz de Jesus os mortos ressuscitarão, todos os mortos. Uns para a ressurreição da vida, outros para a ressurreição do juízo. Mas Jesus dá uma ordem expressa: Lázaro, vem para fora, e Lázaro vem. Porque Jesus tem todo poder, tem toda autoridade no céu e na terra.

Aquilo que é impossível para você, é possível para Ele. Aquilo que é impossível para o homem é possível para Deus. Marta intervém: "Senhor, já cheira mal". Muitas vezes nós não queremos tirar a pedra, sabe por quê? Nós não queremos enfrentar muitas coisas desagradáveis do passado. Não queremos mexer naquilo que achamos que já não tem mais jeito. Não queremos tocar naquilo que para nós é uma causa perdida. E então dizemos: "Jesus, não tire essa pedra, deixe essa pedra onde está, deixe as coisas como estão, não toque nisso, Jesus, não vale a pena".

O que acho tremendo, porém, é que a Bíblia diz que quando se tirou a pedra e as pessoas puderam olhar para o túmulo escuro, Jesus olhou para cima e começou a orar. Ele não ora, na verdade; Ele dá graças. "Pai, graças te dou porque me ouviste; aliás, tu sempre me ouves". Vejam vocês que Jesus, na hora mais angustiosa, não clama, não pede, Ele adora, Ele glorifica a Deus. Ele exalta o Senhor. Muitas vezes é o louvor que é capaz de nos libertar das nossas horas mais angustiantes, quebrar as nossas cadeias mais fortes e nos trazer o livramento mais glorioso. Eu observo a história de Lia, mulher de Jacó. Naquela época em que a poligamia era tolerada na cultura hebreia, diz a Bíblia que Jacó foi vítima do engano, do engodo do seu sogro. Trabalhou sete anos por Raquel jovem e bela. E por um engano, no dia das núpcias, foi introduzida Lia na tenda. E agora quando Jacó reclama e se revolta contra o seu sogro, ele diz: "não, nosso costume aqui é sempre entregar a filha mais velha primeiro. Se você quer casar com Raquel você tem de trabalhar mais sete anos". Diz a Bíblia que Jacó não amava Lia, não se afeiçoava a ela, mas Deus se lembrou dela e deu a ela um filho. E agora aquela moça diz: "pelo menos agora Deus se lembrou de mim". Ela teve um segundo filho e pensou: "agora o meu marido vai se importar comigo, vai me dar atenção". E nada. Estava angustiada, aflita. Quando nasce o quarto filho, ela muda o discurso. Ela diz: "dessa vez eu louvarei o Senhor". E colocou o nome daquele menino de Judá. E Judá foi exatamente a tribo do Messias. Ela parou de reclamar: Deus não se lembra de mim, ah! Se eu fosse uma mulher bonita como Raquel, ah! Se o meu marido me amasse. Ela para de reclamar e diz: "dessa vez eu glorificarei ao Senhor".

Se você quer ver o milagre de Deus acontecendo, é tempo de você parar de reclamar: Ah! Se Jesus tivesse chegado antes. Ah! Se eu não tivesse feito aquilo. Ah! Se a minha vida fosse diferente. Pare de reclamar, pare de murmurar, pare de lamentar e erga a sua voz para glorificar o Senhor.

O milagre de Deus pode acontecer na sua vida. Jesus disse para Marta: "se creres verás a glória de Deus". Se creres. Jesus está dizendo que a solução está na sua mão, na minha mão. Se você crê, vai ver a glória de Deus.

Aquilo que é impossível para os homens é possível para Deus. "Já cheira mal, Senhor." Não importa. Para Deus é possível. A causa é perdida, Jesus. Para Deus é possível.

O PROPÓSITO DO MILAGRE

O último ponto fala do propósito desse milagre operado por Jesus. O primeiro propósito é a glória de Deus (v. 4). "Essa enfermidade não é para morte, mas para a *glória de Deus*". Tudo que Jesus fez foi para a glória de Deus, tudo que Ele ensinou foi para a glória de Deus. Ele nasceu para a glória de Deus. Ele veio ao mundo para a glória de Deus. Ele se tornou pobre para a glória de Deus. Ele esteve disposto a realizar o milagre da ressurreição de Lázaro para a glória de Deus. Ele foi à cruz para a glória de Deus. Tudo é para a glória de Deus. E quero dizer para você que a finalidade da sua vida é a glória de Deus. Quando Deus permite você passar por uma angústia, por um sofrimento, por um problema, por uma crise, por uma necessidade, por uma enfermidade, pelo luto, é para a glória de Deus. Esse é o grande alvo da vida. Este é o grande propósito da vida: a glória de Deus.

Uma das coisas mais consoladoras das Escrituras, querido leitor, é a verdade da soberania de Deus. Você pode perder o controle, mas Deus jamais perde o controle da sua vida. Lázaro pode morrer, Lázaro pode ser sepultado, Lázaro pode se decompor no túmulo, mas Jesus não perdeu o controle. Essa enfermidade não é para a morte, é para a glória de Deus.

A segunda finalidade de Jesus nesse milagre foi o despertamento da fé. Se você olhar o versículo 15, Jesus diz claramente: "[...] e por vossa causa me alegro de que lá não estivesse, para que possais crer". Veja ainda o versículo 26: "[...] e todo o que vive e crê em mim não morrerá, eternamente. Crês isto?". Versículo 40: "Respondeu-lhe Jesus: não te disse eu que, se creres, verás a glória de Deus?". Veja, por favor, o versículo 42. "Aliás, eu sabia que sempre me ouves, mas assim falei por causa da multidão presente, para que creiam que tu me enviaste". Veja você que a finalidade de Jesus em operar esse milagre não é o milagre em si. Os milagres de Jesus eram pedagógicos, eles objetivavam algo maior do que simplesmente o milagre. Eles objetivavam a fé salvadora, a salvação. Que os discípulos cressem, que Marta cresse, que a multidão cresse. Foi por causa disso que Jesus realizou os milagres. Quando multiplicou os pães, Jesus queria que as pessoas entendessem que Ele é o pão da vida. Quando curou o cego de nascença, Ele queria que as pessoas entendessem que Ele era a luz do mundo. Quando ressuscitou Lázaro, Ele queria que as pessoas entendessem que Ele é a ressurreição e a vida. Os milagres têm o propósito de despertar no seu coração a fé verdadeira.

Finalmente, qual foi o propósito de Jesus no milagre da ressurreição de Lázaro? Primeiro, a glória de Deus. Segundo, o despertamento da fé. Terceiro, a sua própria morte. Leia comigo, por favor, em silêncio, apenas acompanhando, o capítulo 10, versículos 38 a 42. Olhe o que estava por trás desse lugar que Jesus estava, e não em Jerusalém. "Mas, se faço, e não me credes, crede nas obras; para que possais saber e compreender que o Pai está em mim, e eu estou no Pai. Nesse ponto, procuravam, outra vez, prendê-lo; mas ele se livrou das suas mãos". Quando Jesus afirmou que Ele era o pão da vida, eles queriam apedrejá-lo. Quando Jesus disse que Ele e o Pai são um, os judeus quiseram matá-lo. Agora, novamente, Ele afirma isso porque Ele está se identificando com o Pai.

"O Pai está em mim, e eu estou no Pai. Nesse ponto, procuravam, outra vez, prendê-lo; mas Ele escapou. Novamente, retirou-se para além do Jordão, para o lugar onde João batizava no princípio, e ali permaneceu. E iam muitos ter com Ele e diziam: realmente, João não fez nenhum sinal, porém, tudo quanto disse a respeito deste era verdade. E muitos ali creram nele.

Veja bem, Ele não podia estar em Jerusalém porque os judeus queriam prendê-lo e matá-lo. Não era ainda a sua hora. Então Ele foge para essa região. Agora, porém, o que está na mente, no coração dos discípulos? Veja o versículo 8. "Disseram-lhe os discípulos: Mestre, ainda agora os judeus procuravam apedrejar-te, e voltas para lá?" O clima era tenso, o clima era de orquestração contra Jesus. Havia uma máfia religiosa em Jerusalém liderada pelos sacerdotes para prenderem e matarem Jesus. Veja você a atitude de Tomé, versículo 16: "Então, Tomé, chamado Dídimo, disse aos condiscípulos: Vamos também nós para morrermos com ele". Já que Ele está determinado a ir, vamos todo mundo. Veja por favor, versículo 46 e 47. Versículo 45 diz: "Muitos, pois, dentre os judeus que tinham vindo visitar Maria, vendo o que fizera Jesus, creram nele. Outros, porém, foram ter com os fariseus e lhes contaram dos feitos que Jesus realizara". Versículo 53: "Desde aquele dia, resolveram matá-lo".

Para ressuscitar Lázaro, Jesus se dispôs a morrer. Para dar vida a Lázaro, Jesus se dispôs a dar a sua própria vida. É por isso que o clima é tenso. É por isso que a situação é difícil; mas para socorrer um amigo, para atender a essa família querida, para trazer a vida a Lázaro que estava sepultado, Jesus se prontifica a morrer. E de fato Ele foi preso, de fato Ele morreu, porque tinha chegado o tempo da sua partida. Fato é fato. No capítulo 17, versículo 1, Jesus diz: "Tendo falado estas coisas, levantou os olhos ao céu e disse: Pai, é chegada a hora; glorifica a teu Filho, para que o Filho te glorifique a ti".

Quero dizer a você, finalizando, que para socorrer você, Jesus morreu por você. Para livrar você da morte, Jesus se entregou à morte. Ele não poupou a sua própria vida, antes, por você, Ele a entregou. Por isso, se hoje você está passando por uma aflição como a família de Lázaro, talvez alguém esteja enfermo em sua casa, talvez você tenha orado pela cura e veja seu ente piorando. Talvez você espere a intervenção de Jesus e parece que Ele está demorando. Talvez as pessoas à sua volta cobrem de você: por que Jesus não respondeu ainda à sua oração, por que o seu problema ainda não foi resolvido? Saiba de uma coisa: Jesus nunca chega atrasado. O relógio de Deus não atrasa. O tempo de Deus, o *kairós* de Deus, o tempo oportuno de Deus não é o seu tempo; mas, no tempo de Deus, Ele virá; no tempo de Deus, Ele socorrerá você; no tempo de Deus, Ele acalmará o seu coração; no tempo de Deus, Ele vai transformar a sua dor num palco que servirá de glória ao nome de Deus, e de motivação para que as pessoas que estão à sua volta possam crer que, de fato, Deus enviou Jesus.

Que Deus abençoe a sua vida. Que você coloque as suas causas insolúveis nas mãos do Deus onipotente. E espere dele o milagre, porque se você crer, vai ver a glória de Deus.

PARTE 6

FINANÇAS E COMUNICAÇÃO

19

DOIS GRANDES MITOS SOBRE O DINHEIRO

³ Se alguém ensina outra doutrina e não concorda com as sãs palavras de nosso Senhor Jesus Cristo e com o ensino segundo a piedade, ⁴ é enfatuado, nada entende, mas tem mania por questões e contendas de palavras, de que nascem inveja, provocação, difamações, suspeitas malignas, ⁵ altercações sem fim, por homens cuja mente é pervertida e privados da verdade, supondo que a piedade é fonte de lucro. ⁶ De fato, grande fonte de lucro é a piedade com o contentamento. ⁷ Porque nada temos trazido para o mundo, nem coisa alguma podemos levar dele. ⁸ Tendo sustento e com que nos vestir, estejamos contentes. ⁹ Ora, os que querem ficar ricos caem em tentação, e cilada, e em muitas concupiscências insensatas e perniciosas, as quais afogam os homens na ruína e perdição. ¹⁰ Porque o amor do dinheiro é raiz de todos os males; e alguns, nessa cobiça, se desviaram da fé e a si mesmos se atormentaram com muitas dores. ¹¹ Tu, porém, ó homem de Deus, foge destas coisas; antes, segue a justiça, a piedade, a fé, o amor, a constância, a mansidão. ¹² Combate o bom combate da fé. Toma posse da vida eterna, para a qual também foste chamado e de que fizeste a boa confissão perante muitas testemunhas. ¹³ Exorto-te, perante Deus, que preserva a vida de todas as coisas, e perante Jesus Cristo, que, diante de Pôncio Pilatos, fez a boa confissão, ¹⁴ que guardes o mandato imaculado, irrepreensível, até a manifestação de nosso Senhor Jesus Cristo; ¹⁵ a qual, em suas épocas determinadas, há de ser revelada pelo bendito e único Soberano, o Rei dos reis e Senhor dos senhores; ¹⁶ o único que possui imortalidade, que habita em luz inacessível, a quem homem algum jamais viu nem é capaz de ver. A ele honra e poder eterno. Amém! ¹⁷ Exorta aos ricos do presente século que

não sejam orgulhosos, nem depositem a sua esperança na instabilidade da riqueza, mas em Deus, que tudo nos proporciona ricamente para nosso aprazimento; [18] que pratiquem o bem, sejam ricos em boas obras, generosos em dar e prontos a repartir; [19] que acumulem para si mesmos tesouros, sólido fundamento para o futuro, a fim de se apoderarem da verdadeira vida. Amém.

1Timóteo 6:3-19

PELO QUE BATE O seu coração? Analisemos o tema: os dois grandes mitos sobre o dinheiro. Pergunto: quais são os seus desejos mais intensos, suas aspirações mais profundas? O que toma conta da sua mente na maior parte do tempo? No que você despende suas mais fortes energias? Por que você vive? Para que você luta? Muitas pessoas têm como maior aspiração o dinheiro. Outros, apenas a realização profissional. Ainda outros, o sucesso pessoal, profissional. Outros acham que a coisa mais extraordinária da vida seja a família.

Eu lhe pergunto: qual é o seu desejo mais intenso? Onde você busca a sua felicidade pessoal? A Bíblia fala que Salomão procurou a felicidade em quatro caminhos: na bebida, na riqueza, nos prazeres e no sucesso. E ele alcançou todos esses objetivos. Porém, quando estava no topo dessa pirâmide, descobriu que tudo isso era uma bolha vazia, era vaidade. Quero lhe dizer que não é errado ter desejos, buscar o prazer nem é errado você ansiar com todas as forças da sua alma pela felicidade. Enganam-se aqueles que pensam que o cristianismo é apenas a religião da autonegação, da morte do desejo. É isso que tem levado muitas pessoas a pensar que ser crente é olhar para a vida de forma negativa. Por exemplo, ser crente é não adulterar, não fumar, não beber, não matar, não ter relação sexual antes do casamento, não ter relação sexual fora do casamento. Muitas pessoas não são crentes e não fazem essas coisas.

Na verdade, a Bíblia foi escrita para que você tenha a maior das felicidades. Deus está interessado na sua felicidade. Os teólogos de Westminster captaram isso de uma forma linda e profunda quando declararam que o sentido e o propósito da vida é você desfrutar da maior das alegrias, da maior das felicidades, que é conhecer a Deus, amar a Deus e desfrutar da companhia dele para sempre. A Bíblia diz que na presença de Deus há plenitude de alegria.

Precisamos concordar com John Pipper quando ele diz que o nosso problema não é desejar felicidade, não é buscar o prazer, o problema é que estamos nos contentando com um prazer muito pequeno, muito fraco, muito limitado. Deus criou você para o maior dos prazeres, para a maior das felicidades, que é conhecê-lo, que é amá-lo, que é ter intimidade com Ele.

Eu não sei se você já parou para perguntar por que as pessoas amam tanto o dinheiro. Ou você duvida de que as pessoas amem o dinheiro? Você tem dúvida disso? Creio que as pessoas amam o dinheiro por duas razões: primeiro, porque as pessoas pensam que, se tiverem dinheiro, poderão ter tudo o que desejam, inclusive influência sobre as outras pessoas. Então concluem que o dinheiro traz felicidade. A segunda razão pela qual as pessoas amam tanto o dinheiro é a segurança. Elas pensam que, se tiverem dinheiro, estarão seguras.

Esses são os dois grandes mitos que abordaremos. O primeiro mito é que o dinheiro possa trazer felicidade. O segundo mito é que o dinheiro possa trazer segurança. Deixe-me ilustrar isso.

Olavo Bilac retratou num poema imortal a vida de Fernão Dias Paes Leme, o bandeirante que buscava pedras preciosas e que fez de alcançar riquezas e encontrar esmeraldas a grande razão de sua vida. Fernão Dias, na verdade, não encontra a felicidade nas pedras preciosas, encontra a morte. Olavo Bilac diz:

> Foi em março, ao findar das chuvas, sete anos combatendo índios, febres, paludes, feras, répteis, contendo só sertanejos rudes, dominando o furor da amotinada escolha. Sete anos, e ei-lo, enfim, com o seu tesouro. Com que amor contra o peito a sacola de couro aperta a transbordar de pedras preciosas. Volta e o delírio começa. A mão que a febre agita ergue-se, treme no ar, sobe, descamba aflita, crispa os dedos, sonda a terra, escava o chão, sangra as unhas, revolve raízes. Acerta, agarra a sacola, apalpa e

contra o peito a aperta, como para enterrá-la no coração. Ah!, mísero demente, o teu tesouro é falso; tu caminhaste em vão por sete anos no encalço de uma nuvem falaz, de um sonho malfazejo. Enganou-te a ambição. Mais pobre que um mendigo, agonizas sem luz, sem amor, sem amigo, sem ter quem te conceda um beijo.

Dinheiro, dinheiro, riquezas. Parece que hoje a máquina que faz girar o mundo é o dinheiro. Alguém já disse que o dinheiro é o maior ídolo, o mais adorado neste mundo. E Jesus disse que o dinheiro não é apenas uma moeda, é um espírito, é Mamom. Jesus chegou a dizer que ninguém pode servir a Deus e servir ao dinheiro ao mesmo tempo. Enquanto esse ídolo não for destronado do coração, não poderemos servir a Deus verdadeiramente. Vivemos em uma geração em que, cada vez mais, aumenta o poder do dinheiro, quando as riquezas se acumulam nas mãos de poucos. Daí a afirmação de Tom Sine, em seu livro *O lado oculto da globalização*, de que metade da riqueza do planeta concentra-se nas mãos de algumas centenas de empresas. Vivemos dominados por um espírito de consumismo, e esse mercado insaciável quer sempre mais do seu dinheiro, quer sempre mais do seu tempo. As pessoas estão destruindo relacionamentos e a própria alma por causa da ganância, de querer ter mais, e mais, e mais.

O PRIMEIRO MITO: O DINHEIRO TRAZ FELICIDADE

Observe agora o primeiro mito: o dinheiro traz felicidade. Quantas pessoas pensam assim: "Ah, se eu morasse no bairro tal, se eu tivesse o apartamento tal, se eu trabalhasse na empresa tal, se eu tivesse o carro tal, eu seria feliz". Quantos já pensaram assim? Quantos já pensaram que a felicidade está no ter?

O apóstolo Paulo nos diz, nos versículos 5 e 6, que grande fonte de lucro é a piedade com o contentamento. Paulo está nos dizendo que o dinheiro não produz contentamento, mas que este é resultante da piedade no coração. Quem é feliz não é quem tem dinheiro no bolso, e sim é quem é piedoso. O que estava acontecendo? Os falsos mestres estavam saindo pelas igrejas e servindo-se da pregação distorcida da Palavra de Deus para enriquecerem. Estavam transformando o evangelho num produto, os crentes em consumidores e enriquecendo pela comercialização da Palavra de Deus.

Paulo coloca-se contra esses falsos mestres para dizer que essa busca indevida e ilícita da riqueza não traria felicidade, mas que a piedade com o contentamento é grande fonte de lucro. Paulo não está dizendo que a piedade é lucro. Ele está dizendo que a piedade com o contentamento apropria-se da riqueza espiritual, e, por essa razão, é grande fonte de lucro. E o apóstolo Paulo, nos versículos 7 a 10, usa quatro argumentos para refutar esse mito de que o dinheiro pode trazer felicidade.

O primeiro argumento que ele usa é que você e eu estamos destinados à eternidade, e o dinheiro é apenas temporal. Veja o versículo 7: "Porque nada temos trazido para o mundo, nem coisa alguma podemos levar dele". O que Paulo está dizendo é o seguinte: o dinheiro tem vida curta, não dura para sempre, está fadado a acabar. O que Paulo está dizendo é que ninguém pode levar dinheiro consigo na hora da morte. Não há caminhão de mudança no enterro. Não há caderneta de poupança no cemitério. Você não trouxe nada, você não vai levar nada. E a pergunta que Paulo nos faz agora é a seguinte: quanto tempo você viverá neste mundo? Você sabe? Quantos anos mais você tem para viver? Agora deixe-me fazer a segunda pergunta: quanto você viverá depois que partir deste mundo? Então, qual é a importância dos tesouros que você busca acumular aqui em relação à eternidade?

O dr. Ray Stedman, certa feita, foi abordado por um jovem, que disse:

— Pastor Ray Stedman, quero ser igual ao meu avô.

Stedman perguntou: — É mesmo? Mas no que você quer ser igual ao seu avô?

O jovem respondeu — Meu avô morreu milionário.

Então Stedman disse: — Você está enganado, jovem, seu avô era milionário até o último minuto de sua vida. No momento em que ele morreu, não tinha mais um centavo.

É verdade. O seu dinheiro não pode ir com você para a eternidade. Em que você está pondo então o seu coração, que tesouro está buscando, qual é a dimensão dos seus valores?

O segundo argumento por que o dinheiro não produz felicidade é que você não precisa de riqueza para ser feliz agora. Veja o versículo 8 do texto: "Tendo sustento e com que nos vestir, estejamos contentes". O que Paulo está dizendo é que, para ser feliz, você precisa de poucas coisas. É uma ilusão, um engodo, um engano você pensar que precisa de muita coisa para ser feliz. O Senhor Jesus disse: "A minha comida consiste em fazer a vontade daquele que me enviou". Este era o propósito da vida dele: fazer a vontade do Pai é o que o fazia feliz.

Veja o que está escrito em Hebreus 13:5: "Seja a vossa vida sem avareza. Contentai-vos com as coisas que tendes; porque ele tem dito: De maneira nenhuma te deixarei, nunca jamais te abandonarei". Contente-se com as coisas que você tem. Em outras palavras, o autor aos Hebreus está dizendo: não ponha a sua felicidade em coisas que você não tem; ponha a sua felicidade naquilo que já recebeu, porque Deus nunca vai deixá-lo, Deus nunca vai abandoná-lo. Ponha a sua felicidade no provedor, e não na provisão. O apóstolo Paulo diz em Filipenses 4:11-13: "Aprendi a viver contente em toda e qualquer situação [...]; assim de abundância como de escassez". E ele arremata dizendo: "Tudo posso naquele que me fortalece". Não se iluda com isto. Não pense em buscar sua felicidade em coisas. O segredo da felicidade é deleitar-se em Deus.

Existe, porém um terceiro argumento pelo qual o dinheiro não traz felicidade: o desejo por riqueza pode destruir você. Veja os versículos 9 e 10:

> Ora, os que querem ficar ricos caem em tentação, e cilada, e em muitas concupiscências insensatas e perniciosas, as quais afogam os homens na ruína e perdição. Porque o amor do dinheiro é raiz de todos os males; e alguns, nessa cobiça, se desviaram da fé e a si mesmos se atormentaram com muitas dores.

DOIS GRANDES MITOS SOBRE O DINHEIRO

Veja você que Paulo afirma o argumento no versículo 9 e explana o argumento no versículo 10. Agora, Paulo está dizendo que o amor ao dinheiro, o desejo de ficar rico, conduz você à tentação. Pergunto: que tentação? Por que o desejo de ficar rico conduz você à tentação?

Vamos examinar isso à luz dos dois maiores mandamentos da Palavra de Deus. Jesus disse que os dois maiores mandamentos são amar a Deus sobre todas as coisas, de toda sua alma, de toda sua força, de todo seu entendimento e amar ao seu próximo como a você mesmo. Quando uma pessoa quer ficar rica e ama o dinheiro, ela substitui esse amor exclusivo, único, indivisível a Deus pelo amor ao dinheiro. Ela deixa de buscar o bem do seu próximo como razão maior do seu viver. Dessa maneira, amar o dinheiro, querer ficar rico, é a transgressão desses dois principais mandamentos da lei de Deus. Quem ama o dinheiro não ama nem a Deus nem ao próximo, como a Palavra de Deus recomenda e exorta.

No entanto, veja bem o que Paulo está dizendo: que as pessoas não apenas caem em tentação, mas em cilada. O que é cilada? Cilada é uma armadilha para pegar uma presa. E o que você faz para pegar uma presa? Você põe numa armadilha exatamente aquilo que a atrai, que provoca desejo, que enche os olhos dela, aquilo que a encanta e que a faz dizer: "É disso que eu preciso, é isso que vai me dar alegria e felicidade". Sabe qual é a grande armadilha de amar o dinheiro? É que você sempre vai querer mais, e mais, e mais. Quanto mais você tem, tanto mais quer. Cada vez que você empurra dinheiro para dentro de sua alma, o buraco vai ficando maior, o vazio vai ficando mais gigantesco. Veja o que a Bíblia diz em Eclesiastes 5:10: "Quem ama o dinheiro jamais dele se farta". Quem ama o dinheiro, jamais dele se farta. E quem ama a abundância, nunca se farta da renda. Ou seja, quando ama o dinheiro, você é uma pessoa insatisfeita, sedenta, que nunca vai preencher o vazio no seu coração. O que é uma cilada? Uma cilada é algo aparentemente apetitoso, bonito, atraente, mas por trás dela há uma isca, um anzol, um instrumento de morte, uma derrota para a sua vida.

Você que já assistiu ao filme *O advogado do diabo*, lembra-se bem da proposta sedutora oferecida àquele advogado: ser um ilustre advogado na cidade de Nova Iorque. Lembra-se de como ele vai se envolvendo, se enredando, se comprometendo, como a sedução da riqueza vai mergulhando na alma dele, nas águas turvas de tantos acordos perigosos? Ele começa a perceber só mais tarde que, ao ganhar dinheiro, estava perdendo aquilo que era mais importante em sua vida. Da mesma forma muitas pessoas perdem a honra, a consciência, a fé, o nome, o casamento, a própria alma. Então veja que o amor ao dinheiro não gera felicidade.

Paulo diz ainda no quarto argumento que o amor ao dinheiro pode atormentar você com muitas dores. Veja o versículo 10: "[...] a si mesmos se atormentaram com muitas dores". Você já percebeu que só os ricos têm determinado tipo de sofrimento? Você anda na rua de peito aberto, hoje até que nem tanto, não é? Já percebeu como as pessoas ricas são inseguras? Como elas têm medo de tudo, precisam sair com seguranças, blindar o carro; percebeu como elas são inseguras e perturbadas?

Tenho um primo que granjeou muitas riquezas e, um dia, ele estava me dizendo que o rico tem dois problemas graves na vida, que o preocupam o tempo todo. O primeiro é ganhar, ganhar, ganhar. O segundo é o medo de perder, medo de perder, medo de perder. Ele não dorme, não tem paz, não tem sossego. Está sempre insatisfeito, inseguro, medroso.

Já percebeu que o dinheiro não é uma boa liga? O dinheiro nunca foi um elo familiar. Já percebeu isso? As famílias mais desunidas, que mais brigam, que mais têm contendas, que mais entram e se engalfinham em litígios intermináveis são as famílias que brigam por causa de dinheiro. Já perceberam que as famílias mais felizes são aquelas que não têm muitas coisas, que, às vezes, se assentam ao redor do fogão para comer arroz e feijão?

Paulo diz: "Tendo o que comer e vestir, esteja contente". O amor ao dinheiro foi o que levou o jovem rico a abandonar Jesus e sair cabisbaixo; também foi o que levou aquele homem rico a envolver-se apenas com seus banquetes, com suas vestes caras e não prestar atenção a um mendigo que estava à sua porta. Foi o amor ao dinheiro que fez Judas Iscariotes vender o seu Senhor e o trair, para depois se suicidar; e que levou Ananias e Safira a mentirem contra o Espírito Santo. Foi o amor ao dinheiro que levou os ricos, conforme Tiago 5, a reterem com fraude o trabalho do jornaleiro. E é o amor ao dinheiro que leva muitas pessoas a casamento, fraudes, perjúrios, roubos, sequestros, assassinatos e guerras.

Concluindo, Paulo nos diz que o dinheiro não promove felicidade porque o amor ao dinheiro tem uma consequência mais grave, muito mais séria: leva você não apenas à ruína temporal, mas à ruína eterna. No versículo 9, o apóstolo Paulo diz: "Os que querem ficar ricos caem [...] em muitas concupiscências [...], afogam os homens na ruína e perdição". E o versículo 10 diz que alguns, nessa cobiça, desviaram-se da fé. O que o apóstolo Paulo está nos dizendo é que a cilada do amor ao dinheiro, por trás desse brilho, desse fascínio, é que está o inferno.

Como é que vamos fazer então, irmãos? Como é que vamos reagir diante do mundo que endeusa o dinheiro, que vive em função do dinheiro, que passa 24 horas por dia pensando no dinheiro? Como é que a igreja de Deus vai viver numa sociedade tão materialista, tão consumista, tão concentrada nas riquezas?

Vamos ver o que o apóstolo Paulo nos ensina. Do versículo 11 ao 16, Paulo mostra como é que devemos viver como cristãos, e não como amantes do dinheiro. Primeiro, no versículo 11, Paulo diz: "Tu, porém, ó homem de Deus, foge destas coisas". Fugir, às vezes, é um sinal de covardia. Neemias disse àqueles que queriam tramar para que ele se escondesse no santuário, embora ele não fosse sacerdote: "Homem, como eu fugiria? Eu não sou covarde, eu não vou fugir". Mas há momentos em que fugir é sinônimo de prudência. José, do Egito, fugiu da mulher que queria agarrá-lo. Quando Saul queria matar Davi, diz a Bíblia que Davi fugiu. E agora Paulo diz a Timóteo: "Foge destas coisas, foge de amar a riqueza, de amar o dinheiro, de fazer dessa causa a razão de tua vida. Foge".

Se de vez em quando você fica pensando na sua cama: "Ah, se eu tivesse isso, se eu tivesse aquilo, se eu tivesse aquilo outro eu seria feliz". "Fuja dessas coisas", diz o apóstolo. Talvez você esteja lá pensando: "Ah, fulano de tal, aquele sim é feliz. Olhe o que ele tem, olha como ele vive, olhe em que casa ele mora, olhe de que luxo ele está cercado, olhe que conforto ele tem". Paulo diz: "Fuja!" Quem sabe você está lá, com o seu televisor ligado, aquelas propagandas sedutoras, e você diz: "Ah, se eu pudesse comprar isso, se eu pudesse comprar aquilo, eu seria mais feliz". Paulo diz: "Fuja! Fuja dessa cilada, sua felicidade não está nessas coisas".

Segundo: E o que fazer? Olha o versículo 11. Paulo diz: "Segue". O crente não é conhecido apenas por aquilo que ele deixa de fazer, ele é conhecido por aquilo que ele faz. E agora Paulo cita algumas coisas em que o cristão tem de empregar toda a sua força e energia. Ele diz: "Segue a justiça, a piedade, a fé, o amor, a constância, a mansidão". São esses ideais que devemos perseguir.

Terceiro, ele diz, no versículo 12, é: "Combate o bom combate da fé". A palavra *combater* é muito preciosa, porque significa, na língua grega original, "agonia". Paulo está dizendo: "Você, em vez de empregar todas as suas forças para tornar-se rico, empregue todas as suas forças como se estivesse numa corrida olímpica de cem metros, onde você estica todos os músculos para combater o bom combate da fé". Empregue sua força, saúde, energias, inteligência, numa causa eterna, de consequências eternas, é o que Paulo está dizendo.

Diz ele ainda no versículo 12: "Toma posse da vida eterna, Timóteo". Ele diz: "Timóteo, você já tem a maior riqueza, o maior tesouro. Você tem, Timóteo, o que o mundo inteiro não tem, o que o ouro da terra não pode comprar. Você tem a vida eterna, Timóteo. Tome posse dela, alegre-se, deleite-se, contente-se nela, Timóteo". Quantas vezes nós temos o maior tesouro, a maior riqueza, a maior dádiva, a maior bênção, somos herdeiros de Deus, somos filhos de Deus, somos cidadãos dos céus, temos a vida de Deus, temos a vida eterna e ficamos namorando aquilo que vai acabar, aquilo que não vai seguir conosco para a eternidade.

O primeiro mito: o dinheiro traz felicidade. A ideia de que o dinheiro traz felicidade não é verdadeira, é um mito. A felicidade está em Deus, não no dinheiro.

O SEGUNDO MITO: O DINHEIRO TRAZ SEGURANÇA

O segundo mito é o de que o dinheiro pode dar segurança. Nos versículos 17 a 19, o apóstolo Paulo fala sobre esse assunto. Talvez você pense: "Essa passagem deveria ser ouvida somente pelos magnatas".

Deixe-me fazer uma colocação: se você não sabe que é rico, eu tenho de lhe dizer que você é. E eu não estou falando de riquezas espirituais, não. Estou falando de riquezas materiais. Há uma pesquisa, e, se você puder responder sim às perguntas a seguir, você é considerado rico em relação à maioria das pessoas do mundo. Você tem uma casa com mais de dois cômodos? Sua família tem carro? Você tem água encanada na sua casa? Você tem o luxo de ter um chuveiro quente para tomar banho? Você tem o luxo de ter dinheiro para comprar comida e ingerir todas as calorias de que precisa? Se você respondeu afirmativamente a todas as perguntas, quero lhe dizer que você é rico em relação à maioria das pessoas do mundo.

Então, já que você é rico, a pergunta que eu lhe faço é a seguinte: como nós podemos ser ricos e felizes ao mesmo tempo? É disso que Paulo trata. Em primeiro lugar, conforme o versículo 17: vivendo na luz de quem Deus é. "Exorta aos ricos do presente século que não sejam orgulhosos, nem depositem a sua esperança na instabilidade da riqueza, mas em Deus, que tudo nos proporciona ricamente para nosso aprazimento."

Você já parou para perguntar por que Paulo escreveu isso? Exorta aos ricos do presente século para que não sejam orgulhosos? Por que é que os ricos têm a tendência de ser orgulhosos? Você já parou para perguntar? Os ricos têm a mania de ser orgulhosos por duas razões. Primeiro, porque eles são tentados a pensar que merecem o que têm. Você já percebeu como as pessoas ricas são? Elas acham que merecem o que têm. Acham que foi a inteligência, a capacidade, a destreza, a competência pessoal que lhes deu a riqueza. Mas a Bíblia diz que é Deus quem nos dá sabedoria e força para adquirirmos riqueza. Aqueles que pensam que a riqueza que têm procede da própria estratégia estão equivocados à luz das Escrituras. Porque a riqueza é de Deus, a riqueza vem de Deus, e é Deus quem dá sabedoria para adquirir riqueza.

A segunda razão que uma pessoa rica tem para se orgulhar é a ideia de que a riqueza vai conceder poder a ela. Ela vai se tornar uma pessoa influente e poderosa. Mas veja o que Paulo diz nos versículos 15 e 16:

> A qual, em suas épocas determinadas, há de ser revelada pelo bendito e único Soberano, o Rei dos reis e Senhor dos senhores; o único que possui imortalidade, que habita em luz inacessível, a quem homem algum jamais viu, nem é capaz de ver. A ele honra e poder eterno. Amém.

O poder eterno pertence ao Senhor. É um equívoco pensar que, pelo fato de se ter dinheiro, se tem poder. Deus pode assoprar essa riqueza e a pessoa perder tudo isso de uma hora para a outra.

Por isso, Paulo diz para a pessoa não se orgulhar. Não é apenas por causa do engano de achar que se tem poder, não. Paulo diz, no versículo 17: "nem depositem a sua esperança na instabilidade da riqueza". Olhe o que a Bíblia diz em Provérbios 23:5. Preste atenção neste versículo: "Porventura, fitarás os olhos naquilo que não é nada? Pois, certamente, a riqueza fará para si asas, como a águia que voa pelos céus". Uma parábola que Jesus contou ilustra isso. Fala daquele rico, muito rico, que resolve derrubar os seus celeiros e construir outros novos. E diz: "Ó minha alma, come, bebe, regala-te por muitos anos". Ele pensou: "Agora eu tenho segurança. Agora eu tenho, até o fim da minha vida, toda segurança". Aparece uma voz para dizer-lhe: "Louco, esta noite te pedirão a tua alma; e o que tens preparado, para quem será?".

Deixe-me contar um fato registrado no livro *Satisfação*, de Joseph Aldrick. Suponhamos que você tivesse chegado ao topo da pirâmide social, junto aos dez mais bem-sucedidos empresários do mundo. E eles estão reunidos no hotel Edward Beach, em Chicago, no ano de 1923. Pense que você está entre aqueles dez maiores empresários do mundo. Você é o décimo primeiro e está lá, assentado com eles. Certamente você estaria entre os

DOIS GRANDES MITOS SOBRE O DINHEIRO

maiores gigantes do mundo. Agora imagine que, naquele momento, você começa a conhecer quem está lá, quem são aqueles homens. Primeiro, o presidente de uma grande companhia de aço. Segundo, o presidente de um dos maiores bancos da América, o National Bank, City Bank. Está lá também o presidente de uma grande companhia de aparelhos elétricos, além do presidente de uma grande companhia de gás. Também o presidente de um dos maiores bancos norte-americanos, o New York Stok Exchange, um grande especulador de trigo e um membro do gabinete do presidente. Ainda, o presidente e diretor de um dos maiores monopólios do mundo, o líder da Wall Street e o presidente de outro grande banco norte-americano. E lá também está você. Pense nisso. 1923. As conversas são as mais interessantes: iates, férias em lugares exóticos, casas, propriedades, clubes e assombrosas transações financeiras. Esses homens encontraram o mapa da mina, eles são os donos do mundo. Eles são bem-sucedidos.

Agora, avance no tempo. Vinte e cinco anos depois, quem são esses homens? Vinte e cinco anos depois, vamos ver o que acontece a eles. Em primeiro lugar, o presidente da companhia de aparelhos elétricos morre fugitivo da justiça, sem dinheiro, em uma terra estrangeira. O presidente da companhia de gás fica completamente louco. O presidente do New York Stok Exchange é solto da penitenciária de Sing Sing. O membro do gabinete do presidente tem sua pena comutada para morrer em casa. O grande especulador de trigo morre no estrangeiro, falido. O líder da Wall Street suicida-se. O diretor do maior monopólio do mundo morre também, suicidando-se. E o presidente do banco internacional teve o mesmo fim. Irônico, não?

Jesus Cristo disse: "A vida de um homem não consiste na abundância dos bens que ele possui". Paulo disse: "Não ponha sua confiança na instabilidade da riqueza, ponha sua confiança em Deus". De que maneira você pode ser feliz e rico ao mesmo tempo? Tornando-se imitador de Deus, diz Paulo. Versículo 18: "Que pratiquem o bem, sejam ricos de boas obras, generosos em dar e prontos a repartir". Deus está dizendo para você e para mim: pratique o bem. O que é isso?

Neste contexto, Ele está dizendo: não deixe o dinheiro ser o seu patrão, o dono da sua vida; não deixe o dinheiro escravizá-lo, possuí-lo; não seja escravo do dinheiro. Faça dele um instrumento para abençoar outras pessoas.

Em segundo lugar, seja rico de boas obras. Os reformadores falavam do ministério do pobre e do ministério do rico. O entendimento dos reformadores é que Deus nos dá riqueza e podemos granjear riqueza lícita não para acumular, não apenas para o nosso deleite, mas para que pratiquemos boas obras. Como Barnabé, que usou sua riqueza para abençoar, como a igreja da Macedônia, que se doou e doou dinheiro para assistir àqueles que eram mais pobres do que eles.

Paulo diz, em terceiro lugar: seja generoso em dar. Deixe-me dizer uma verdade, e você sabe disso: você tem mais do que precisa. Para que você está acumulando? Para a traça comer, para a ferrugem comer, para o ladrão roubar? Paulo diz: seja generoso em dar. A Bíblia diz que devemos abrir o coração e o bolso. Ela diz que nós devemos dar porque dar é mais bem-aventurado do que receber. A Bíblia diz que a semente que multiplica não é a semente que você come, é a semente que você lança na terra, que você semeia. Aquilo que você faz para alguém é a verdadeira riqueza que você tem, para a vida e para a eternidade. Paulo termina dizendo: "seja pronto para repartir". "A alma generosa prosperará", mas "ao que retém mais do que o justo, ser-lhe-á em pura perda", dizem as Escrituras: "Dai e dar-se-vos-á; boa medida, recalcada, sacudida, transbordante, generosamente vos darão". Quando você dá, você imita Deus.

A GENEROSIDADE COMO META DE VIDA

Finalmente, vemos que Paulo disse: Como você pode ser rico e ser feliz ao mesmo tempo? Quando você entesoura para a vida eterna. Veja o versículo 19: "Que acumulem para si mesmos tesouros, sólido fundamento para o futuro, a fim de se apoderarem da verdadeira vida". Só é seu aquilo que você dá e distribui. O que você retém é o que você perde. O que você semeia é o que você colhe. Diz a Bíblia que, quando você semeia coisas materiais, colhe dividendos espirituais. Você semeia coisas temporais e colhe bênçãos eternas. Jesus Cristo disse para o jovem rico: "Vai, vende os teus bens, dá aos pobres e terás um tesouro no céu".

Será que temos investido na eternidade, temos semeado para colher na eternidade? Em quem temos investido? Quem é a fonte da nossa felicidade? Deus? Quem é o Senhor da nossa vida, quem é o dono da nossa vida, Deus ou o dinheiro? Por que estamos vivendo, para glorificar a Deus ou ao dinheiro? Onde está o nosso tesouro, em Deus ou no dinheiro? Em que estamos despendendo nossas maiores energias, nas causas de Deus ou no dinheiro? O que é que estamos fazendo com o dinheiro que Deus põe em nossas mãos? Estamos retendo-o ou distribuindo-o generosamente? Que Deus nos ajude a responder a essas perguntas.

Eu não sei como é que você tem lidado com o dinheiro. E não se trata de ser pobre ou rico, mas a avareza é como a idolatria aos olhos de Deus. Quero desafiar você em nome de Jesus para olhar para o dinheiro na perspectiva de Deus.

A Bíblia diz: "Se as vossas riquezas prosperam, não ponhais nelas o coração". A Bíblia diz que devemos ser ricos em boas obras, e Deus tem lhe dado mais do que o necessário, para que você possa suprir a necessidade de quem está perto. Porque, quando você presta assistência ao próximo, está ofertando para o próprio Deus.

Jesus Cristo disse que um dia seremos julgados e, quando estivermos diante do tribunal de Deus, Ele vai dizer para uns:

> Vinde, benditos de meu Pai! Entrai na posse do reino que vos está preparado desde a fundação do mundo. Porque tive fome, e me destes de comer; tive sede, e me destes de beber; era forasteiro, e me hospedastes; estava nu, e me vestistes; enfermo, e me visitastes; preso, e fostes ver-me.

E Jesus disse: "Sempre que o fizestes a um destes meus pequeninos irmãos, a mim o fizestes". Jesus disse que, até por um copo de água fria que der a alguém, você terá uma recompensa.

O que você pode fazer para abençoar alguém que está do seu lado? Doando do seu tempo, da sua atenção, do seu dinheiro. Não ponha o seu coração no dinheiro, ponha o seu coração em Deus. Porque a felicidade e a segurança não estão no dinheiro, estão em Deus. Quando Deus é o Senhor da sua vida, o dinheiro se transforma apenas num instrumento que você vai usar para abençoar sua vida, sua família e as pessoas que estão à sua volta.

> Obrigado, Senhor, por tua Palavra; obrigado pelo ensino das Escrituras. Dá-nos sabedoria para lidarmos com essa questão tão relevante, tão importante e tão urgente. E capacita-nos como igreja a sermos uma igreja generosa nas boas obras, com um coração pronto a repartir. Ensina-nos a generosidade, ó Deus. Ensina-nos, ó Senhor, a termos o coração e o bolso abertos para repartir o muito que tu tens nos dado. Faz isso, Senhor, para glória do teu próprio nome. Para que os homens vejam as nossas boas obras e te glorifiquem. Para que ações de graças se ergam aos céus por causa das boas obras praticadas pela tua igreja. É a oração que te fazemos. Em nome de Jesus, amém.

20

COMUNICAÇÃO NA FAMÍLIA

A morte e a vida estão no poder da língua; o que bem a utiliza come do seu fruto.

Provérbios 18:21

VAMOS ABORDAR NESTE CAPÍTULO final uma questão vital — a comunicação na família.

A vida e a morte estão no poder da língua. Você pode dar vida ou pode matar o relacionamento conjugal, familiar, dependendo da maneira como se comunica. A comunicação é fundamental, é básica, para a estabilidade de um casamento ou de uma família. Seu lar pode ser uma antessala do céu ou pode ser um quintal do inferno, dependendo da maneira como você se comunica.

A COMUNICAÇÃO É FUNDAMENTAL PARA UM RELACIONAMENTO SADIO

Eu ouvi uma historinha jocosa que ilustra bem isso. Três moças sonharam que tinham ido ao inferno. E elas sonharam, e acordaram lá no inferno. E as três resolveram ligar para casa para dizer que estavam num lugar terrível, tenebroso, de sofrimento atroz. Aí a primeira pegou o telefone e ligou para casa e falou uns dez minutos com a mãe, lamentou, murmurou, reclamou. Quando foi pagar a conta, verificou que era astronômica, um valor absurdo. A segunda pegou o telefone ligou para a mãe e falou quinze minutos e a conta era maior ainda. A terceira pegou o telefone e falou meia hora. Falou, falou, reclamou, reclamou, reclamou. Quando foi pagar a conta não tinha nada para pagar. "Mas, como assim? Uma falou dez minutos e pagou um valor grande; a outra falou quinze minutos e pagou um valor maior ainda e eu falei meia hora e não pago nada?" Disseram para ela: "É que ligação local é gratuita." Há famílias que, na verdade, parecem mais um quintal do inferno pela maneira como se comunicam.

Estamos vivendo hoje uma crise sem precedentes nas famílias, inclusive nas famílias evangélicas. Nos Estados Unidos, a classe em que há mais divórcios é a classe pastoral. Há alguns anos, casar-se com um pastor era quase sinônimo de passaporte para uma família estabilizada, feliz. Hoje, casar-se com um pastor é risco. Às vezes, nós que cuidamos dos outros, não cuidamos de nós mesmos. Nós, que ajudamos outras famílias, enfrentamos a crise da família pastoral em nossa casa. Nós, que às vezes, nos tornamos modelos para o rebanho, não somos um modelo para o nosso cônjuge, para os nossos filhos. Então essa questão da comunicação é vital. Você conhece aquela famosa história do rapaz espertalhão que queria colocar em dificuldade um ancião da sua aldeia, que era muito sábio e tinha resposta para tudo. E foi ao sábio, dizendo: "Agora eu vou prová-lo". Pegou um passarinho, fechou a mão com a outra mão e disse: "Vou perguntar para aquele ancião se esse passarinho está vivo ou morto. Se ele falar que está vivo, eu esmago o passarinho e mostro-o morto. Se falar que está morto, eu abro a mão e deixo o passarinho voar. De qualquer maneira ele está enrascado comigo".

Então ele foi até o ancião perguntou: — Está vivo ou morto o passarinho que está aqui na minha mão?

E o velho disse: — Estar vivo ou morto, só depende de você.

Seu casamento está vivo ou morto? Só depende de você. A Bíblia nos traz algumas pistas muito importantes para a questão da comunicação. Tiago 1:19 é um dos textos clássicos para isso: "Todo homem seja pronto para ouvir, tardio para falar e tardio para se irar".

SEJA PRONTO PARA OUVIR

O primeiro princípio de Tiago: *Estar pronto para ouvir* é uma coisa fundamental. Quantos pastores já receberam uma pessoa no gabinete pastoral e a pessoa chega aflita, desesperada, falando sem parar. Quando termina de falar, ela diz: "Eu estou pronto para ir embora". Ela não precisava ouvir, ela não queria ouvir, ela queria era falar. O grande problema é que hoje as pessoas não têm tempo para ouvir e têm necessidade de pôr para fora aquilo que está engasgando, entupindo a alma. E quantas vezes nós, pastores, temos tempo para ouvir todo mundo, mas não temos tempo para ouvir o cônjuge ou os filhos? Quem tem dúvida que Eli, o sacerdote, quarenta anos de ministério, viajando pelo território de Israel, resolvendo problemas, ouvindo famílias, aconselhando casais, ajudando filhos das outras pessoas era cuidadoso com sua família? No entanto a Bíblia diz que Eli não cuidou dos seus filhos, cuidou dos filhos dos outros, mas não cuidou dos seus.

Que risco tremendo, nós pastores, corremos! Dale Carnegie, em seu livro *Como fazer amigos e influenciar pessoas* (Companhia Editora Nacional, 1996), disse que, se você quer fazer amigos, deve ter tempo para ouvir as pessoas. Todo mundo gosta e precisa falar de si mesmo. A questão é: ter disposição para ouvir as pessoas. Às vezes, adotamos determinadas etiquetas sociais, convenções sociais hipócritas. Por exemplo, eu chego e pergunto: "Como vai? Tudo bem?". É um cumprimento. Porém, na verdade, se ele disser que está tudo mal, não tenho tempo nem disposição para ouvi-lo. Estou perguntando por perguntar. Não temos tempo para ouvir as pessoas. É por isso que os divãs dos psicanalistas andam superlotados. Porque não somos muitas vezes uma família terapêutica nem uma igreja terapêutica. O livro do irmão André, *Edificando um mundo em ruínas* (CPAD, 1997), comentando sobre o livro de Neemias, fala em seu primeiro capítulo sobre quando Anani vai visitar Neemias na corte e este lhe pergunta:

— E aí, como é que está o nosso povo, nossa cidade? E Anani diz: — Estamos debaixo de opróbrio; os muros quebrados, as portas queimadas a fogo.

E o irmão André diz o seguinte:

Quando você faz uma pergunta a alguém e você recebe uma resposta, você se torna responsável diante de Deus por ajudar naquele caso. E quando Neemias ouviu o relatório de seu irmão, a vida dele nunca mais foi a mesma, porque ele ousou fazer perguntas e teve a disposição para ouvir.

Todo homem seja pronto para ouvir. É muito interessante aí a palavra grega para pronto, *táxis*, de onde vem a nossa palavra portuguesa táxi. Táxi é um carro de corrida que está à sua disposição na hora que você solicita. Você vai para o aeroporto, chama um táxi e o taxista diz: "Daqui a uma hora eu passo aí para lhe apanhar". Não serve, ou é agora ou o meu problema não será resolvido.

Quantas vezes você chega a casa e a esposa diz: — Precisamos conversar —, mas você não tem tempo, tem de sair para um aconselhamento, para uma visita. O filho chega e diz: — Papai, eu preciso de ajuda, eu preciso fazer um trabalho de escola e preciso conversar com o senhor. — Meu filho, eu não tenho tempo agora. E talvez as palavras que mais os nossos filhos escutem sejam estas: "Eu não tenho tempo agora". Haverá um momento em que os pais vão querer sentar-se para conversar com os filhos, e os filhos vão dizer: "Papai, eu não tenho tempo agora". *Pronto para ouvir?* Deixe-me fazer uma pergunta: De zero a dez, como você se avalia nesse particular de ouvir seu cônjuge, seus filhos?

TARDIO PARA FALAR

Segundo princípio de Tiago: *todo homem seja tardio para falar*. Ora, se é necessário ter prontidão para ouvir, também temos de ter sabedoria para falar. Um dos grandes problemas é falar na hora errada, falar demais. Eu não sei quanto a você, mas quanto a mim dificilmente eu me arrependo do que eu não falo, não é verdade? Agora, dificilmente você fica tranquilo quando fala. Quando você está nervoso, por exemplo, você fala o que não quer falar. Você fala com a entonação de voz que não gostaria de usar. Em vez de resolver o problema, você fere a pessoa, atingindo a quem mais ama. E o que é interessante é o seguinte: às vezes, você traz uma palavra dura, mas não é a intenção do seu coração ferir. Só que a outra pessoa não consegue ler a intenção do seu coração, ela só consegue entender o que você fala. "Tardio para falar." Há pessoas que falam demais e a Bíblia diz que quem fala muito erra muito. A Bíblia diz que até o tolo, quando se cala, é tido por sábio. Isto é importante. Se a fala é de prata, o silêncio é de ouro. Tenha cuidado com o que fala. Quantas vezes a língua coça de vontade de falar, sobretudo quando você está com raiva? E, às vezes, você faz aquela crítica que fere lá dentro da alma do seu cônjuge. E você percebe que aquilo machucou. E diz: "Por que eu fui falar?". Seja tardio para falar.

Eu escutei há pouco tempo uma história engraçada de um homem que estava fazendo garrafada. Você sabe que no interior são muito comuns as garrafadas com raízes e folhas etc. E o homem estava se tornando famoso por uma garrafada que fazia, caríssima. E pasmem vocês: a garrafada era para resolver problemas relacionais. Aí um homem que estava em crise no casamento foi lá para comprar uma garrafada.

— É batata, custa caro, mas funciona.

— Mas como é que funciona esse negócio?

— Olha o negócio é o seguinte: quando o relacionamento começar a ferver, esquentar, a briga começar a surgir, você vai lá e toma um gole. Só que o efeito dessa garrafada é sublingual, não pode engolir. Na hora que os ânimos serenarem, aí você pode beber que está beleza. Aí, cura completamente. O negócio é que se um ferve, o outro tem de ficar calmo. Se os dois ferverem ao mesmo tempo, não funciona. Acaba em briga, em confusão. Morder a língua é melhor do que falar e envenenar outra pessoa.

A palavra que Tiago usa — *tardio* para falar — traz a ideia de debilidade mental, de retardamento, diz respeito a uma pessoa para a qual você conta uma piada, mas ela só vai rir daqui a meia hora porque ela não entendeu na hora. Ou seja, seja lento para falar, pense, reflita, pese as consequências primeiro. Você conhece a história de Sócrates sobre as quatro peneiras? Alguém veio contar para ele uma história sobre outra pessoa, sobre um acontecimento. Daí Sócrates disse:

— Olha, antes de você me contar essa história, vamos passar essa história por quatro peneiras. Primeira peneira: O que você vai falar é verdade?
— Bom, me contaram como verdade.
— Segunda peneira: você já falou sobre isso com a pessoa? Se implica a vida dela, por que você está me contando? Por que você não foi a ela e falou para ela?
— Bom, ainda não falei, não tive coragem de falar para ela.
— Terceira peneira: o que você vai falar é uma coisa boa?
— Bom, boa não é.
— A última peneira: isso vai ajudar a pessoa, vai edificar, vai construir alguma coisa?
— Também não vai.
— Então, por favor, não me conte o que você queria me contar.

Quantas vezes, dentro de casa, deixamos de usar essas peneiras? Outro fator, a Bíblia diz em Efésios que nós devemos falar a verdade em amor. Tem muita gente que arrebenta a outra pessoa, esmaga a outra pessoa falando a verdade, mas sem amor. Torna-se implacável. Falta amor. E com isso a comunicação adoece, o relacionamento fragiliza, o casamento fica enfermo. Tiago, porém, apresenta mais um ponto, dizendo que todo homem tem de ser *tardio para se irar*. O problema da ira hoje é um problema sério, seríssimo. As pessoas andam com os nervos à flor da pele. Há pessoas que têm pavio curto, e outras nem pavio têm. Não é verdade? O camarada é um barril de pólvora. Tocou, ele explode. Tem gente que ainda tenta dar umas desculpas, dizendo:

— Bom, eu sou assim mesmo; eu não sou de levar desaforo para casa. Eu tenho esse momento de explosão; mas também depois que há essa explosão eu me acalmo, eu me tranquilizo, também não fico guardando mágoa.

E o problema não é que você ficou calmo depois que explodiu; o problema são os estilhaços que você jogou nas pessoas. Quantas pessoas podemos ferir com o nosso descontrole emocional? Quantos cônjuges machucados, feridos, magoados, ressentidos, adoecidos, por causa da nossa falta de domínio próprio? Há muitos dentro da igreja. Quantas mulheres de pastores acham que a melhor coisa que elas poderiam fazer era pegar o carro de mudança e trazer a mudança para a igreja porque o homem que elas veem no púlpito não tem nada a ver com o homem de casa? Na igreja é uma bênção, que pessoa maravilhosa, pessoa amável, pessoa doce. Em casa está mais amarga do que jiló.

A IRA

Jay Adams diz que temos dois grandes problemas com a ira. O primeiro problema é com a ventilação da ira, explosão da ira. Conheço muitas pessoas, cuja situação dentro de casa é de tensão e medo. Medo por causa da violência, da truculência verbal, da explosão da ira. O segundo problema, diz Jay Adams, é o oposto, a interiorização da ira. É quando a pessoa não explode, mas implode, ela guarda, ela armazena, ela acumula. E aí, de repente aquilo vai ficando como um vulcão. Está bonito por fora, está calmo, mas por dentro a coisa está fervendo. Aí fica amarga, a pessoa fica azeda, adoece. Aí se entrega a um silêncio sepulcral, se torna um sarcófago existencial. E o casamento vai para a bancarrota.

Essa questão é muito importante. Querem ver outro princípio? É o princípio da transparência. É muito triste perceber que alguns casais não têm a tranquilidade de olhar nos olhos do seu cônjuge e dizer: "Eu sou do meu amado e o meu amado é meu". E onde falta transparência não há possibilidade de existir relacionamento confiável, seguro, com descanso de alma. Fui pastor em Bragança Paulista e nunca me esqueço de um fato doloroso de um médico que estava tendo uma crise conjugal. Aquele casal me procurou e eu aconselhei a ambos, o marido prometeu que iria restaurar o casamento. Ele trabalhava na Beneficência Portuguesa, em São Paulo, e viajava toda noite de retorno para Bragança Paulista, setenta quilômetros. A esposa confiou plenamente, estava tudo bem, estava tudo resolvido. Aí um dia ela pega o telefone e liga para o Hospital Beneficência Portuguesa e diz:

— Eu gostaria de falar com o doutor fulano de tal.

A pessoa do outro lado da linha respondeu: — O doutor não está, está a mulher dele, a doutora fulana. — Não, acho que o senhor não entendeu. Queria falar com o doutor fulano. — É, o doutor fulano não está, está a mulher dele. A senhora quer falar com ela?

A mulher quase desmaiou do outro lado da linha. Procuraram-me de novo. Ele jurou de pé junto que agora ia consertar a vida.

Ela fez um teste com o cidadão. Depois de três meses, ele disse:

— Querida, amanhã vou dar plantão aqui mesmo na cidade.

E ela disse:

— Está bem, meu querido, então você virá de manhã para tomar café comigo.

E aí ele chegou de manhãzinha do plantão na cidade. Enquanto ele foi para o banho, ela foi até o carro e olhou o velocímetro: duzentos quilômetros.

— E aí, querido, como foi o plantão?

Ele respondeu:

— Ah! Trabalhei a noite inteira, foi uma luta.

— E os duzentos quilômetros, você foi aonde? A máscara caiu. Onde não tem transparência, onde não tem verdade no íntimo não tem casamento.

Fui aconselhar um casal em Nova Venécia certa vez e me trancaram num quarto, e o casal começou a brigar, e a mulher dizia para o marido:

— Eu não acredito em você. Se você falar que vai do lado de lá da rua para comprar uma caixa de fósforos, eu não acredito em você.

Onde não tem verdade, transparência, fidelidade, não tem casamento. Não podemos concordar com a questão do ciúme, nem do monitoramento. O ciúme é uma doença. O ciúme enxerga o que não existe, aumenta o que existe e procura o que não quer achar. No entanto, há muitos casamentos adoecidos pelo ciúme porque o outro cônjuge não oferece segurança.

Quando comecei o ministério, um presbítero muito querido, amigo meu, disse-me:

— Pastor, deixa eu lhe dar um conselho. Você deve cumprimentar suas ovelhas assim, com o braço bem esticado. Esse negócio de pastor abraçar a ovelha não é bom.

Eu respondi:

— Meu irmão, me perdoe, mas se eu fizer isso, eu não vou ser eu; eu vou ser hipócrita comigo mesmo e com as pessoas. Agora, meu irmão, você sabe muito bem que quando abraça, tem de abraçar a criança, a adolescente, a moça, o rapaz, o senhor, a senhora, a velhinha de 80 anos com o mesmo afeto e com o mesmo calor humano. Quando você perceber que a pessoa quer ir além de um simples cumprimento, fuja dessa situação. "Eu sou do meu amado e o meu amado é meu."

Essa questão da confiabilidade, da transparência e da fidelidade é fundamental para a saúde de um casamento. Você já ouviu a história da flor da verdade? Talvez já deva ter ouvido. Na China, na Antiguidade, um príncipe estava se preparando para assumir o reinado e precisava se casar. E então mandou um comunicado para as moças do seu país que queriam se casar, que viessem, pois ele iria dar um grande banquete e escolheria a sua esposa. E aí, imaginem vocês, que as mulheres mais bonitas, mais nobres, mais ricas vieram todas para um grande banquete, cheio de pompa. Só que dentre elas havia uma moça pobre, filha de uma mulher que trabalhava no palácio como serviçal. E ela gostava do príncipe, ela amava o príncipe. E a mãe disse:

— Filha, não adianta você ir. Lá estão as moças mais bonitas, mais ricas, mais nobres.

E ela disse:

— Mamãe, eu vou porque eu amo esse homem. E pelo menos vou estar perto dele um dia.

E foi. Quando chegou o dia do grande banquete, muita festa, muita beleza, muita pompa, muito luxo, o príncipe disse o seguinte depois do banquete:

— Eu não vou escolher hoje a minha candidata para ser rainha, para ser a minha esposa. Vou fazer um teste primeiro. Vou dar a cada uma de vocês uma semente. Aquela que me trouxer daqui a seis meses a flor mais bonita, a que cultivar a flor mais bonita dessa semente, será a minha escolhida.

Despediu-as, cada uma com uma semente. A moça, coitadinha, que amava o príncipe, foi para casa, pegou a semente, pegou um jarro, plantou, regou, fez e aconteceu. Uma semana, quinze dias, um mês, dois meses, nada, nem brotar a semente brotou. Passaram-se os seis meses e nada. A mãe dela disse:

— Minha filha, não adianta nem você ir.

— Mas eu vou mãe, eu vou.

Ela pegou o vasinho de terra e foi para lá. Quando chegou, ficou surpresa: cada uma das moças estava com uma flor mais bonita do que a outra. Coisas lindíssimas. Flores de beleza raríssima. E ela com o vasinho, coitada, cheio de terra, sem nada. E o príncipe começou a olhar uma por uma, a apreciar as flores, a cheirar cada flor. Até que chegou junto da moça pobre, com um vaso cheio de terra. E o príncipe então comunicou:

— Você será a minha mulher, você será a minha escolhida.

E explicou:

— Você é a única digna da minha confiança, do meu amor. Porque a todas as outras, como a você, eu dei uma semente estéril que não podia nascer. Só você é digna da minha confiança — disse ele àquela moça. E casou-se com ela.

Essa é uma questão vital: seu cônjuge pode confiar em você? Não é confiar quando está perto. Quando faz uma viagem para outra cidade, para outro estado, para outro país, quando você está sozinho no mundo, como você age? Seu cônjuge pode confiar em você? Transparência.

Há, porém, outro princípio. Leia Cântico 4:7. Olha que princípio fundamental: "Tu és toda formosa, querida minha, e em ti não há defeito". Aí você diz: o amor é cego mesmo, não é? *Tu és toda formosa, querida minha e em ti não há defeito.* Tem gente sem defeito? Não tem, absolutamente não tem. Eu não acredito naquela pessoa que chega assim, estufa o peito e diz: "O meu casamento é dez". Eu não acredito nisso. Sabe por quê? Porque você é uma pessoa falha, e o seu cônjuge também é. Não há casamento sem investimento e renúncia. Não há. Não há nenhum casal 100% compatível. Casamento é um grande mistério. Mas então, como vamos entender este texto:

"Tu és toda formosa, querida minha, e em ti não há defeito?". A questão é que, se não há pessoa sem defeito, a Bíblia diz também que o amor encobre multidão de pecados. Quando você ama uma pessoa, não fica com uma lupa tentando descobrir os erros dela. Você enaltece as virtudes dela. Cometem um ledo engano aqueles que querem descobrir os defeitos do cônjuge para colocá-los diante dele. Esse aqui é seu defeito.

DESTAQUE AS VIRTUDES

Destaque as virtudes. O elogio é de absoluta necessidade para um casamento feliz. Elogie o seu cônjuge, destaque as virtudes dele. Provérbios 31:29 diz que o marido fala o seguinte: "há muitas mulheres virtuosas, mas a minha a todas sobrepuja". O resultado disso? Diz a Bíblia que essa mulher faz bem a seu marido quantos dias da vida dele? Todos os dias da sua vida. Que coisa fantástica. Você colhe o que você planta. E a bênção da semeadura é que sempre quando você semeia você colhe mais do que semeia e colhe exatamente o que semeia. Elogie o seu cônjuge, aprecie o seu cônjuge.

Na comunicação há palavras que são básicas. Sabe quais são elas? *Humildade*. Eu reconheço que cometi um erro. Quantas vezes a gente enfrenta uma guerra dentro de casa porque não dá o braço a torcer? Porque tenta fazer aquilo que Adão e Eva fizeram no Éden: transferir, racionalizar, justificar, projetar, porque não quer admitir: "Eu errei, me perdoe, estou errado mesmo". Pronto. A Bíblia diz que a palavra branda desvia o furor. Reconheça. Por que você vai ficar tentando pôr a culpa em fulano, beltrano, sicrano? Admita que você falhou. Evite uma guerra, evite uma batalha verbal. Você não é infalível. A palavra da *valorização*. Qual é a sua opinião? Quantos maridos fazem e acontecem, compram, vendem, negociam sem falar nada com o cônjuge? Querido, querida, você se casa para ser parceiro, parceira. Há casais que a única coisa que têm em comum é o sobrenome. Moram debaixo do mesmo teto, dormem na mesma cama, mas não têm mais nada em comum. Sabe o que é fundamental? Conversar sobre as pequenas, as médias e as grandes coisas com o seu cônjuge. Qual é a sua opinião, querida, sobre isso? Qual é a sua opinião, meu querido, sobre isso? Se você pensa que seu cônjuge não tem nada para contribuir, você está equivocado, você está redondamente enganado. A mulher tem uma percepção que Deus deu a ela, mas não deu ao homem. Quando faltou vinho lá em Caná da Galileia, quem é que descobriu que não tinha vinho? Foi o pai da noiva? Foi o noivo? Foi uma mulher; foi Maria. Escute o seu cônjuge. *Você fez um bom trabalho*. Quantas vezes o seu cônjuge faz o melhor que pode e você não reconhece isso? Agora deixe-me dizer uma coisa: se você não elogiar o seu cônjuge, alguém vai elogiar, pode ter certeza disso. Se você não aprender a valorizar o seu cônjuge, alguém vai valorizar. Estou tratando de um caso doloroso, de um pastor, vinte e tantos anos de casamento, a esposa se envolveu com outro homem. Ah, mas eu pensei que isso jamais pudesse acontecer! É, é assim. Se você não perceber quem é o seu cônjuge, alguém vai perceber. E não é muito elegante nem muito seguro permitir que outra pessoa elogie o seu cônjuge, valorize o seu cônjuge mais do que você. Aprenda isto, valorize. *Eu amo você*. Qual foi a última vez que você olhou nos olhos do seu cônjuge com significado e disse: querida, ou querido, eu amo você? Você é muito importante na minha vida. Eu tive uma ovelha em Bragança Paulista; foi muito interessante, trágico até; eu fiz o casamento do casal. Depois de um ano, a mulher bateu à porta do meu gabinete com o marido a tiracolo. E ela chegou reclamando:

— Pastor, a última vez que o meu marido disse para mim que me ama foi no dia do meu casamento aqui.

E ele olhou para ela meio cético e disse:

— E precisa dizer de novo? Não falta nada para você.

Coitado! Pior foi aquele que no dia do casamento disse:

— Olha, eu estou dizendo hoje que a amo, no dia em que me arrepender, eu lhe aviso.

Olha, uma pitada de amor faz um bem fantástico ao casamento. Tem muita gente vivendo um casamento péssimo por falta de sabedoria, de tato, de investimento, de cuidado. Beba da sua cisterna, varão, a largos sorvos.

Por que ter um casamento ruim se você pode ter um casamento abençoado, abundante, rico? Invista nisso.

Eu costumo dizer que quem ama faz pelo menos três coisas: primeira, *quem ama declara que ama*. Esse negócio de amar escondido é para pré-adolescente da década de 1950. Então, se você ama o seu cônjuge, fale para ele, verbalize isso. Segunda, *quem ama tem tempo para a pessoa amada*. "Ih! pastor. Isso é um negócio complicado." Agenda de pastor é um negócio complicado. Então, o que você tem de fazer? Agende tempo com a sua esposa. Procure saber do que ela gosta, porque, às vezes, cada pessoa tem a sua preferência. Às vezes, o programa predileto da sua esposa é ir a um restaurante, deixar a cozinha de vez em quando. *Self service* ou um dia num lugar melhor. Qual é o prato predileto dela? É churrasco? Então, meu filho, guarda um dinheirinho, uma vez por mês pelo menos, religiosamente, você estará na churrascaria. Tire tempo, agende, dê prioridade. Muitas vezes a vida sexual do casal começa a entrar em bancarrota porque os dois só têm relação sexual quando estão extremamente cansados. Por quê? Porque não têm tempo um para o outro. O melhor do tempo é dedicado para outras pessoas. Priorize o seu cônjuge. Quem ama tem tempo para a pessoa amada. Terceira, *quem ama procura agradar a pessoa amada*. O pastor Jeremias Pereira, ao pregar em Vitória, disse que tem casal que parece prometer um ao outro no altar: "Olha eu vou arrebentar você. Você não vai dormir sem Lexotan".

Quem ama procura agradar a pessoa amada. Descubra do que a outra pessoa gosta. Agrade o seu cônjuge. Porque, na verdade, uma das decisões mais livres do ser humano é o casamento, não é verdade? Você não escolheu o nome que tem, você não escolheu o seu sobrenome, você não escolheu os seus pais, você não escolheu as suas primeiras roupas, você não escolheu a sua primeira escola, você não escolheu um monte de coisas na vida, mas você escolheu o seu cônjuge. Você foi absolutamente livre na sua escolha. Eu fico perplexo! Uma jovem entrou no meu gabinete chorando, com a mão rasgada, uma crise cruel no casamento e eu arrisquei perguntar:

— Minha filha, quantos anos de casamento?

Ela disse: — Pastor, dois meses.

Dois meses. Dá para entender isso? As duas palavras mais importantes do casamento, palavra da polidez: *muito obrigado*. Vamos e convenhamos somos muito mais educados com os de fora do que com os de casa. Lá de fora é muito obrigado, por favor, por gentileza. É aquela finura. Em casa, o pau quebra. Que coisa triste, isso é hipocrisia. Temos de aprender bons hábitos dentro de casa. Quando for pedir um copo de água para o seu filho: "Meu filho, você poderia fazer a gentileza de pegar um copo de água para mim?" Não é gritando com o menino: "Pega um copo com água aí para mim". Polidez é fundamental: muito obrigado, por favor, por gentileza. Aprendam bons hábitos. Porém a palavra mais importante é a palavra do altruísmo: *Nós*. Fico muito constrangido quando às vezes estou perto de um casal e aí eles começam a contar as suas façanhas: "Eu comprei o meu apartamento este ano". Aí eu fico olhando. Comprou é? E o seu cônjuge é um zero à esquerda, não fez nada, não contribuiu com nada, não ajudou com nada; esse apartamento é seu, não é do casal, não? Quando você se casa, o eu sepulta o eu do outro. Nós fizemos, nós compramos, nós vendemos, nós estamos planejando, nós estamos pensando. Não anule o seu cônjuge. Ele pode até não falar nada, mas que dói, dói.

Vejamos outro princípio aqui em Cântico 4:12: "Jardim fechado és tu, minha irmã, noiva minha". Vejo aqui o princípio da amizade. Há casais que não são amigos. Amizade é uma coisa que se cultiva. Os puritanos tinham este princípio: você não deve se casar com uma pessoa por quem está loucamente apaixonado. Você deve se casar com uma pessoa com quem pode nutrir por ela uma amizade permanente até o fim da sua vida. E um ateu, Friedrich Nietzsche, disse o seguinte: "Quando você for se casar, procure aquela pessoa com quem gostaria de conversar até ficar velhinho". Há casais que não conversam. Quando têm de conversar coisas íntimas, pessoais, é outra pessoa que vão procurar, porque não cultivaram a amizade. Há casais que não são confidentes. "Andarão os dois juntos, se acaso não houver entre eles acordo?", pergunta o profeta Joel. Cultive amizade. Seja amigo do seu cônjuge, partilhe com ele a sua vida, ouça o seu cônjuge. E deixe-me lhe dizer uma coisa vital. Não existe nada mais grave no casamento do que você falar mal dos parentes do seu cônjuge. Isso é gravíssimo. Olha, eu tenho direito de falar o que quiser da minha família. Mas eu não aceito que a minha esposa fale mal da minha família. Ah! Isso eu não aceito. Ela pode falar o que quiser do pai, da mãe, dos irmãos, eu não tenho direito de falar mal deles. Eu devo ficar calado. É muito triste quando você vê o marido chegar para a esposa e falar da família dela. Nem de longe deve fazer isso, muito menos de perto. Esse é um princípio elementar que muitos estão quebrando, para a infelicidade do casamento.

A VIDA SEXUAL

Para concluir quero abordar uma área muito importante. Leia Cântico 4:15: "És fonte dos jardins, poço das águas vivas, torrentes que correm do Líbano". Observamos aqui o princípio do prazer. A área sexual tem se transformado hoje numa área muito complicada no casamento. Eu fico perplexo, às vezes, quando vejo casamentos de quinze, vinte, trinta, quarenta anos falir fundamentalmente por causa de problemas nessa área. Veja 1Coríntios 7:3-5, Paulo diz: "Marido, conceda à esposa o que lhe é devido; semelhantemente a esposa ao seu marido". Marido conceda à esposa o que lhe é devido. O que a mulher tem direito na área sexual no casamento? E você não precisa ter dúvida de que a mulher tem o direito do orgasmo, plenitude e satisfação sexual. É o direito dela, é devido a ela. E há muitas mulheres que, infelizmente, fingem para os maridos que têm orgasmo e não sabem o que é isso. Não por culpa delas, mas porque o marido é insensível nesse sentido. É direito da mulher. É incrível, mas no mundo da comunicação parece-nos que se sabe pouco sobre a questão da diferença entre um homem e uma mulher na área sexual. E se um homem não se aperceber, vai satisfazer-se sexualmente e deixar a esposa insatisfeita por não compreender a mecânica sexual do elemento feminino. É direito dela, diz a Bíblia. Foi Deus quem a criou assim, diferente do homem para ser plenamente satisfeita na vida sexual, e um casal não satisfeito sexualmente, não resolvido sexualmente, é um casal em perigo.

PRESTE ATENÇÃO AOS SINAIS DE ALERTA

Há algumas coisas hoje que me preocupam profundamente nessa área da sexualidade e uma delas é a vulgarização do sexo. Casais que estão importando para dentro do casamento o lixo do mundo. Tenho me espantado com o fato de casais crentes que me procuram dizendo que não conseguem ter relação sexual a não ser diante de um filme pornográfico. Recebi uma mulher recentemente com seus 27 anos, dizendo: "Pastor, eu me sinto uma prostituta no casamento, porque meu marido só tem relação sexual comigo diante de um filme pornográfico".

Leia o livro *Sete promessas de um homem de palavra*, de Bill Bright (Betânia, 1996). E há um capítulo sobre a vida sexual do homem em que é dito que quando um homem está vendo uma fita de vídeo, ao fazer sexo com a esposa, na verdade, ele está usando o corpo do seu cônjuge, porque a pessoa da fantasia não é o cônjuge, mas a pessoa do vídeo. Embora se relacionando com o cônjuge, ele está cometendo adultério, porque na cabeça dele, a mulher da fantasia dele não é o cônjuge, é aquela do vídeo.

Há alguns anos, houve uma greve dos garis em Nova York, e a cidade ficou emporcalhada. A cidade capital do consumismo ficou suja, mais de uma semana sem que o lixo fosse recolhido; era lixo dentro de casa, na rua, para todo lado. E um homem resolveu solucionar o problema do lixo que ele tinha em casa. Pegou uma caixa enorme, colocou um papel bonito de celofane, jogou todo lixo que tinha dentro da caixa, pegou a caixa colocou-a no porta-malas do seu carro, deixou o porta-malas aberto numa rua estratégica. Alguém passava, olhava. Ele dizia: "Puxa vida, ninguém está olhando, ninguém está vendo o porta-malas aberto". Olhava de novo, até que um espertalhão olhou para um lado e para o outro, não tinha ninguém observando, ele pegou a caixa e saiu correndo. Levou para casa. Quando ele chegou a casa e olhou dentro da caixa percebeu que era lixo. Que coisa incrível, tem muita gente levando lixo para dentro de casa, lixo, e lixo tóxico, que envenena. Estudando nos Estados Unidos, recebi um telefonema de alguém que estava a mais de dois mil quilômetros de distância. Uma mulher disse:

— Pastor, eu preciso de ajuda. Pelo amor de Deus, me oriente.

Perguntei:

— O que está acontecendo, filha, com você?

Ela disse:

— Meu marido, pastor, está querendo de todo jeito que eu tenha relação sexual com um amigo dele, para ele ver. E o pior, pastor, é que esse amigo frequenta nossa casa todo dia. E o que é mais sério: ele é muito mais jovem, muito mais bonito que meu marido. Eu não aguento mais a pressão, o que é que eu faço?

Eu disse para aquela mulher:

— Seu marido não lhe ama; ele é um crápula, um safado e se você ceder aos caprichos desse homem, vai se transformar numa prostituta, você vai perder o amor-próprio, você vai se tornar um lixo humano. E depois que você atender às fantasias loucas do seu marido, ele vai descartá-la e jogá-la fora. Você só tem um caminho: confronte seu marido. Se ele não se arrepender, deixe esse homem; ele não é digno do seu amor.

Meses depois fui pregar numa igreja, e quando estava cumprimentando à porta, uma mulher muito bonita, jovem, apertou a minha mão e me disse:

— Pastor, eu sou a mulher que telefonou para o senhor contando tal história. O senhor se lembra?

— É claro. E aí, filha?

Ela respondeu:

— Eu confrontei meu marido e, graças a Deus, ele se arrependeu e me pediu perdão. Humilhou-se e nunca mais me tratou daquela forma.

E sabe por que ele agiu assim? Por causa do lixo tóxico que ele levou para dentro de casa. Porque quando a pessoa se vicia em pornografia, a pornografia vicia as pessoas, é um vício pior do que cocaína. A dose de ontem não serve para hoje, tem de aumentar a dose. E a pessoa que vê toda aquela porcaria não se satisfaz em ver. Agora ele quer transportar aquilo para a sua prática. Agora, aquelas coisas todas que a indústria pornográfica apresenta como natural, ele acha também natural e quer praticar no casamento, seja o sexo anal, seja o sexo grupal, e as pessoas adoecem com isso.

Uma mulher de mais de 50 anos, casada com uma das maiores autoridades do Estado, entrou no meu gabinete em lágrimas. E disse: "Pastor, eu não aguento mais, estou doente da alma porque meu marido não sente prazer numa relação normal comigo".

Há muita gente doente sexualmente. E a Bíblia diz assim: "marido conceda à esposa o que lhe é devido. Semelhantemente a esposa ao seu marido". Nos cursos de casais que, às vezes, procuro ministrar, na nossa igreja e em outras igrejas, eu procuro fazer uma pesquisa e fico espantado com o resultado: 98% das mulheres reclamam da mesma coisa dos seus maridos. Eu acho que se Deus não tiver misericórdia, todos nós aqui estamos incluídos nessa estatística. Sabe do que as mulheres mais reclamam, 98% delas? Falta de carinho; os maridos estão ficando secos, áridos, casca grossa e pensam que estão abafando, isso é o que é pior. Falta de carinho. E você sabe por que 95% dos homens reclamam das suas mulheres? É incrível, quase 100%; 95% reclamam de falta de sexo. O homem deve ser o primeiro a procurar. E veja bem, parece que estão como dois estranhos no ninho porque não estão se conhecendo. O homem não dá carinho, a mulher não se interessa por sexo. É a bola de pingue-pongue, para lá e para cá.

A melhor ilustração que eu já li nos últimos anos sobre casamento, é de um camarada que eu não concordo nada com a teologia dele, mas tenho de concordar que ele acertou nesse texto: Rubem Alves. Já leu o soneto que ele tem sobre casamento? *Tênis ou frescobol?* É fantástico. Ele diz o seguinte: Há dois tipos de casamento: o casamento tênis e o casamento frescobol. O tênis é um esporte agressivo; você entra no jogo para derrubar o outro. Você entra no jogo para explorar o ponto fraco do outro. A sua jogada é para colocar o outro numa enrascada. Se ele fracassou com você, você o detona. Frescobol, não. Você entra, você não tem a intenção de destruir o outro; ali não tem vencedor nem vencido. Você tem de passar a bola ajeitada da melhor maneira, e o outro deve devolver da melhor forma. Quantas vezes, marido e mulher entram para derrubar um ao outro, para pegar o ponto fraco do outro, para detonar com o outro? Casamento frescobol, e não casamento tênis, onde você procura passar da melhor maneira e os dois saem vencedores.

Veja 1Coríntios 7:4: "O marido não tem poder sobre o seu próprio corpo e, sim, a mulher. A mulher não tem poder sobre o seu próprio corpo, e, sim, o marido". O que Paulo está ensinando? Que chantagem sexual é um risco mortal no casamento. Não brinque com sexo; a vítima pode ser você. É por isso que é muito importante, a gente ficar esperto porque pastor anda demais, chega a casa tarde demais, cansado demais. E um homem cansado demais não é muito bom no negócio. É verdade. Fique esperto. Tem muita mulher também que dá licença. O que tem de chantagem nessa área é uma coisa incrível. Estou cansada, estou com dor de cabeça. E quem disse que sexo faz mal para dor de cabeça, meu Deus do céu? É uma bênção, melhor do que analgésico. Verdade. E essa questão é fundamental. Não brinque, não faça chantagem. O marido não tem poder sobre o próprio corpo. Então a sabedoria diz o seguinte: não é se eu estou com vontade, não é se eu estou querendo; é se o meu cônjuge está querendo. A não ser que você não acorde, varão. Mas se der uma encostada em você, uma cutucada e a sua consciência vier à tona, não tem desse negócio de dar desculpa, não. É verdade. Outra coisa importantíssima hoje que, às vezes, os casais não conversam é a questão da frequência sexual. Há casais que, embora instruídos, parece que não conversam sobre isso porque nem sempre a frequência é a mesma. Às vezes, o homem é superativo sexualmente e para ele o ideal é ter relação todo dia. E aí casa-se com uma mulher que o ideal para ela é duas vezes por semana. E como é que vão resolver, se os dois não conversam, se os dois não se conhecem? A mulher vai pensar: "Esse homem só pensa em sexo". E o marido vai pensar: "essa mulher não se importa com sexo". E os dois são estranhos, não se conhecem. No mínimo tirem uma média.

Vamos ao versículo 5 para fechar: "Não vos priveis um ao outro; salvo, talvez, por mútuo consentimento para vos dedicardes à oração e novamente vos ajuntardes para que Satanás não vos tente por causa da incontinência". Primeiro, sexo antes do casamento e fora do casamento é pecado, mas a ausência de sexo no casamento também é pecado. A não ser por razões imperativas que não vamos tratar aqui. A ausência de sexo no casamento é pecado. É uma ordem bíblica, apostólica: "Não vos priveis um ao outro". Há alguns meses entrou em meu gabinete um casal de mais de 70 anos. E quando gente de outra igreja chega para a minha igreja, fico meio de pé atrás no princípio. Aí o casalzinho sentou-se, de cabecinha branca os dois, de mãozinhas dadas e tal, disse:

— Pastor, nós queremos vir para a sua igreja.

Eu disse:

— Ah! Muito bem.

Comecei a conversar. Lá pelas tantas a mulher diz:

— Olha, só tem um problema.

— Que foi, minha filha?

— Há 35 anos não temos relação sexual.

Eu quase caí da cadeira e quebrei o pescoço, como Eli. Falei:

— Como é que é a história?

— Não, pastor, o senhor fique tranquilo porque nós entramos em acordo. Isso tudo foi acordado.

Eu disse:

— É, Ananias e Safira também entraram em acordo. É. Vocês entraram em acordo errado. Está errado e eu vou dizer uma coisa: vocês podem até vir, se eu for tratar desse assunto. Se não for, eu não quero receber vocês aqui.

— Então, pastor, tchau.

— Tchau.

Está em pecado.

Paulo diz assim: "Não vos priveis um ao outro; salvo por mútuo consentimento". É isso que Paulo diz? Não, senhores. Salvo, talvez. É, talvez; o talvez é muito importante aí. Porque, às vezes, o casal pode entrar em acordo e os dois estão errados. Não é por qualquer motivo. Paulo diz: "é para vos dedicardes à oração". E é a única vez que Paulo diz. Pare um pouquinho; não jejue demais; não ore demais. Você pode até orar, varão, mas não descuida não. Mas isso não é espiritual. É espiritual, sim senhor. Muito espiritual! Por que Paulo traz esse alerta? Para que Satanás não vos tente, por causa da incontinência. É bem verdade que tem muita gente que pula a cerca mesmo por safadeza. Mas tem muita gente que a graminha já secou há muito tempo no pasto. E uma coisa, o homem, sobretudo, tem muito preconceito. Talvez o varão esteja lá meio fragilizado e tal e fica com preconceito de procurar um atendimento médico. Qual é o problema? Procure ajuda, procure um médico. O que não pode é deixar o seu cônjuge sem pasto verde. Aquilo que J. Allan Petersen diz em seu livro *O mito da grama mais verde* (Juerp, 1983). Se a grama do vizinho parece mais verde do que no seu pasto o negócio não é colocar cerca mais alta não. É melhorar a grama do lado de cá da cerca. Há um tempo, um irmão querido estava sendo alvo de uma acusação anônima. Telefonaram para mim:

— Fulano de tal está em adultério.

Chamei o cidadão no meu gabinete:

— Meu irmão, e aí?

— Não, pastor, não tem nada não.

— Tudo bem, eu acredito em você, então. Vá na paz.

Um mês depois:

— Pastor, me perdoe, não vou falar meu nome, mas investiga porque o negócio é verdade.

Chamei o cidadão outra vez:

— Fulano, agora é para valer. Você está diante não é do pastor da sua igreja, você está diante do Deus vivo. Não adianta você mentir para mim se o fato é real.

Aí ele começou a chorar e falou:

— Pastor estou mesmo. Mas o problema é o seguinte: a minha mulher sempre está com dor de cabeça. Eu sou um homem superativo sexualmente, e ela nunca está disposta e eu caí.

Você é responsável por sua queda, é. Mas a sua mulher é corresponsável. "Não vos priveis um ao outro". A vida pastoral é uma vida muito estressante. Temos de ter muito cuidado com isso. Para que o estresse do dia a dia e o cansaço do dia a dia não nos tirem o privilégio de conceder ao nosso cônjuge aquilo que lhe é devido.

Sua opinião é importante para nós.
Por gentileza, envie-nos seus comentários pelo e-mail:

editorial@hagnos.com.br

Visite nosso site:

www.hagnos.com.br